PETER ENGLUND

MENSCHHEIT AM NULLPUNKT

AUS DEM ABGRUND DES 20. JAHRHUNDERTS

Aus dem Schwedischen
übersetzt von Paul Berf

KLETT-COTTA

Klett-Cotta
Die Originalausgabe erschien unter dem Titel
„Brev från nollpunkten“ im Verlag Atlantis, Stockholm

Printed in Germany
Schutzumschlag: Zembsch' Werkstatt, München,
obere Abbildung „Stützen der Gesellschaft“
George Grosz (Foto: AKG Berlin)
© VG Bild–Kunst, Bonn 2001
untere Abbildung: © Zembsch' Werkstatt, München
Gesetzt aus der Adobe Garamond von topset Computersatz,
Nürtingen-Neckarhausen
Auf säure- und holzfreiem Werkdruckpapier
gedruckt und gebunden von Clausen & Bosse, Leck
ISBN 3-608-93547-9

Die Deutsche Bibliothek – CIP-Einheitsaufnahme
Ein Titeldatensatz für diese Publikation ist bei
Der Deutschen Bibliothek erhältlich.

Kreisend und kreisend in dem sich weitenden Wirbel
kann der Falke den Falkner nicht hören;
alles fällt auseinander; die Mitte kann nicht halten;
bloße Anarchie bricht über die Welt herein,
die blutgetrübte Woge bricht herein und überall
geht die Zeremonie der Unschuld unter;
den Besten fehlt jede Überzeugung, während die Schlimmsten
voll leidenschaftlicher Heftigkeit sind.

WILLIAM BUTLER YEATS
(DEUTSCH VON WILLI ERZGRÄBER)

INHALT

VORWORT

Zu der Zeit, als diese Essaysammlung geschrieben wurde, reiste ich im Auftrag einer schwedischen Tageszeitung nach Afghanistan. Die sechste – oder war es die siebte? – Schlacht um Kabul wurde gerade ausgefochten. Die belagerte afghanische Hauptstadt war in einem beklagenswerten Zustand. Es gab kein Wasser, keine Kanalisation, keine Elektrizität, kein Telefon, keine Zeitungen, keine Schulen, keine Kinos. Die Geschosse der Raketenwerfer, die in unregelmäßigen Abständen im Zentrum einschlugen, erinnerten in fast schon Orwellscher Weise an einen Krieg, den die Bevölkerung möglichst zu überleben und vor allem zu vergessen suchte. Aber es war möglich, ein Taxi zur Front zu nehmen, die damals entlang einer Hügelkette südwestlich der Stadt verlief. Dort machte der Krieg immer weiter wie ein redseliger Betrunkener. Und nachts wurde der Himmel von den Spinnennetzen der Leuchtspurgeschosse erhellt, die aus der Entfernung ebenso schön anzusehen waren, wie es unangenehm war, unter ihrem Feuer zu liegen. Einige Monate später fiel die Stadt.

Da war ich schon seit langem wieder heimgekehrt, hatte ausgepackt, hatte weggepackt. Ich fand schon immer, daß Düfte die Erinnerungen auf eine Weise zum Leben erwecken, wie es Worten und Photographien nur selten gelingt. So war es auch diesmal. Die Gerüche schlugen mir aus dem Rucksack entgegen und wurden begleitet von einer Woge aus Erinnerungen und Bildern. Das Geschehene schien mir physisch gegenwärtig zu sein, und das war es ja auch, in gewisser Weise. Aber dann vergingen ein paar Tage. Das Auslüften entfernte den Geruch von Kaminrauch aus den Kleidern, und aus der Wäsche verschwanden der eingetrocknete Morast und die kleinen, dunklen Spritzer Jod oder Blut, die ich an einem Hosenbein entdeckt hatte. Und plötzlich kam mir alles, was ich gesehen und gehört hatte, so fern, fast unwirklich vor, und ich war gezwungen, mich wieder an die Worte und die Photographien zu halten.

Das war nichts Neues. Ein ähnliches Gefühl hat mich noch fast jedes Mal überkommen, wenn ich einen sogenannten historischen Ort besucht habe. Zum ersten Mal, als ich vor vielen Jahren an einem Ort in Norddeutschland Halt machte, an dem einmal ein Konzentrationslager gestanden hatte. Auch damals ergriff mich dieses Gefühl von Unwirklichkeit: Konnte diese leere und stumme Heidefläche wirklich der Schauplatz für all das Gräßliche gewesen sein, über das ich gelesen und das ich in so vielen schwarzweißen Filmbildern gesehen hatte? Es schien so weit weg, so unwirklich. Vielleicht ist es wahr, daß wir niemals am Schmerz eines anderen teilhaben, sondern höchstens sein Zeuge werden können, und vielleicht trifft dies heute mehr zu als je zuvor, da wir dank unserer Medien das Leiden immer häufiger *anschauen*, und es dabei gleichzeitig immer seltener *sehen*. Das Unvermögen, sich wirklich von dem anrühren zu lassen, was um einen herum geschieht, ist oft von dem gleichen Phänomen bedingt, das es auch möglich macht, sich nicht darum zu scheren, was in der Geschichte geschehen ist: Abstand.

Die Erinnerung ist, wie wir alle wissen, ein empfindliches Ding, ein Opfer von Vereinfachungen und Zerrbildern, und der Abstand treibt seinen Schabernack mit ihr. Ich glaube, daß es, besonders wenn man wie ich im Schweden der sorgenfreien sechziger Jahre aufgewachsen ist, leicht fällt, das Eigene zur Norm zu erheben, gerade die Vergangenheit weit von sich zu schieben und zu leben, als existiere es nicht, das verabscheuungswürdige Rätsel des 20. Jahrhunderts, wie ein Jahrhundert, das so voller Verheißungen und Reichtum war, auch zum gewaltsamsten und tragischsten Jahrhundert werden konnte, das wir kennen. Denn so ist es. Es gibt Berechnungen, die besagen, daß in diesem Jahrhundert 183 Millionen Menschen als Folge davon gestorben sind, daß Menschen dies beschlossen haben, was bedeutet, daß im 20. Jahrhundert mehr Menschen umgebracht worden sind als in allen vorhergegangenen Jahrhunderten zusammen.

Vielleicht werden meine deutschen Leser einen Zug von Naivität in diesen Texten ausmachen, oder zumindest in den Fragen, aus denen sie hervorgegangen sind, eine Form der Naivität, wie man sie nur in Ländern wie meinem antreffen kann, in Ländern, die dank einer gehörigen Portion Glück und einem beugsamen Rückgrat auf den Zuschauerrängen der modernen Geschichte sitzen bleiben durften. Manches ist ganz gewiß auch eine Reaktion auf gedankliche Figuren, wie sie im heutigen Schweden weitverbreitet sind und die der Autor dieser Zeilen einigermaßen unerträglich findet, zum Beispiel, daß man sich auf „das Böse", „althergebrachten Haß" und männliche Hormone beruft, wann immer es gilt, eine Erklärung für Tyrannei und historische Katastrophen zu finden. Der am häufigsten anzutreffende Denkfehler ist jedoch ein anderer. Lange dachten wir, daß die Katastrophen in der ersten Häfte des Jahrhunderts nur Zufälle waren und allein schon ihre Monumentalität es schwermachen würde, sie zu vergessen, und unmöglich, sie zu wiederholen. Aber heute wissen wir es leider besser. Wir sind in jüngster Vergangenheit Zeuge von Ereignissen geworden, die uns die Frage aufzwingen, ob diese großen Tragödien vielleicht nicht nur temporäre, äußere Störungen waren, sondern vielleicht zum Teil die gleichen Wurzeln haben wie unsere offenkundigen Fortschritte. Und wir sehen uns heute sowohl von linker wie von rechter Seite auch mit massiven Versuchen konfrontiert, das Geschehene zu leugnen, eine Handlungsweise, deren logische Vollendung in der Wiederholung liegt. Deshalb ist es heute wichtiger als je zuvor, sich zu erinnern.

Diese Sammlung von Texten bildet einen kleinen Beitrag zu dieser Aufgabe. Ich bin der erste, der zuzugeben bereit ist, daß die Wahl der Themen nicht von übertriebener Originalität geprägt ist, aber ich hoffe, daß der Grad ihrer Bedeutung dies einigermaßen entschuldigt. Erwähnt werden sollte wohl auch, daß es sich hier um eine Materie handelt, der ich mich aufgrund eigener Unkenntnis nur in der Form des Essays nähern konnte. Das Wort Essay bedeutet, wie wir alle wissen, „Versuch", und diese Texte sind es in den beiden Bedeutungen des Wortes: Es sind Skizzen,

Skizzen, die letzten Endes aus eigenen Versuchen heraus entstanden sind, den Abstand zu überwinden, zu verstehen.

Draußen in Rasbo,
an einem bewölkten Tag im April 2000
Peter Englund

WIR SCHAFFEN EINE NEUE WELT

1.

Anfangs liebte er die Schützengräben.

Voller Erwartung und Neugierde war er an die Front gereist, in jener freundlichen, aber etwas trügerischen Gemütsverfassung, die das Belanglose gerne wichtig und das Banale grandios erscheinen läßt. Auf dem Weg nahmen seine Sinne deshalb eine ganze Reihe trivialer Details auf: Mal folgte er einem nichtssagenden Gespräch, mal fiel ihm das seltsam geformte Dach einer Hütte auf, ein anderes Mal, wie ein älterer Franzose seine Serviette trug. Aber dies lag nur zum Teil an seiner Ungeduld. Zwar hatte er sich bereits im Frühherbst 1914 anwerben lassen und somit über zwei Jahre auf diesen Moment warten müssen. Aber er war auch Künstler und als solcher ausgestattet mit einem ausgesprochenen Sinn für Details und einem großen Bedarf an neuen Eindrücken. Sein Name war Paul Nash.

Der Krieg erwartete ihn in St. Eloiis, einer kleinen Wegkreuzung gut vier Kilometer südlich von Ypern im südwestlichen Flandern. Dort stand sein Verband, das Hampshire-Regiment, so als hätte man es in ein unüberschaubares Labyrinth aus Verbindungsgräben, Schutzwällen und Erdlöchern geschüttet – ein kleines Bruchstück jenes graubraunen Bands der Zerstörung, das sich in diesem Frühjahr 1917 von der Kanalküste bis hinab zur Schweizer Grenze schlängelte. Nash war 27 Jahre alt, hochgewachsen und schlank, hatte dichtes, schwarzes, nach hinten gekämmtes Haar, eine Adlernase, große, abstehende Ohren und einen kleinen, geschwungenen Mund, der seine sensible und nervöse Natur andeutete.

Er ist durchaus typisch: noch einer von diesen enthusiastischen und am College ausgebildeten jungen Männern, die mit Homer oder einer Sammlung französischer Lyrik des 18. Jahrhunderts im Rucksack an die Front reisten, bereit für das große Abenteuer. Für sie wie für Nash war der Krieg eine große persönliche Herausforderung. „Wenn es etwas gibt, wonach ein Mann hier beurteilt wird“, schrieb er in einem Brief an seine Frau, „und für tauglich oder nutzlos erklärt wird, dann ist es sein Verhalten in Gefahr.“ Nicht zu überhören ist auch die Erleichterung, die er empfand, als er begriff, daß er den Belastungen gewachsen sein würde. Tatsächlich war Nash mehr als nur erleichtert, er war begeistert. „Ich bin in diesen Tagen sehr glücklich“, schrieb er später, „ich glaube in der Tat, daß ich in den Schützengräben glücklicher bin als sonstwo hier draußen. Das klingt absurd, aber das Leben hat hier einen größeren Sinn und einen neuen Schwung bekommen, und die Schönheit ist durchdringender.“ Er wollte so gerne diese paradoxe Schönheit sehen und meinte sie auch zu finden.

Wir, die wir heute leben, haben uns daran gewöhnt, den Ersten Weltkrieg als eine Prozession schemenhafter, dunkelgrauer Gestalten mit schlechtsitzenden Wickelgamaschen und bemüht tapferen Mienen, die sich chaplinesk in einer ebenso schemenhaften, dunkelgrauen Landschaft bewegen, zu sehen. In Nashs Briefen gibt es zumindest die Farben, und man merkt, daß er eigentlich Landschaftsmaler war. Der Lehm hatte begonnen zu trocknen und eine rosa Färbung anzunehmen, schreibt er, und auf der Brustwehr des Schützengrabens und in den aufgeplatzten Sandsäcken sproß frisches grünes Gras empor und wiegte sich im Wind, an manchen Stellen blühten gelber Löwenzahn, lila Flieder und weiße Apfelblüten. Auch die Granatexplosionen übten eine ganz besondere Anziehungskraft auf Nash aus. Unablässig berichtet er von „großen Fontänen aus Schwarz, Braun und Orange, die inmitten einer Masse aus weißem Rauch in die Luft schießen“ – sowie von den allgegenwärtigen Ruinen – „diesen wundervollen, zerstörten Formen, die mich so begeistern“.

Er zeichnete, sobald er Zeit dazu fand. Es waren in der Regel eigentümlich idyllische Studien, in denen die Natur buchstäblich im Vordergrund steht und der Krieg zu einer Nebensache wird. Die Zerstörung sticht einem nicht ins Auge, verneint deshalb nicht die Schönheit, verstärkt sie vielmehr. (Eines dieser Werke heißt denn auch *Chaos Decoratif*.) Diese Studien ähneln ein wenig

ABB. 1
Paul Nash als Fähnrich 1917.

Vexierbildern: Erst nach einer Weile wird einem klar, daß die Bäume nicht aufgrund ihres Alters umgestürzt sind, sondern von Granaten gefällt wurden.

Die Nachricht, daß sein Bataillon aufgelöst und er selbst auf einen einmonatigen Kurs hinter den Linien geschickt werden sollte, löste bei ihm keine Freude aus, eher das Gegenteil. „Weiß der Himmel, wann ich die guten alten Schützengräben wiedersehen werde", seufzte er. Es ist der Krieg als Mutprobe und als ästhetischer Geschmacksverstärker. Es ist der Krieg für jemanden, der ihn berührt hat, aber noch nicht von ihm berührt worden ist, der geschaut, aber nicht gesehen hat. Die Front bei St. Eloiis war nämlich ruhig. Denn trotz der schwarzen, braunen und orangen Explosionen hatte er noch keinen toten Menschen gesehen.

Nach einigen Wochen voller Drill, sonnig warmem Wetter, Zeichnen zwischen Butterblumen und tapferem Saufen in der Messe – „ich erinnere mich deutlich, daß der Kompaniechef Walzer mit mir getanzt hat" – war Nash wieder an der Front. Auch wenn sich nun der Hauch eines Zweifels in seinen Briefen ahnen läßt, war der Krieg nach wie vor etwas fast Metaphysisches für ihn. Außerdem hatte er die sonderbare Gemeinschaft für sich entdeckt, die eine gemeinsame Uniform und eine ebensolche Gefahr unweigerlich schaffen. „Ich muß Dir sagen, daß das, was Männer dazu bringt, gemeinsam zu kämpfen und zu leiden, ganz gleich, was die ursprünglichen oder späteren Motive waren, eine große und gesunde Kraft ist … Keine Schrecken werden mich je dazu bringen, dies zu bedauern. „ (Hier irrte er sich.) Als Fähnrich und Zugführer war Nash aufrichtig stolz auf seine Männer, und er war überzeugt, daß sie ihm *over the top* folgen würden, wenn es denn soweit war. Jeder konnte auch sehen, daß etwas, etwas Großes, vorbereitet wurde, und sie würden dabei sein. Aber dann passierte es.

An einem späten Freitag abend saßen er und ein paar Kameraden in einem Schutzraum und unterhielten sich nach dem Abendessen. Ihr Frontabschnitt war wie gewöhnlich ruhig, aber das Geräusch von detonierenden Granaten über den deutschen Linien lockte einen der Offiziere ins Freie, der gleich darauf Nash hinausrief. Ein wenig zerstreut machte dieser in der Dunkelheit einen Fehltritt und verschwand kopfüber in einem schmalen Laufgraben, zur großen Freude seiner Kameraden. Als sie fertig waren mit Lachen und Nash wieder hochgeholfen hatten, stellte sich heraus, daß Nash sich eine Rippe gebrochen hatte. Er wurde nach England verfrachtet – „bandagiert wie eine fette Dame in einem engen Korsett“, wie er selbst es ausdrückt – und in ein Bett, das in einem Militärkrankenhaus auf ihn wartete. Dieser Fehltritt in der Dunkelheit rettete ihm aller Wahrscheinlichkeit nach das Leben. So ist nun einmal die Geometrie des Zufalls.

2.

Intellektuelle und Künstler sehen sich selber gerne als ein freies, unabhängiges Korps von Wahrheitsverkündern, als diejenigen, die am Rand der Prozession standen und verkündeten, daß der Kaiser nackt war. Manchmal ist es auch so gewesen. Im 20. Jahrhundert sind aber mindestens ebenso viele, wenn nicht mehr, damit beschäftigt gewesen, seine Kleider zu nähen. Es ist erschreckend, zu sehen, wie leicht sich viele von diesen Vernünftigsten, Kritischsten, Sensibelsten in diesem Jahrhundert zum Wind in den Segeln anderer machen ließen. Paul Nashs unkritische und naiv ästhetisierende Sicht des Krieges war weder ungewöhnlich noch ein Einzelfall. Statt dessen war sie Allgemeingut in seiner Zunft, ja in großen Teilen der europäischen Bevölkerung.

Wir alle kennen die Bilder aus den heißen Augusttagen 1914 in Europa. Der Jubel, zugleich barbarisch und unschuldig, das Gewimmel aus lächelnden, erwartungsvollen Gesichtern vor den Werbungsstellen, weißgekleidete Frauen, die Blumen über den Soldaten niederregnen lassen, die in der tiefstehenden Sonne davonmarschieren. Es gab Männer, die sich das Leben nahmen, als sie erfuhren, daß sie von der Armee nicht genommen wurden. Ebenso ungeduldig, wie sie nach einer Gelegenheit suchten, ihre Opferbereitschaft zu beweisen, suchten sie nach einem Feind. In England wurden Geschäfte mit deutschklingenden Namen geplündert, und in seiner Heimatstadt wurde der junge Graham Greene Zeuge, wie eine patriotische Menschenmenge auf der

Hauptstraße einen Dackel steinigte – denn Dackel kamen doch aus Deutschland, oder etwa nicht?

Das Geschehen trägt Züge einer Naturgewalt, gleichzeitig läßt sich jedoch nicht übersehen, daß es auch vorbereitet war. Diese Tragödie war das erste Beispiel für etwas, das sich später als eine der Spezialitäten des 20. Jahrhunderts erweisen sollte: die sorgfältig konstruierten, jedoch schlecht gesteuerten Katastrophen. Schon mindestens zehn Jahre vor dem Kriegsausbruch wurden die europäischen Völker mit Kriegspropaganda überschüttet. Die Boulevardpresse mästete ihre wachsenden Leserscharen mit einer Reihe von nationalistischen Vereinfachungen. Stapelweise wurden mehr oder weniger phantasievolle Bücher über den kommenden Krieg geschrieben. Sven Hedins berühmtes *Ein Warnungsruf* ist ein schwedisches Beispiel für dieses populäre Genre; ein anderes bekanntes Werk, das auch heute noch in immer neuen Auflagen erscheint, ist Robert Erskine Childers' *Das Rätsel der Sandbank* aus dem Jahre 1903.*

In den meisten Staaten gab es zudem lautstarke nationalistische und militaristische Interessengruppen, zum Beispiel den deutschen *Wehrverein* und die britische *National Service League.* (An dieser Stelle könnte man übrigens auch die Pfadfinder nennen, die ebenfalls militärisch angehaucht waren. „Allzeit bereit" lautet heute ihr Motto, „Allzeit bereit, für dein Land zu sterben" hieß es vor 1914.) Aus den verschiedensten Richtungen, in den verschiedensten Tonlagen und mit den verschiedensten Argumenten wurde allen eingetrichtert, der Krieg sei etwas Gutes, der Krieg reinige, der Krieg heile, der Krieg sei das einzig wirksame Gegengift gegen die „massive menschliche Verkommenheit, die in unseren industriellen Großstädten herrscht", wie der englische Oberbefehlshaber Lord Roberts meinte, wobei er sicher eine untadelige Haltung bewahrte. Mit jeder internationalen Krise, die sich am

* Childers wurde dann später von seinen eigenen Leuten hingerichtet, nachdem er zunächst in den berühmten Osteraufstand 1916 in Dublin verwikkelt war und dann in den irischen Bürgerkrieg hineingezogen wurde. Zu dieser Zeit hatte er sich also von einem britischen zu einem irischen Patrioten gewandelt.

ABB. 2
Enthusiasmus über den Kriegsausbruch 1914 in Berlin.

Horizont abzeichnete, unabhängig von ihrer Größe oder wirklichen Bedeutung, wurden die Überschriften immer fetter. Immer wieder wurde ein Krieg prophezeit. Er war, mit einem schrecklichen Wort, unausweichlich. Die Geschichte erkennt nicht viel als unausweichlich an. Doch gibt es nur wenig, was Ereignisse so unausweichlich macht, wie der Glaube daran, daß sie unausweichlich sind.

Es existierte also ein Druck von oben in Form eines sorgsam gesteigerten Todestriebs. Aber das Echo von unten bestand nicht nur aus einer folgsamen Antwort auf diese Manipulationen; das sogenannte einfache Volk läßt sich nicht einfach so in irgendeine Richtung steuern. Der Grund dafür, daß der Kriegsausbruch von vielen Arbeitern und Menschen aus den unteren Mittelschichten mit solch feurigem Enthusiasmus begrüßt wurde, war nicht nur und nicht in erster Linie Patriotismus. Für viele lag in diesem Krieg auch eine Verheißung von Veränderung. Im Europa des Jahres 1914 waren die Klassenunterschiede groß, die Armut umfassend, die Ungerechtigkeiten offensichtlich und das durchschnittliche Dasein der Menschen freudlos. Kein Wunder also, daß es viele gab, die das Alte haßten, sich das Neue wünschten, die fort wollten, raus wollten. Utopisch gefärbte Energien lagen in der Luft. Das Problem mit solchen Energien ist nur, daß sie leicht die Richtung wechseln – oder vielleicht sollte man besser sagen, die Frequenz ändern. Die Kriegsbegeisterung im August 1914 hatte auch politische Untertöne, nicht zuletzt in Deutschland. Es gab viele, die darauf hofften, daß der Krieg auch zu den lang ersehnten sozialen Veränderungen führen würde: teils in Form einer Belohnung für die Teilnahme am Krieg, teils als Folge der klassenübergreifenden „Volksgemeinschaft", mit der Politiker und Presse so verführerisch lockten. Ein Großteil der Männer des Jahres 1914 kämpfte folglich ebensosehr für sich selbst wie für das Vaterland. Denn der Weg in die Zukunft führte über ein Schlachtfeld: ein ebenso machtvoller wie verhängnisvoller Gedanke.

Die Intellektuellen und Künstler ließen sich mitreißen. In dem von Beginn an beteiligten Österreich-Ungarn herrschte ein patriotischer Taumel. Sigmund Freud notierte: „Ich fühle mich aber vielleicht zum ersten Mal seit 30 Jahren als Österreicher..." und fügte großzügig hinzu, seine gesamte Libido gehöre Österreich-Ungarn. Zu jenen, die dem Ruf der Fahne folgen wollten, gehörten Arnold Schönberg, der Pionier der Atonalität – dabei seinem Asthma und den Protesten der Freunde trotzend –, sein Schüler Alban Berg – der es auf eine kurze Zeit als Offizierskadett brachte, ehe ihn sein Körper, ebenso kränkelnd wie der seines Mentors, im Stich ließ – der Komponist Anton Webern, der Dramatiker Hugo von Hofmannsthal, der Schriftsteller Robert Musil, der Schöpfer des *Manns ohne Eigenschaften*, der großartige, jedoch schwer drogenabhängige Dichter Georg Trakl – bereits nach vier Monaten tot –, der Philosoph Ludwig Wittgenstein – der sich trotz massiver Magenbeschwerden als Artillerieoffizier freiwillig meldete. Eine ähnliche Stimmung griff in Deutschland um sich: der ansonsten so gesetzte Thomas Mann schrieb beispielsweise: „Es war Reinigung, Befreiung, was wir empfanden, und eine ungeheure Hoffnung", als feststand, daß der Krieg begonnen hatte; auch er meldete sich freiwillig, aber nur, um mit einem aufmunternden Schulterklopfen wieder nach Hause geschickt zu werden. Auch in den anderen beteiligten Ländern verbreitete sich der Taumel, wenn auch vielleicht nicht ganz so überspannt wie in den deutschsprachigen Ländern.

Allem sonntagsidealistischen Patriotismus zum Trotz: Auch für viele dieser Matadore der Hochkultur stand der Krieg für eine Verheißung von Veränderung. Sie hatten sich am nietzscheanischen Traum von einer alles umstürzenden Kraft berauscht, die ganz Europa überschwemmen und die alte, häßliche Fäulnis, die faule, alte Häßlichkeit fortspülen würde, um so einer schöneren, besseren, stärkeren Welt Platz zu schaffen. Der Kampf war das Element, aus dem eine neue und vitalisierte Menschheit hervorgehen würde. Eine Katastrophe, sicher, aber *eine gute Katastrophe*, denn in der Zerstörung lag Hoffnung. Denn der Krieg war ein Modernisierer, der Krieg war ein Umwälzer, der Krieg war gleichzeitig Revolution und Inspiration.

Von allen Künstlern, die sich lobend über den Krieg äußerten und die Zärtlichkeiten ihrer eigenen apokalyptischen Gesten genossen, sind natürlich die Futuristen die bekanntesten. Wir erkennen die Fanfarenstöße in Marinettis Manifest aus dem Jahre 1909: „Wir wollen den Krieg verherrlichen – diese einzige Hygiene der Welt – den Militarismus, den Patriotismus, die Vernichtungstat der Anarchisten, die schönen Ideen, für die man stirbt, und die Verachtung des Weibes." Trotz aller jubelnden Untergangsvisionen kam es jedoch äußerst selten vor, daß die Futuristen diesen wunderschönen Krieg schilderten. Aber vielleicht ist *trotz* hier auch das verkehrte Wort. Er ließ sich wohl eher so preisen, gerade weil sie ihn auf einer Manifestlänge Distanz hielten. Schwiegen sich die Futuristen über das Bevorstehende aus, so gab es doch andererseits eine ganze Reihe von Künstlern und Dichtern, die sich in den Bann der Untergangsstimmung ziehen ließen und mit genüßlichem Pessimismus eine Welt aus grandios brennenden Städten, Kometen und gelbem Rauch schilderten.

Und die Katastrophe stellte sich ein, unter Applaus.

Viele Künstler machten den Sprung von der Theorie in die Praxis. Der deutsche Expressionist Max Beckmann glaubte, der Krieg werde Gutes mit sich führen, denn die Instinkte und Triebe würden alle wieder einem einzigen Interesse gehorchen; der englische Maler Walter Sickert sagte, daß „jeder Mann jetzt Soldat sein sollte"; der Bohemien und Wiener Expressionist Oskar Kokoschka verkaufte ein wichtiges Gemälde, um das Geld zu haben, eine schicke, kornblumenblaue Dragoneruniform zu erwerben, und zog dann ins Feld, um den Mord an Erzherzog Franz Ferdinand in Sarajevo zu rächen – übrigens an dem gleichen Erzherzog, der vor dem Krieg seiner Empörung über Kokoschkas Kunst Ausdruck verliehen und verkündet hatte, daß man diesem Kerl jeden einzelnen Knochen im Leib brechen solle; der junge August Macke, berauscht von futuristischen Parolen, hieß ebenfalls den Krieg willkommen, in dem er nicht nur die grandioseste Manifestation des modernen Zeitalters, sondern auch eine philosophische Notwendigkeit sah, während sein Landsmann Otto Dix zur gleichen Zeit von sich sagte, er wolle den Krieg „um keinen Preis" verpassen.

Und so machten sie sich auf an die Front, voller Erwartung.

Auch unter denen, die sich nicht den Landserrock und die genagelten Marschstiefel anzogen, herrschte ein Gefühl der Anteilnahme. Picasso hatte 1914 in einem Brief an seinen Freund Apollinaire patriotische Töne angeschlagen. An einem ungewöhnlich kalten Winterabend des darauffolgenden Jahres spazierten er, Gertrude Stein und Alice B. Toklas den Pariser Boulevard Raspail herab, als plötzlich ein großes Artilleriegeschütz vorbeigerollt wurde. Picasso blieb stehen, starrte „wie verhext". Das Geschütz trug nämlich Tarnbemalung, gebrochene, unregelmäßige Muster, die in verblüffend hohem Maße an abstrakte Kunst erinnerten. „Das haben wir geschaffen!" rief er der verschwindenden Equipage hinterher, offenkundig ohne sich der Doppeldeutigkeit seiner Worte bewußt zu werden.

Viele von ihnen hatten von dieser Katastrophe gesprochen, sich nach ihr gesehnt. Sie bekamen alles, was sie sich gewünscht hatten, und noch etwas mehr. Aber es war dann doch nicht so, wie sie es sich vorgestellt hatten. Einige Zeit, nachdem sein Regiment in Frankreich einmarschiert war, schrieb ein erschütterter Macke seiner Ehefrau Elisabeth: „Es ist alles so grauenhaft, daß ich Dir nichts darüber schreiben mag." Wenige Wochen später war er tot, vermißt in der Marneschlacht, ein Schicksal, das er im Laufe der Zeit mit einer ganzen Reihe von Künstlern in Uniform teilen sollte, zum Beispiel dem Bildhauer Henri Gaudier-Brzeska, den Malern Franz Marc und Albert Weisgerber und Marinettis Freund Umberto Boccioni (Marc, nachdem er unter anderem vor der Offensive bei Verdun expressionistisch inspirierte Tarnungen für deutsche Artilleriegeschütze gemalt hatte). Otto Dix, Max Beckmann und ihr Kollege George Grosz wurden allesamt in die Heimat verfrachtet, nachdem sie Nervenzusammenbrüche erlitten hatten, der Zeichner David Bomberg schoß sich selbst in den Fuß, um davonzukommen. Oskar Kokoschka durfte das zweifelhafte Privileg für sich in Anspruch nehmen, als einer der letzten in diesem Jahrhundert mit gezogenem Säbel einen Angriff gegen Maschinengewehre zu reiten. Im August 1915 überlebte er bei Luck wie durch ein Wunder eine Kugel im Kopf und die Verletzungen, die er davontrug, als Kosaken nach dem Kampf rundgingen und verletzte Österreicher bajonettierten. Nach seiner Genesung gelang es freundlich gesonnenen Ärzten, zu verhindern, daß er wieder an die Front geschickt wurde, worüber sich Kokoschka nicht beklagte, hatte er das dortige Leben doch als überaus gefährlich und monoton empfunden.

Auch die Futuristen hatten Probleme, eine Wirklichkeit zu finden, die ihren Erwartungen entsprach. Nachdem Italien in den Krieg eingetreten war, meldeten sich Marinetti, Boccioni, der Geräuschmusiker Russolo, der Architekt Sant' Elia und andere freiwillig zu einem Fahrradschützenbataillon. Das fürchterliche, aber grandiose Spektakel, für das sie geschwärmt hatten, weigerte sich jedoch standhaft, in Erscheinung zu treten. Nicht eine einzige, winzige Apokalypse, so weit das Auge reichte: Aus den atemberaubend brennenden Städten wurden Haufen frierender Männer, zusammengekauert in Schlammlöchern. Nicht einmal die phantasievolle Prosa der Futuristen konnte aus der Parade von Ungeschicklichkeiten und Mißerfolgen der italienischen Kriegsführung am Isonzo irgendwelche Erfolge hervorzaubern. Marinetti und die anderen mußten sich damit begnügen, trotzige, heroische Posen vor der Kamera einzunehmen.

Der triste, banale Alltag des Krieges zehrte mit der Zeit jedoch an ihnen. Boccioni versuchte vor den Daheimgebliebenen gute Miene zu machen, aber in seinem privaten Tagebuch klagte er in nörgelndem Tonfall über Appelle, Kälte und Müdigkeit, über die eigene Schwäche, über das Fehlen von Ausrüstung und den Mangel an Training. Kurz vor seinem Tod im August 1916 – verursacht durch ein für einen Futuristen grausam unheroisches Unglück: er fiel während des Exerzierens vom Pferd – unterhielt er sich mit einem engen Freund und zeigte dabei nichts mehr von seinem früheren Enthusiasmus, „es ist grauenhaft".

Die Tiefe der Enttäuschung stand natürlich in umgekehrter Proportion zur Stärke des Jubels. Denn es war den Dichtern wie allen anderen möglich gewesen, die Kriegserklärung mit Hurra zu begrüßen, weil keiner von ihnen die leiseste Ahnung hatte, was sie erwartete. Es war jene Art von Euphorie, die allein aus einem massiven Unwissen entspringen kann.

Für dieses Unwissen gab es mehrere Gründe.

Erstens war das Bild vom Krieg bis zur Unkenntlichkeit romantisiert. In der bildenden Kunst setzte den Maßstab die verlogene und bombastisch theatralische Historienmalerei, wie sie nach den Napoleonischen Kriegen entstanden war und blühte, sobald die Menschen allmählich vergaßen, wie es wirklich gewesen war. In diesen Kunstwerken ging es um gezogene Degen, stolze Federbüsche und Pferde, die sich aufbäumten, um heroische Posen im Gold des Sonnenuntergangs, um spöttisch hochgezwirbelte Schnurrbärte und die schreckliche Schönheit des Kampfs etc. All das Schmutzige wurde unter den Teppich gekehrt, die Blutspritzer waren dekorativ, und sogar die Sterbenden stellte man mit einer Art ätherischer Schönheit dar. Den Kampf gestaltete man als eine Mischung aus Abenteuer und Sport, in dem das Individuum eine sinnvolle Rolle in einem überschaubaren Geschehen spielte. Zahlreiche Menschen wurden durch diese irreführenden Bilder verführt, nicht zuletzt all jene, die durch ihre Klassenzugehörigkeit und Armut zu einem tristen und aussichtslosen Dasein im Grau der Industriestädte verdammt waren. In der Literatur und Geschichtsschreibung fanden sich ähnliche Blendwerke: Auch dort kam es nur äußerst selten vor, daß jemand das Repertoire der Obszönitäten des Krieges beschrieb.

Gerade das Bild der Vergangenheit spielte im übrigen eine wichtige Rolle bei der Vorbereitung der Katastrophe. Ausnahmslos alle Völker lernten in der Schule und von populären Autoren, daß sie die jetzige Größe ihrer Nation erfolgreichen und glorreichen Kriegen der Vergangenheit zu verdanken hatten. Es war die dabei unterschwellig formulierte Logik, die es vielen, wie erwähnt, so leichtmachte, zu glauben, daß der Weg in die Zukunft nur über das Schlachtfeld führte. (Dieser Gedanke war also keineswegs Punsch trinkenden rechten Bonzen vorbehalten. Eine Variante des Gedankens hatte auch in der Linken Fuß gefaßt: Für Marx war die organisierte Gewalt die Geburtshelferin der Geschichte, die Hebamme des Fortschritts.)

Diese Denkweise wurde noch weiter verstärkt durch die angeblich darwinistischen Ideen, die großen Anteil an der moralischen

Grundströmung der Epoche hatten. Es waren die Parallelen, die zur rauhen Natur, dem Kampf der Rehböcke um das Überleben, dem *survival of the fittest* etc. gezogen wurden, die es einem Mann wie dem Imperialisten Lord Milner möglich machten, seelenruhig zu behaupten, daß „der Wettstreit zwischen den Nationen das Gesetz des menschlichen Fortschritts" sei, „die gottgegebene Ordnung der Welt". Gerade die große Breitenwirkung des Vulgärdarwinismus bildet das Muster für etwas, das sich zu einem der Flüche des 20. Jahrhunderts auswachsen sollte: die Verwandlung unverdauter wissenschaftlicher Erkenntnisse in ideologischen Weihrauch.

Zweitens war der moderne, industrialisierte Großkrieg tatsächlich eine unbekannte Größe. Auch ein wahrheitsgetreues Bild der Napoleonischen Kriege und anderer Kriege des 19. Jahrhunderts hätte nicht ausgereicht, um die Menschen darauf vorzubereiten, was ihnen nun bevorstand. 1914 war es mehr als vierzig Jahre her, daß ein richtiger Krieg in Europa ausgefochten worden war. Seitdem hatte die militärische Technologie einen grauenhaften Sprung nach vorn gemacht. Sowohl Handfeuerwaffen als auch Artilleriegeschütze konnten immer zerstörerische Brutalitäten immer schneller und immer weiter schleudern. Der russisch-japanische Krieg 1904/05 hatte bereits gezeigt, was Maschinengewehre, Stacheldraht und schweres Artilleriefeuer mit dichtgedrängten Truppenverbänden anrichten konnten. Die militärisch Verantwortlichen weigerten sich jedoch standhaft, die notwendigen Schlüsse zu ziehen, weigerten sich, Gewohnheiten zu ändern, die sich im Laufe der Zeit zu Dogmen verhärtet hatten. Manchmal waren die Ursachen hierfür schon absurd: So wollte man in Friedenszeiten beispielsweise nur ungern mit Schützengräben üben, weil ihr Ausheben bedauerlicherweise die Uniformen der Soldaten verdreckte.

Dies mag einem zu dem Glauben verleiten, daß die militärischen Befehlshaber allein durch ihre Beschränktheit verblendet wurden. Oft spielten aber auch Klassenvorurteile eine Rolle. In allen beteiligten Ländern waren die Streitkräfte nach wie vor eine Angelegenheit des Adels. Und dieser Adel hatte die Armeen in die letzten Vorposten der alten Ordnung verwandelt in einer Welt, die nach Maschinenherrschaft und Krämerkapitalismus roch.

Es gab eine verdrehte Logik in der Denkweise dieser Offiziere. Viele von ihnen waren Romantiker, die jede Modernität verabscheuten, weil sie so umwälzend und so häßlich war, weil sie den Menschen zu einem Anhängsel machte, das unter einer kalten Maschine baumelte. Ihre Art des Widerstands war es, Gesten aus einer verlorenen Welt zu wiederholen, einer Welt, in der der Mensch Herr über das Schlachtfeld war, der Mut des einzelnen mehr bedeutete als seine Waffen, in der Heldentaten das Wesen des Kampfs waren und eine Kavallerieattacke mit gezogenem Säbel tatsächlich eine Schlacht entscheiden konnte. Denn so waren Kriege zu allen Zeiten geführt worden, und so würden sie auch in Zukunft geführt werden, und daran würde irgendwelcher unverständlicher neumodischer Schnickschnack aus Stahl auch nichts ändern können.

Deshalb konnte eine neu erfundene, rückstoßfreie Kanone mit dem Hinweis abgelehnt werden, sie sei „extrem häßlich, verglichen mit der graziösen Form existierender Geschütze". Deshalb konnte man das Maschinengewehr lange Zeit naserümpfend als ein mechanisches Spielzeug betrachten, das man möglicherweise dazu benutzen konnte, um in geordneten Formen eine anstürmende Masse von Derwischen niederzumähen, das aber im Prinzip unbrauchbar war auf europäischen Schlachtfeldern.* Gerade das Maschinengewehr war aber wohl die Erfindung, die mehr als jede andere ein neues Zeitalter einläutete. Die Dampfmaschine hatte einst die Schaffenskraft des Handwerkers vervielfacht, wäh-

---

* An diesem Punkt vermischte sich die Technikphobie der Militärs mit deren Rassismus. Zwar nahmen sie zur Kenntnis, wie erfolgreich es in Afrika eingesetzt worden war, wo es immer wieder einer Handvoll Weißen geholfen hatte, zahllose Horden tapferer, aber unzulänglich bewaffneter Eingeborener zu besiegen. (So läßt sich etwa bezweifeln, ob die Britisch-Südafrikanische Gesellschaft die Kontrolle über Rhodesien hätte behalten können, wenn es nicht die Maschinengewehre der Marke Gatling gegeben hätte, die der Gesellschaft zur Verfügung standen.) Das Maschinengewehr mochte vielleicht niedrig stehende Wilde erschüttern, doch konnte man kaum erwarten, daß es den gleichen Effekt auf die überlegene weiße Rasse haben würde. So lautete der Gedankengang.

rend sie ihn gleichzeitig auf einen unfreien Proletarier reduzierte. Auf die gleiche Weise verwandelte das Maschinengewehr den Krieg von einem Handwerk in eine Industrie, denn nun konnte ein einziger Soldat so destruktiv sein wie früher hundert, allerdings um den Preis der Bedeutung des einzelnen. Dies aber konnten und wollten viele Militärs nicht sehen, während sie eingehüllt in Schwaden aus Zigarrenrauch unter schönen Öldrucken saßen, die Ulane bei Marengo zeigten. So wird von einem Vorkriegsmanöver der britischen Armee berichtet, daß ein Befehlshaber auf die Frage eines jungen Offiziers, was er denn mit den Maschinengewehren tun solle, nur gezischt habe: „Nehmen Sie die verdammten Dinger mit auf eine Flanke und verstecken Sie sie."

Vielleicht waren sie alle Opfer, wenn auch auf verschiedene Art? Aus heutiger Sicht steht jedenfalls fest, der Kriegsausbruch 1914 bedeutete das wirkliche Ende des alten, des 19. Jahrhunderts und den Beginn eines neuen, des 20. Jahrhunderts. Das alte Jahrhundert wurde 1789 mit einer umwälzenden Revolution eingeleitet und war in der Tat ein Jahrhundert der Umbrüche. Das neue wurde mit einem katastrophalen Krieg eingeleitet und entwickelte sich tatsächlich zu einem Jahrhundert der Katastrophen. Und der Erste Weltkrieg war die Urkatastrophe dieses Jahrhunderts. Zum einen setzte er eine Kette von Ereignissen in Gang, die im Zickzackkurs von einem unglaublichen Unglück zum nächsten führte, bis diese ruckende Lawine von einem Jahrhundert schließlich, wie sich zeigen sollte, 75 Jahre später zum Stehen kam – woraufhin ein neues Jahrhundert beginnen konnte. Zum anderen lag im Ersten Weltkrieg schon ein Großteil des genetischen Codes für die nachfolgenden Katastrophen. Bereits in ihm ließen sich gewisse Muster, Gedankengänge und Phobien erkennen, angedeutet und unentwickelt, aber bereit, zu neuen, unerwarteten grotesken Dingen zu mutieren. Eines der wichtigsten Muster bestand darin, daß die Menschen immer wieder mit plötzlichen Sprüngen konfrontiert wurden, immer wieder gezwungen waren, zu begreifen, daß das Wahrscheinliche vom Unerwarteten ersetzt worden war, immer wieder erkennen mußten, daß nicht sie ihre Träume verraten hatten, sondern daß die Träume sie verraten hatten.

Die ersten, denen die Geschichte diesen hartherzigen Streich spielte, waren die erwartungsvoll lächelnden jungen Männer, die im August 1914 durch die spätsommerliche Hitze und unter Hurrarufen an die Front und in jenen Krieg marschierten, der zu einem Ende aller Kriege führen sollte.

3.

Drei Tage, nachdem Paul Nash mit seiner gebrochenen Rippe in die Heimat verschifft worden war, erhielt sein Regiment den Befehl, einen Punkt in den deutschen Linien anzugreifen, der schon bald berüchtigt sein sollte: *Hill 60*. Die Attacke wurde zu einem erbärmlichen Mißerfolg. Viele von Nashs Kameraden wurden im Niemandsland abgeschlachtet. Zu diesem Zeitpunkt lag er allerdings glücklich unwissend in einem Militärkrankenhaus in England und arbeitete an seinen Zeichnungen von der Front. Im Juni zeigte er seine Frontidyllen im Rahmen einer Einzelausstellung in der Goupilgallerie, die recht freundlich aufgenommen wurde. Durch diesen Erfolg bestärkt bewarb sich Nash im August um die Ernennung zum *Official War Artist* – zum offiziellen Kriegskünstler, eine alte und typisch britische Institution, die angesichts einer Situation, in der die staatliche Propaganda zum ersten Mal in der Geschichte dazu benutzt wurde, in systematischer und wissenschaftlicher Weise die eigene Bevölkerung dazu zu bewegen, die Kriegsanstrengungen zu unterstützen, neues Gewicht bekommen hatte. Eine Reihe von Künstlern waren bereits ernannt worden, unter anderem Christopher Nevinson, ein Mann, dessen Bilder Nash stark beeinflußt hatten.* Einige der Verantwortlichen fanden Nash ein wenig zu „post-impressionistisch", aber nach eini-

---

* Nevinson hatte den Krieg als enthusiastischer Futurist begonnen. Unter anderem war er anwesend, als Marinetti sein bekanntes onomatopoetisches Gedicht über die Belagerung von Adrianopel vortrug, was im Obergeschoß eines florentinischen Restaurants geschah – während das Orchester im unteren Geschoß unbeeindruckt fortfuhr „You made me love you, I didn't want to do it" zu spielen. In seiner englischen Heimat versuchte er mit mäßigem Erfolg, seine britischen Bekannten für den Futurismus zu gewinnen: „Schönheit gibt es nur noch im Kampf" etc. Als der Krieg

gem Murren erhielt er dennoch seine Ernennung, und Ende Oktober 1917 war er mit einem Gepäck, das vor lauter Kreiden, Stiften und Papier fast aus den Nähten platzte, zurück an der Front bei Ypern.

Er lernte schnell, daß die Bedingungen für einen offiziellen Kriegskünstler in Uniform ganz anders aussahen als jene, die für einen jungen Infanterieoffizier galten. Nash sah sich nämlich ausgestattet mit einem Burschen, einem Chauffeur und einem eigenen Auto, und es wurde von ihm erwartet, daß er den größten Teil seiner Zeit im Hauptquartier des britischen Expeditionskorps verbrachte, weit hinter der Front. Es war ein bequemes Leben. Leider hatte es die unglückliche Tendenz, jenen den Kopf zu verdrehen, die sich von ihm umgarnen ließen.

Die Journalisten hatten bereits das Modell geschaffen. Bekleidet mit Uniformen ohne Rangabzeichen und grünen Armbinden verlebten sie ihre Tage Arm in Arm mit den hohen Militärs: Das Leben in einem warmen und hell erleuchteten *château* wurde nur hier und da von einem Ausflug an einen relativ sicheren Platz weiter vorn unterbrochen, woraufhin sie rasch wieder zu Cognac und Kaminfeuer zurückkehrten und einen weiteren flotten Artikel darüber schrieben, wie ungeduldig die Soldaten auf den Kampf brannten, wie aufbauend es war, in einem Schützengraben zu leben, und wie *gut* alles lief. Kaum verwunderlich also, daß es heißt, die Soldaten verabscheuten schon bald die Kriegskorrespondenten mehr als die Generalstabsoffiziere, was schon etwas heißt. Diese Journalisten wurden von ihrer eigenen Bequemlichkeit irregeführt, durch die große Entfernung zur Front getäuscht, von der Autorität der Zensoren behindert, von der patriotischen Gesinnung der Zeitungsbesitzer angetrieben und waren in ihrem eigenen Gefühl von Loyalität gefangen.

---

ausbrach und die Armee ihn wegen seines Hinkens nicht nehmen wollte, wurde er statt dessen Sanitäter. Einige Zeit später schickte er Marinetti ein Photo von sich, auf dem er neben einem Krankenwagen steht: Löcher von Granatsplittern hatte Nevinson stolz mit Pfeilen markiert. Dies war meines Wissens seine letzte Geste futuristischer Bravour.

Das Resultat? „Mehr absichtliche Lügen wurden verbreitet als je zuvor in der Geschichte“, wie Philip Knightley schreibt. Der Krieg wurde beschönigt und die Menschen in der Heimat in völliger Unwissenheit darüber gehalten, was wirklich mit ihren Söhnen und Brüdern, Ehemännern und Geliebten geschah. Es wurde demonstriert, wie erschreckend effizient die Wahrheit unterdrückt werden konnte, wenn sich der gesamte Staatsapparat auf dieses Ziel konzentrierte. Gleichzeitig nutzten sich drastische Bilder und gewichtige Worte ebenso schnell ab, wie die Öffentlichkeit langsam, aber sicher das Vertrauen in die marktschreierische Sensationspresse verlor. Mit der Zeit begannen die Menschen über einige Zeitungsenten zu lachen, wie zum Beipiel jene, daß die Deutschen Fabriken hatten, in denen tote Menschen zu Seife gekocht wurden – welch ein Scherz! –, während auf der anderen Seite die Flut aus Propaganda, Fälschungen und Nichtigkeiten andere Neuigkeiten untergehen ließ, die nur allzusehr der Wahrheit entsprachen, wie zum Beipiel jene, daß die Türken damit begonnen hatten, Teile der eigenen Bevölkerung abzuschlachten, und dies in einem bisher noch nicht dagewesenen Ausmaß.

Viele Kriegskünstler waren an diesem Verrat beteiligt. Es war nichts Ungewöhnliches, daß sich ihre Arbeiten in dem Maße verschlechterten, wie sie sich der Maschinerie beugen mußten. Als der von Nash bewunderte Christopher Nevinson endlich an der Front landete, verlor er schnell seine futuristischen Grillen. Statt dessen malte er eine Reihe kraftvoller, kubistisch angehauchter Studien über das Leben dort. Als Dank für seine Mühe erntete Nevinson wütende Attacken sowohl vom Establishment als auch von der Avantgarde. Die anderen Künstler und intellektuellen Schöngeister rümpften ihre ästhetischen Nasen angesichts dieser realistischen, ihnen unverständlich leichtverständlichen Bilder und bezeichneten sie abfällig als „vulgär“ oder „journalistisch“. Der Krieg war für viele Modernisten zweifellos ein Ärgernis, da ihre komplexe Formensprache einigermaßen unbrauchbar war für jemanden, der die weltpolitische Wirklichkeit diskutieren wollte, ein Problem, das manche von ihnen lösten, indem sie sich schlicht nicht darum scherten, was um sie herum geschah.

Auch das Establishment hielt nicht das geringste von Nevinsons Gemälden, wenn auch aus anderen Gründen. Über seine Bilder schrieb *The Times* mit einem unübersetzbaren Ausdruck, sie seien „not a bit like cricket". Die Zensur erhob Einwände gegen einige der Werke, und eines von ihnen wurde später gestoppt. Es war ein Ölgemälde mit dem Titel *Wege der Ehre*, das zwei gefallene Engländer zeigt, die kopfüber im Morast an einer Stacheldrahtbarrikade liegen. Tote Deutsche durfte man gerne zeigen, getötete Briten dagegen nicht. Als das Bild dann ausgestellt werden sollte, bedeckte Nevinson es mit braunem Papier und schrieb „zensiert" darauf. Er wurde denn auch prompt ins Kriegsministerium einbestellt und erhielt einen Rüffel, der Kafka Ehre gemacht hätte: Es war verboten, das Wort „Zensur" zu benutzen. Es braucht einen nicht sonderlich zu wundern, daß Nevinson sich schließlich anpaßte, die Darstellung des Stellungskrieges zugunsten unterschwellig heroischer Bilder über den Kitzel des freien Luftkrieges aufgab.

Nash widersetzte sich von Anfang an. Er wollte der Gefechtslinie so nah wie möglich kommen – wahrscheinlich weniger, um dem Risiko zu entgehen, in das Magnetfeld des Generalstabs aus Lügen und beschönigenden Worten gezogen zu werden, sondern vielmehr, weil ihn die Kämpfe nach wie vor reizten. Er wollte sehen, hören, fühlen. Was hier offen zutage tritt, ist ein Teil vom Wesen des Kriegs, von dem wir heute gerne absehen; in der Regel mit den besten Absichten, da es sich um ein trügerisches Phänomen handelt. Trotzdem geht es um etwas, das wir uns vor Augen halten müssen, wenn wir den Krieg wirklich verstehen wollen. Ich denke an den Rausch, den die Gefahr in sich birgt.

Eine Norm dafür gibt es nicht, und es ist bezeichnend, wie verschieden die Menschen reagieren, wenn sie mit einer Katastrophe konfrontiert werden. Die wie ein Mann fliehende Masse ist ein Klischee, geschaffen von Spielfilmregisseuren und Ideologen. In Wirklichkeit gibt es immer einige, die gehen, einige, die in die falsche Richtung laufen, und einige, die stehenbleiben und sich fragen, was eigentlich los ist. Das Verhalten von Soldaten ist geprägt von der gleichen uneinheitlichen Unberechenbarkeit. Manche verabscheuen die Gefahr vom ersten Moment an, die meisten lernen, mit ihr zu leben, aber einige gewinnen ihr tatsächlich etwas ab. Besonders für Männer liegt eine große Verlockung in dem Gedanken, ihren physischen Mut unter Beweis stellen zu dürfen, gerade weil dies heutzutage eine Eigenschaft ist, für die selten Bedarf besteht. Noch wichtiger ist wohl, daß das Eingehen eines Risikos zweifellos etwas Erhebendes, Verwandelndes in sich birgt. Das Leben erscheint einem nicht selten gerade dann am wertvollsten, wenn es bedroht ist, und manchmal kann die Berührung durch den Tod einem ein paradoxes Gefühl von Freiheit schenken, wenn nicht sogar von Unsterblichkeit. Denn wie der Mensch das einzige Glied in der Schöpfung ist, das in der Lage ist, seine eigene Existenz zu verstehen, so ist er doch auch der einzige, der diese Existenz freiwillig aufs Spiel setzen kann. Und das eine hängt mit dem anderen zusammen.

Das Problem mit diesem Rausch des freiwillig eingegangenen Risikos, ganz abgesehen davon, daß er Menschen dazu verführt, ihr Leben zu vergeuden, besteht darin, daß sein imponierendes Ausmaß seinen Mangel an Dauer verdeckt. Das Gefühl muß nämlich exklusiv sein. Es verträgt nicht, auf ein alltägliches Maß gestutzt zu werden, dafür ist es zu zerbrechlich. Denn schon recht bald hört die Gefahr auf, erhebend zu sein, ihre wundersame Verwandlungsnummer verliert jede Annehmlichkeit und wird ganz im Gegenteil zermürbend: Angst höhlt nicht nur die Seele aus, sie verschleißt auch den Körper.

Der traditionelle Krieg – der sich in seinen Grundzügen seit der Antike kaum verändert hatte – war für jemanden, der den eigentümlichen Rausch des freiwillig eingegangenen Risikos suchte, seiner Form nach recht anziehend. Nur selten kam es zu Schlachten und großen Kämpfen, und sie wurden meistens im Laufe eines einzigen Tages entschieden. Dann folgten regelmäßig monatelange Perioden, in denen die Armeen auf ihrer unablässigen Jagd nach Verpflegung umhermarschierten, während sich die Soldaten im Alltag des Lagerlebens verlieren konnten. (Die Bedrohung durch den Tod bestand außerdem nicht in erster Linie aus dem Kampf, sondern aus Krankheiten, und in diesem Punkt waren Zivilisten und Soldaten den gleichen Bedrohungen ausgesetzt.) Es war wohl dieser traditionelle Krieg, den sie alle erwartet hatten.

So auch Nash. Er hatte genug vom Krieg gesehen, um von ihm angezogen zu werden, aber zu wenig erlebt, um ihn zu verstehen. Deshalb zog es ihn wahrscheinlich wieder mit solcher Kraft auf das Schlachtfeld hinaus. Aber dort erwartete ihn eine unangenehme Überraschung.

4.

Heute sind sie verschwunden, die Schlachtfelder des Ersten Weltkrieges. Bruchstücke und Fragmente sind hier und da noch zu sehen, wenn man entlang der früheren Westfront reist. Oft sind es kurze Wellen aus grasbewachsenen Kratern, abgeschliffen von Zeit und Regenwasser, die sich in einem Wald längs der Straße verlieren; ein anderes Mal ist es ein riesiger Minenkrater, in dem sich badende Kinder und Enten den Platz im trüben Wasser teilen. Manchmal ist es ein kantiger Bunker, der dabei ist, unendlich langsam im weichen Erdgrund zu versinken, immer sind es die Friedhöfe, die niemand mehr zu besuchen scheint, mit ihren endlosen Reihen von Grabsteinen, die durch den sauren Regen schwarz gefärbt worden sind. Die Veteranen unternehmen ihre alljährlichen Pilgerreisen, aber sie werden immer weniger: In Großbritannien gibt es, während dies geschrieben wird, nur noch weniger als zehn Überlebende des Feldzugs von 1914, und in wenigen Jahren werden sie alle fort sein. Dann gehört die Landschaft endgültig wieder den Unwissenden.

Manchmal kann man jedoch etwas ahnen. Einmal kam ich zufällig wenige Tage, nachdem man ein Stück Wald abgeholzt hatte, zu einem solchen vergessenen Platz aus dem Ersten Weltkrieg. Es war Februar, und Regen lag in der Luft. Die schweren Forstmaschinen hatten die dünne Erdschicht abgeschält und das Schlachtfeld entblößt. Eine Art Text ließ sich in der aufgewühlten Erde erkennen, jedenfalls möchte ich das glauben. Es war unerhört packend, dort umherzugehen und den Versuch zu machen, ihn zu lesen. Die Deutschen hatten angegriffen. Überall lagen Stabhandgranaten mit modernden Schäften, Angriffswaffen – da ihre Wirkung vor allem auf ihrer Sprengkraft beruht, lassen sie sich ausgezeichnet von jemandem benutzen, der sich in aufrechter Haltung bewegt und jemanden töten will, der in einer Grube hockt – vermischt mit der einen oder anderen stählernen Eierhandgranate, Verteidigungswaffen – da ihre Wirkung vor allem auf Splittern beruht, die sich über große Flächen verteilen, sind sie am nützlichsten für einen Mann, der in einer Grube hockt und jemanden töten will, der aufrecht gelaufen kommt.

Offenbar war es hier auch zu Nahkämpfen gekommen: davon zeugten die Handgranaten. Außerdem konnte man mehr nicht abgefeuerte Patronen als leere Patronenhülsen zählen, und in dem klebrigen Morast waren außerdem zwei Infanteriespaten zu erkennen, der eine geschliffen, um in einem Handgemenge benutzt werden zu können, und nach 70 Jahren immer noch so scharf, daß er sich in einen Baumstumpf treiben ließ. Und überall Schrott: verrostete Blindgänger in allen erdenklichen Größen und Formen, Stacheldraht – einfacher und doppelter –, ein graugrüner Gasmaskenfilter, verbeulte Feldflaschen, Reste eines Feldtelephons, der kaputte Eßnapf von jemandem und so weiter. An einer Stelle erblickte man etwas, das ein Ort zum Ausruhen und Essen gewesen sein mag: dort knirschte es unter den Füßen von zersplitterten Weinflaschen und geöffneten Konservendosen.

Dann lagen dort natürlich auch Knochen.

Hier und da lagen Skeletteile. Von Menschen. An einer Stelle hatten die Räder einer Forstmaschine zwei kräftige Oberschenkelknochen aus dem fruchtbaren Erdreich gedrückt, sie standen hoch wie zwei gelbbraune Stöcke. Aber das meiste waren, wie gesagt, Bruchstücke. Etwas abseits, unter einer hohen Kiefer, lag jedoch, ja ... eine Person, aber nur die übel zugerichteten Skeletteile des Unterkörpers waren noch da; Rückgrat, Rippen und Kopf waren nicht zu finden.* Ein Fuß steckte immer noch in einem kaputten

* Dies braucht nicht unbedingt das Werk der Forstmaschinen gewesen zu sein. In den Kriegsjahren steckte die Metallurgie noch in den Kinderschuhen, und man beherrschte noch nicht gänzlich die Technik, Projektile vorzufragmentieren, was dazu führte, daß die Granaten des Ersten Weltkriegs nicht selten in wenige große, scharfe Klumpen zerplatzten, statt, wie be-

Schnürstiefel mit genagelter Sohle. Von den Weichteilen des Fußes war nur noch etwas geblieben, das wie graufarbener Lehm aussah und sich auch so anfühlte. Und durch diesen Lehm, durch die Knochen des Mittelfußes, durch die dunkelblaue Ledersohle schob sich ein kleiner grüner Rosenschößling.

Ein weiteres Grab.

Während der ganzen Zeit, die ich in dieser Zeitkapsel aus Fäulnis, Rost und Verwesung umherging, tauchten Nashs Bilder vor meinem inneren Auge auf, so als wären sie eine Art Fazit, aber nicht seine frühen Werke, sondern jene, die nach seiner Rückkehr entstanden.

Die Lage bei Ypern im Oktober 1917 hatte sich gegenüber dem April grundlegend verändert. Damals war die Front ruhig gewesen, was dem Ganzen ein eigentümliches Gefühl von Unwirklichkeit verliehen hatte, das sich sowohl in Nashs zahmen Frühjahrsbildern als auch in seiner schneidigen Haltung niederschlug. Aber während er sich daheim in England von seiner Verletzung erholte, war das, was man im allgemeinen die dritte Schlacht von Ypern nennt, ausgefochten worden.

Das Finale dieses quälend endlosen Gefechts begann gerade einmal eine knappe Woche, nachdem Nash wieder an der Front ankam.

„Was man im allgemeinen die dritte Schlacht von Ypern nennt": Es ist eigentlich fehl am Platz, diese Bezeichnung für die Ereignisse zu wählen, die sich zwischen Juni und November 1917 in Flandern abspielten. Die Generäle des Ersten Weltkriegs wollten das Werk ihrer Hände gerne „Schlacht" nennen, da sie alles, was sich bei Loos, Somme oder Verdun abspielte, auf eine Stufe stellten mit dem, was einst in Cannae, Lützen oder Waterloo geschehen war, so als wäre diesem amorphen Geschehen in der Gegenwart die gleiche *gloire* eigen und als gliche es diesen Schlachten in seiner

---

absichtigt, in Tausende kleiner. Der Vorteil bestand darin, daß Soldaten manchmal Einschläge in nächster Nähe noch überleben konnten. Der Nachteil war, daß die Verletzungen, sobald diese großen Metallfragmente einen trafen, groteske Dimensionen annahmen: Körper konnten der Länge nach gespalten, in der Mitte getrennt, atomisiert werden.

Bedeutung für den Gang der Geschichte. So war es aber nicht. Generäle wie Soldaten hatten sich darauf vorbereitet, ein weiteres Mal den Krieg des 19. Jahrhunderts auszufechten, ohne daran zu denken, daß sie mit den Waffen des 20. Jahrhunderts gerüstet waren. Sie waren schlichtweg davon ausgegangen, die vorhersehbare Welt der Vergangenheit wäre auch die gegenwärtige. Aber ein Spalt hatte sich aufgetan zwischen der Vergangenheit und der Gegenwart, und in diesen Abgrund waren sie alle gefallen, kopfüber.

Die industrialisierten Gesellschaften führten nun den ersten wirklich industrialisierten Krieg, aber niemand hatte seine unfaßbare Zerstörungskraft vorhergesehen. Während des Deutsch-Französischen Kriegs 1870/71 hatte ein durchschnittliches deutsches Artilleriegeschütz während des gesamten Krieges alles in allem knapp 200 Schuß abgefeuert, aber im Jahre 1914 feuerte das gleiche Geschütz etwa 1000 Schuß in etwas mehr als einem Monat ab. Während der 35 Minuten langen Vorbereitung des Sturms auf Neuve-Chapelle im März 1915 feuerte die britische Artillerie mehr Granaten ab als während des gesamten Burenkrieges. Zählte man noch die bereits erwähnten Maschinengewehre und die in Friedenszeiten systematisch außer acht gelassenen Schützengräben sowie den Stacheldraht hinzu – ein Draht, der im 19. Jahrhundert in den USA erfunden worden war, um in der Viehzucht Verwendung zu finden, der aber während des 20. Jahrhunderts bezeichnenderweise vor allem gegen Menschen eingesetzt werden sollte –, so erhielt man als Resultat eine unmögliche Gleichung. Es wurde immer leichter, sich zu verteidigen, immer schwieriger, anzugreifen. Was heißt schwieriger, jede Gruppe von Männern, die versuchte, sich aufrecht über offenes Terrain zu bewegen, konnte davon ausgehen, im Laufe weniger Minuten abgeschlachtet zu werden. Die alte Regel, selbst den stursten Karrieristen im Militär bekannt, besagte, daß gescheiterte Angriffe die Truppen verdarben. Die neue Regel, die manche von ihnen nie in den Kopf bekamen, besagte, daß auch erfolgreiche Angriffe die Truppen verdarben.

Immer wieder scheiterten Offensiven. Sie begannen alle auf die gleiche Weise: mit Plänen, die ebenso minutiös detailliert wie unrealistisch waren. Und sie endeten alle auf die gleiche Weise: mit monotonen Spasmen aus Angriff und Gegenangriff um irgendeinen unwichtigen Hügel oder ein Dorf, das man so gründlich in Grund und Boden geschossen hatte, daß seine Existenz nur noch rein kartographisch war, was so lange weiterging, bis beide Seiten völlig erschöpft waren, die Kämpfe abflauten und die eigene Öffentlichkeit mit der Nachricht von einem weiteren großen Sieg belogen werden konnte.

Eine der Einrichtungen, die diese wiederholten Katastrophen ermöglichten, war eine weitere Errungenschaft des 20. Jahrhunderts: der Führungsbunker. Die Befehlshaber wurden dank einer großen und wohlorganisierten Bürokratie vollkommen abgeschirmt von der Wirklichkeit, die sie selber schufen. Die Atmosphäre, die sie umgab, war von feiger Autoritätshörigkeit gekennzeichnet, während naive Politiker und eine patriotische Presse die Generäle gleichzeitig in den Status uniformierter Säulenheiliger erhob. Dies führte insgesamt dazu, daß ihnen nur selten unerwünschte Informationen zu Ohren kamen und niemals Widerspruch. Haig, Nivelle, Falkenhayn, Cadorna, Brussilow und die anderen konnten deshalb in zerstreuter Isolierung auf ihren Schlössern meilenweit entfernt von der Front sitzen und mit dem Anilinstift Pfeile auf Karten einzeichnen und „Schlachten" planen, in denen Menschenleben auf eine technisch-statistische Abstraktion reduziert wurden, irgendwo eingeklemmt zwischen der Kilogrammzahl an Granaten und der Stacheldrahtmeterquote. Es war die kalte Logik der Fabrik, übertragen auf das Schlachtfeld. Sie konnten seelenruhig eine menschenvernichtende Idiotie nach der anderen abfeuern, da das Resultat für sie kaum mehr war als schematische Kurven und Zahlrenreihen, die ausschließlich angaben, wie das Projekt vorankam, aber nicht das geringste über die eigentliche Natur dieses Projekts aussagten.

Den Krieg sahen sie und ihre Handlanger mit roten Biesen fast nie. So wird aus der Endphase eben dieser dritten „Schlacht" bei Ypern berichtet, daß Generalleutnant Sir Launcelot Kigell – Stabschef beim Architekten der Offensive, General Haig – es damals zum ersten Mal nötig fand, die Front zu besuchen. Sein

Stabsauto kämpfte sich langsam durch den Morast und die Leere der Zerstörung, und je näher sie der eigentlichen Kampflinie kamen, desto erregter wurde der Generalleutnant. Schließlich begann er zu weinen und rief aus: „Oh, mein Gott. Haben wir wirklich Männer hier in den Kampf geschickt?" Der Mann neben ihm hatte die gesamte Offensive mitgemacht und erwiderte nur tonlos: „Weiter vorn wird es schlimmer."

Es läßt sich eine erschreckend gründliche Systematik in den Mißgriffen erkennen. Allein schon die Idee einer Großoffensive bei Ypern beruhte, wie es sich gehört, auf Fehleinschätzungen. Erstens wurde ein solcher Angriff laut Oberbefehlshaber Haig benötigt, um der bedrängten französischen Armee beizustehen – aber diese hatte nach den Meutereien im Frühjahr bereits wieder begonnen, von alleine auf die Beine zu kommen. Zweitens brauchte man einen Sieg im Westen, um der zerfallenden russischen Armee im Osten neuen Mut zu machen – aber diese war bereits rettungslos verloren. Und drittens mußte man unverzüglich die belgische Kanalküste einnehmen, um der deutschen U-Bootflotte eine Reihe von Häfen zu entreißen und so die Fahrzeugverluste auf dem Atlantik zu senken – aber die hatten bereits aufgrund des kürzlich eingeführten Konvoisystems begonnen, dramatisch zu fallen.

Der Ort des Angriffs war zudem denkbar schlecht gewählt. Um Ypern hielten die britischen Streitkräfte eine kleine Ausbuchtung, die knapp zehn Kilometer lang und weniger als fünf Kilometer breit war. Um diese Beule herum, auf den umliegenden Höhen, lagen die Deutschen. Es war der Wunschtraum eines jeden Richtkanoniers. Mit ihren kräftigen Zeissferngläsern konnten die Deutschen jede kleinste Bewegung in dieser Ausbuchtung verfolgen und die Artillerie herbeirufen, die wiederum von ihren versteckten Positionen auf den Rückseiten der umgebenden Höhen ein perfektes Schußfeld hatte. Außerdem machte die vollkommene Überschaubarkeit des Geländes es schlicht unmöglich, die Vorbereitungen der Offensive geheimzuhalten, so daß die Deutschen schon lange Zeit im voraus wissen würden, daß ein Angriff bevorstand.

ABB. 3

Soldaten der 13th Durham Light Infantry warten auf das Ende des Sperrfeuers, damit sie am 20. September 1917 an der Straße von

Menin angreifen können. Der Großteil der Männer auf dieser Photographie kam während des Angriffs ums Leben.

Damit nicht genug, war das tiefer liegende Terrain ausgesprochen sumpfig: Einzig und allein die Tatsache, daß die Felder von einem Netz aus Gräben und Entwässerungskanälen durchzogen waren, machte Ackerbau dort überhaupt möglich, was aber nichts daran änderte, daß bereits wenige Tage Regen ausreichten, um die Lehmerde matschig und weich werden zu lassen. Und da das Grundwasser so nah an der Erdoberfläche war, gab es Schwierigkeiten, größere Systeme von Schützengräben auszuheben, ein Problem, das die Deutschen umgangen hatten, indem sie die Ausbuchtung mit einer Kette von Bunkern und Schutzräumen aus Beton umsäumten. In der britischen Armee wurde eine solche Lösung jedoch strikt abgelehnt: Es hieß, solche sicheren Bastionen „verringerten die Angriffslust der Truppen".

Alles sprach gegen eine Offensive. Also griff man an.

Ungeheure Mengen von Artillerie wurden auf der britischen Seite eingesetzt: Auf sechs Meter Front kam ein Geschütz. Millionen Granaten wurden gegen die deutschen Linien geschleudert, aber es zeigte sich, daß ihre Betonbunker praktisch unverletzbar waren, und der größte Effekt dieses Trommelfeuers bestand darin, daß statt dessen das Netzwerk aus Gräben pulverisiert wurde und das Wasser nicht mehr ablief. Als es dann auch noch anfing zu regnen, verwandelte sich das Schlachtfeld in ein Meer aus Schlamm, in dem die Verletzten zu Tausenden ertranken und in dem ein ganzes Pferdegespann innerhalb weniger Minuten verschwinden konnte. Die Kompanien wateten voran und verschwanden im Regen und den Explosionswolken, woraufhin neue Kompanien in die Leere geschickt wurden, die die ersten hinterlassen hatten. Alles, was es noch an Rausch der Gefahr gegeben haben mochte, verschwand. Zum einen, weil die Gefahr alltäglich, endlos und unvorhersehbar wurde. Zum anderen, weil die Gefahren so groß waren, daß die Überlebenschancen vielen nur minimal zu sein schienen.

Einer der Soldaten auf diesem Schlachtfeld, Edwin Campion Vaughan, war noch einer dieser typischen jungen Männer, die mit Enthusiasmus im Herzen und guter Literatur im Tornister in den Krieg gezogen waren – das Buch, das der zu dieser Zeit zwanzigjährige Leutnant mit an die Front nahm, war die bekannte, von dem Literaturprofessur Francis Turner Palgraves herausgegebene Lyrikanthologie *The Golden Treasure*. Ende August 1917 kam Vaughans Division bei den Operationen bei Langemarck, nördlich von Ypern, zum Einsatz; fünf vor zwei Uhr nachmittags am Montag, dem 27.8., erhielt das Bataillon den Befehl, einen besonders schwer einnehmbaren deutschen Bunker, der *Springfield* genannt wurde, anzugreifen.

Der Angriff entwickelte sich zu einer ausgesprochen blutigen Angelegenheit. Die deutsche Artillerie eröffnete das Feuer, sobald sich die Linie der Männer aufrichtete. Innerhalb von fünf Minuten war der größte Teil von ihnen getroffen worden. Schon bald verlor der Bataillonskommandant den Kontakt zu den Angreifenden, und Vaughan wurde durch den Regen vorgeschickt, um herauszufinden, was geschehen war. In seinem Tagebuch hat er beschrieben, wie er ein Stück weiter vorn die Reste einer der Kompanien findet. Obwohl der Lärm der Explosionen und der Schießerei so ohrenbetäubend ist, daß er sich nicht übertönen läßt, gelingt es ihm, einige Soldaten um sich zu scharen, und gemeinsam mit ihnen beginnt er, sich längs einer Straße voranzuarbeiten, über einen Punkt namens Triangel hinaus, in Richtung des Bunkers:

> Wir stolperten die Straße entlang, während um uns herum die Granaten explodierten. Ein Mann blieb direkt vor mir regungslos stehen, und verärgert überschüttete ich ihn mit Schimpfwörtern und stieß ihn mit meinem Knie an. Sehr leise sagte er: „Ich bin blind, Sir", und drehte sich um, um mir zu zeigen, daß seine Augen und seine Nase von einem Granatsplitter weggerissen worden waren. „O, mein Gott, es tut mir leid", sagte ich, „gehen Sie dort, wo der Grund fest ist", und verließ ihn, der taumelnd einen Weg zurück suchte. Als wir zur Triangel kamen, ließ das Artilleriefeuer nach, und die Gewehrschüsse gingen weit über unsere Köpfe hinweg. Um uns herum lagen zahlreiche Tote, und in den Granattrichtern waren verwundete Männer, die dorthin gekrochen waren, um Schutz zu suchen. Viele andere, die zu schwach waren, um sich zu bewegen, lagen dort, wo sie hingestürzt waren, und feuerten uns schwach an, als wir an ihnen vorbeikamen.

Vaughan und einige Soldaten erreichen wider Erwarten den Bunker. Es stellt sich heraus, daß er verwaist, aber kniehoch gefüllt mit stinkendem Wasser ist, in dem zwei Leichen mit dem Gesicht nach unten schwimmen. Während es Abend wird und er mit Signalen seiner kleinen Taschenlampe verzweifelt um Verstärkung und Nachschub bittet, hört Vaughan dann „ein fürchterliches Geräusch“:

> Aus der Dunkelheit drang von allen Seiten das Jammern und Weinen der verletzten Männer; schwache, lange, schluchzende Schmerzensschreie und verzweifelte Rufe. Es war einem nur allzu grausam klar, daß Dutzende von Männern mit schweren Verwundungen auf der Suche nach Schutz in neue Granattrichter gekrochen sein mußten, und nun stieg das Wasser um sie herum, und sie, die nicht mehr in der Lage waren, sich zu bewegen, ertranken langsam.

Später abends wird er abgelöst und begibt sich zu den eigenen Linien zurück, um beim Hauptquartier des Bataillons Bericht zu erstatten. Auf dem Weg bleibt er immer wieder stehen und schleppt Verletzte aus den Granattrichtern, einige von ihnen brüllen und fluchen darüber, daß Vaughan ihnen nicht zurückhilft, und einer der Verletzten droht, ihn zu erschießen, aber es gelingt ihm, dem Mann das Gewehr zu entreißen.

Der Eingang zum Bunker des Bataillonskommandanten ist durch einen regelrechten Berg aus Toten versperrt, und er muß über diesen schwankenden Haufen aus Gliedern klettern, um überhaupt hineinzugelangen. Er setzt seinen Weg zurück fort, um Bahrenträger zu finden. Die Granaten regnen herab, aber zu diesem Zeitpunkt schert er sich nicht länger darum – der Ausdruck, den er benutzt, ist *past caring* –, und Vaughan bewegt sich rätselhaft ungerührt geradewegs durch den Vorhang aus Stahlsplittern und Rauch. Später wird sich herausstellen, daß nur 15 der 90 Männer seiner Kompanie das Ganze lebend überstanden haben. Vaughan war der einzige Offizier, der überlebte.*

---

* Vaughan wurde später zum Kapitän befördert und auch ausgezeichnet, letzteres dafür, daß er am 4. November 1918 eine Brücke über den Sam-

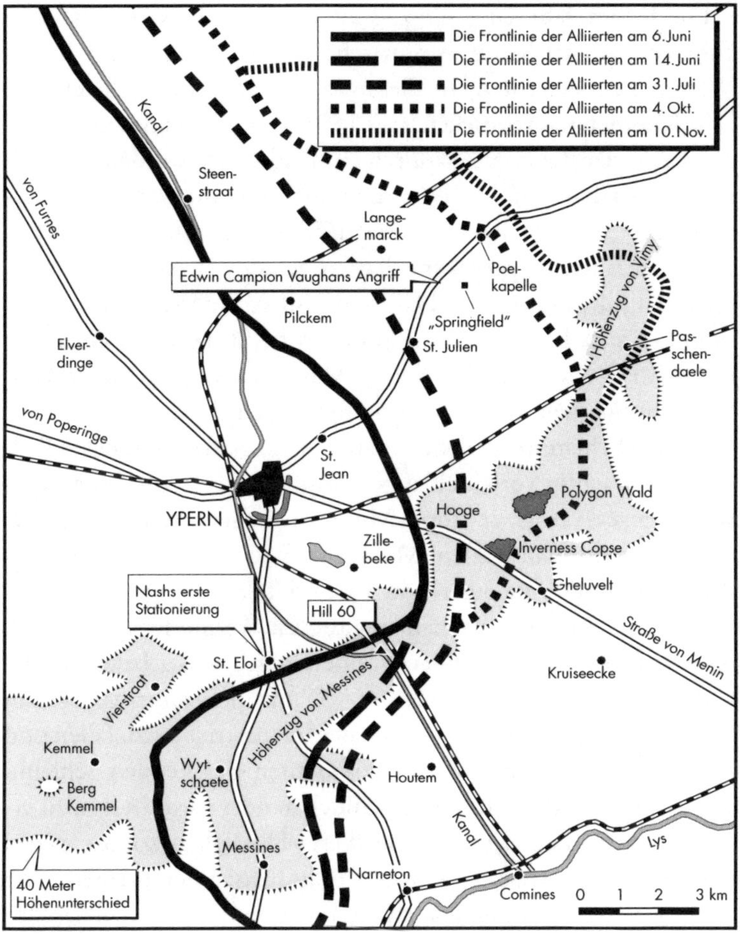

KARTE 1

Die dritte Schlacht von Ypern 1917.

Ein halbes Jahr lang ging es in diesem Stil weiter in einer Schlacht, die wir heute als die archetypische Schlacht des Ersten Weltkrieges betrachten. In dieser Zeit gelang es den Briten, gut acht Kilometer vorzurücken, was 150 000 Soldaten das Leben kostete. Aus der Beule war dadurch ein Daumen geworden, der sich noch verletzbarer und vollkommen nutzlos in die deutschen Linien schob. Einige Monate später wurde er aufgegeben.

Als Nash nach Ypern kam, hatten gerade die letzten, lächerlichen Angriffe begonnen. Das Schlachtfeld war zu diesem Zeitpunkt, wie es bei einem Augenzeugen heißt, eine „abscheuliche Ödnis". Die Erde war eine einzige Masse aus wassergefüllten Granattrichtern, viele von ihnen vereingten sich zu Miniaturseen aus flüssigem Schlamm, an denen man sich auf glatten, schmalen Erdstegen vorsichtig vorbeischlängeln mußte. Der Müll des Krieges war allgegenwärtig: zerstörte Munitionswagen, verlassene Fahrzeuge, zerbrochene Waffen, Munition, Essen, Kleiderfetzen, Pferdekadaver und Unmengen von Toten. Überall Dinge, Reste, zerstreut, auf Haufen geworfen, zerstückelt, vermodernd, rostend, wie die Erde selbst von einem sonderbaren Aussatz befallen. Der Ort verursachte allen ein Gefühl von mit Schrecken gepaartem Ekel. Die Angst ging um, in einen der Granattrichter zu fallen und etwas von dem grünweißen, Exkrementen gleichenden Schleim, der sie bis zum Rand füllte, zu schlucken oder sogar in ihm zu ertrinken. Schon der Kontakt mit dieser Flüssigkeit konnte wegen des großzügig verteilten Senfgases Brandblasen hervorrufen.

Die meisten schreckte jedoch mindestens ebensosehr all das Unbeschreibliche, was sich unter der Oberfläche verbarg und von dem Leichengas oder der rotbraunen Flüssigkeit angedeutet wurde, die hier und da an die Oberfläche stiegen. Sich durch den lehmigen Morast zu bewegen war ungeheuer anstrengend, weil man mit den Füßen steckenblieb. Wenn der Matsch einmal nicht nachgab, war die Wahrscheinlichkeit groß, daß man auf einem

---

brekanal genommen hatte, am gleichen Tag, an dem der später so berühmte Dichter Wilfred Owen bei seinen Versuchen, diese Wasserstraße zu überqueren, fiel. Vaughan starb 1931.

Körper stand – manchmal wurde dann, mit einem stöhnenden Laut, die verbliebene Luft aus dem Toten gedrückt, und jemand mit Erfahrung konnte feststellen, ob unter seinen Füßen ein toter Deutscher oder ein toter Brite lag, denn aus irgendeinem rätselhaften Grund stanken sie verschieden. Die Zeit, sich ihrer anzunehmen, hatte man selten. Als die Briten nach dem Krieg versuchten, ihre Verluste bei Ypern zu berechnen, kam man zu dem Resultat, daß etwa 42 000 Menschen vermißt wurden, die niemals wiedergefunden worden sind, außer in Form von verstreuten Körperteilen, denen die Zeit seit langem jeden Rest von jener Würde, die in einem Namen liegt, abgenagt hat.

5.

Nash sah sich mit großen Schwierigkeiten konfrontiert, als er versuchte, in der Umgebung Yperns zu arbeiten. Die militärische Bürokratie hielt ihn zurück, und er mußte regelrecht eine Taktik entwickeln, um die Orte zu sehen, die er sehen wollte. Manchmal gelang ihm dies, indem er seinen Überwachern schlicht und ergreifend davonlief. Hinzu kam die allgegenwärtige Lebensgefahr. Auch nach dem Ende der Angriffe und Gegenangriffe wurde das Artilleriefeuer fortgesetzt, so als handele es sich dabei um eine schlechte Angewohnheit. Allein um in das Gebiet zu gelangen, waren sie gezwungen, sich auf Karikaturen von Straßen fortzubewegen, die unter ständigem Beschuß lagen. Sein Fahrer, ein Ire, erwies sich als geschickt und lotste das Fahrzeug zwischen den Einschlägen hindurch. Es wurde natürlich nicht gerade sicherer, sobald er glücklich die Kampflinie erreicht hatte, und mehrmals wäre er um ein Haar von Granaten getötet worden. Aber er gab nicht auf. Vielmehr schaffte er es, an mehrere der Orte zu gelangen, wo die Schlacht am heftigsten gewütet hatte: Zillebeke, Passchendaele, die Straße von Menin, den Höhenzug von Vimy.

Was er zu sehen bekam, erschütterte ihn. „Letzte Nacht bin ich von einem Besuch im Hauptquartier der Brigade, etwas weiter an der Frontlinie, zurückgekehrt“, schrieb er seiner Frau am 16. November 1917. „Das werde ich nicht vergessen, so lange ich lebe. Ich habe den grausigsten Alptraum einer Landschaft gesehen, eher von Dante oder Poe entworfen als von der Natur, unsagbar, völlig unbeschreiblich.“

Vielen Romantikern, inklusive Nash selbst, war der Krieg, wie gesagt, wie ein raffinierter, ästhetischer Geschmacksverstärker erschienen: Er brachte zwar den Tod mit sich, aber gleichzeitig verlieh gerade dies dem Tag eine neue Schärfe und dem Leben einen neuen Wert. In den Zeichnungen, die er vor seinem Rippenbruch anfertigte, scheint die Natur paradoxerweise noch schöner zu sein, nicht trotz, sondern wegen ihrer Zerstörung. Es ist die Bedrohung, die das Leben überhöht. Aber hier war etwas völlig Neues eingetreten. Kräfte waren entfesselt worden, die nicht länger nur damit drohten, einige oder viele zu töten, sondern die alle und alles töten zu können schienen, die das Leben nicht bestätigten, sondern es aufhoben.

Es ging folglich in einem Maße um Zerstörung, wie es sich vor 1914 niemand hätte vorstellen können, wie sie erst recht niemand je gesehen hatte. So wird von Anfang November berichtet, als es kanadischen Truppen schließlich bei kaltem Dauerregen gelang, eines der wichtigsten Ziele der Offensive, das Dorf Passchendaele, einzunehmen, daß die Soldaten einigermaßen verwirrt waren. Das Dorf gab es nämlich nicht mehr. Damit ist nicht etwa gemeint, daß die Häuser, Gärten und Kopfsteinpflasterstraßen zerstört waren. Die Häuser, Gärten und Kopfsteinpflasterstraßen waren ganz einfach fort, verschwunden. Geblieben war allein ein undefinierbarer Schmier aus Schotter, Erde und zerbrochenen Ziegelsteinen. Das einzige, was sich noch identifizieren ließ, war die Kirche. Wo sie einst gestanden hatte, konnte man einen Haufen Ziegel erkennen, der einem ungefähr bis zur Hüfte reichte. Das war alles.

Wie man die Kultur ausgelöscht hatte, so war auch die Natur ermordet worden. Nash war immerhin Landschaftsmaler, und hier gab es plötzlich keine Natur mehr, die man hätte malen können. So schrieb er nach Hause:

Kein Stift und keine Zeichnung können diese Landschaft wiedergeben – die gewöhnliche Szenerie der Schlachten, die Tag und Nacht,

Monat für Monat weitergehen. Das Böse und der leibhaftige Teufel können allein die Herren dieses Krieges sein, und von Gottes Hand ist nirgendwo eine Spur zu erkennen. Sonnenuntergang und Sonnenaufgang sind Blasphemien, sie verhöhnen den Menschen, allein der schwarze Regen, der die ganze bittere Schwärze der Nacht hindurch aus verletzten und dichten Wolken fällt, erzeugt eine passende Atmosphäre in dieser Landschaft.

Auch wenn er nicht an die Möglichkeit glauben mochte, wiedergeben zu können, was er sah, machte er doch einen Versuch. Aus heutiger Sicht gehören seine Bilder zu den besten Kriegsschilderungen, die je gemalt worden sind. Eigenartigerweise gelang ihm weder vorher noch später etwas, das von gleicher Qualität war.

Es waren Zufälle, die hier eine glückliche Vereinigung eingingen. Der Schock, der ihn bei seiner Begegnung mit dem wirklichen Krieg traf, erfüllte ihn mit der Energie rasender Wut. Auch die Gefahren an den Gefechtslinien sollten in unerwarteter Weise zu seiner Arbeit beitragen. Aus naheliegenden Gründen konnte er nicht wie früher die einzelnen Motive langsam und sorgfältig herausarbeiten, sondern war gezwungen, hastige Kreideskizzen auf das Papier zu werfen. Dadurch verschwand eine gewisse Künstlichkeit ganz von selbst, während gleichzeitig sein Blick für das Wesentliche geschärft wurde.

Außerdem sollte eine seiner größten technischen Schwächen sich bei dieser Arbeit als Vorteil erweisen. Nash war, wie gesagt, Landschaftsmaler, und die Wiedergabe von Menschen gehörte nicht unbedingt zu seinen Stärken. Seine Figuren wirkten leicht gestelzt und unnatürlich steif. Wenn möglich, verbannte er sie in den Hintergrund. Dieser Kunstgriff zieht sich auch durch seine Bilder aus Ypern. Auf den meisten von ihnen gibt es Menschen, aber sie sind in der Regel klein und nebensächlich. Daß die Menschen nicht im Zentrum von Nashs Bildern stehen, bedeutet nicht, daß sie ihm gleichgültig sind. Nash verdeutlicht vielmehr, was der moderne Krieg mit ihnen anstellt.

Im traditionellen, romantischen Bild vom Krieg stand der Mensch, das Individuum, im Mittelpunkt. Es handelte sich um eine Malerei, die ihrem Wesen nach eigentümlich literarisch war: Das Bild sollte eine Geschichte erzählen – in der Regel aus der Geschichte –, und diese Geschichten brauchten die einzelnen Menschen, ihre Gesichtszüge und Gesten, um einen Sinn zu bekommen. Nash war Modernist und als solcher einer von jenen, die an einer berechtigten Revolte gegen diesen erstarrten Realismus des 19. Jahrhunderts beteiligt waren, der sich damit begnügte, in alle Ewigkeit bekannte Episoden aus der ebenso bekannten Geschichte so wiederzugeben, daß alle sie wiedererkannten. Nashs zerrissener, verzerrt kantiger Stil paßte ganz und gar nicht zu einem solchen Erzählen, war aber in brillanter Weise dazu geeignet, eine zerbrochene und verzerrte Wirklichkeit zu gestalten.

Die alte Art der Malerei erschien ihm wie eine Lüge, und zwar nicht nur, weil ihr enormer Sinn für Treue zum Detail nicht sonderlich nützte, wenn das sie umgebende Ganze nicht stimmte. Das alte Bild vom Krieg beschrieb eine Welt, in der der Mensch Herr des Schlachtfelds war, in der sein Mut mehr wert war als seine Waffen und eine Heldentat den Kampf entscheiden konnte. Aber was so viele aus dem Jubelchor des Jahres 1914 verstummen ließ, war nicht nur der Umstand, daß sie das Elend, was sie erwartete, nicht vorhersehen konnten. Wesentlich niederschmetternder war wohl die Erkenntnis, daß sie als Individuen keine noch so kleine Rolle mehr spielten. Denn dies war der erste wirklich moderne Krieg in Europa, der erste industrialisierte Krieg, und er war vor allem ein Kampf der Maschinen, besser gesagt der Produktionsmittel. Die Menschen waren da bloß noch ein Rohstoff unter anderen für diese Produktionsmittel: *Kanonenfutter.*

Nash schildert, wie der einzelne Mensch zunichte gemacht wird. In seinen Bildern sind die Soldaten kleine einsame Silhouetten, entmenschlichte unbedeutende Requisiten in einem öden Land aus Braun, Grau und Schwarz, und die völlig verwüstete Natur läßt uns erahnen, was den Körpern und Sinnen der Menschen widerfahren ist. Manchmal muß man suchen, um sie zu finden, diese miteinander verschmolzenen Gruppen aus dünnen, gebeugten Männern, die sich langsam und offensichtlich erschöpft durch eine tote Landschaft schleppen. Sie haben keine Kontrolle über diese Landschaft, über das Geschehen, es sind die Landschaft und das Geschehen, die sie kontrollieren.

Es ist typisch für Nash, jede äußere Dramatik zu vermeiden, die bislang mit solchen Geschehnissen verknüpft wurde: Hier sieht man keine heranstürmenden Soldaten oder feuerspuckenden Kanonenbatterien. Statt dessen wird die Ödnis greifbar. Auf einem der Bilder – das den treffenden Titel *Void (Leere)* trägt – ist in der Ferne die Schlacht in vollem Gange, aber es ist ein Kampf unsichtbarer Kräfte: Granaten explodieren scheinbar planlos, und Fontänen aus Erdschollen wirbeln hoch in die Luft. Im Vordergrund erkennen wir ein Stück gärendes Erdreich, durch das sich die Maschinen bereits gewühlt haben. Der Regen fällt aus einem verdunkelten Himmel auf eine mit Kratern übersäte Straße, auf der ein Lastwagen umgestürzt ist, er fällt auf preisgegebene Kanonen und einen in der Ferne festgefahrenen Panzer, auf einen Gefallenen, der plattgewalzt von schweren Fahrzeugreifen dabei ist, im wäßrigen Morast zu verschwinden, ein weiteres Stück Abfall zwischen all dem verstreuten Kriegsmaterial und wie die Landschaft selbst etwas Benutztes, Verbrauchtes, Verbranntes. Ein paar Soldaten befinden sich auf dem Rückweg, unterwegs in Richtung des Betrachters: der Nächststehende in einen Regenschutz gehüllt, müde vorgebeugt gegen Regen und Wind, die Hinteren in einer Traube, eine Bahre tragend. Sie alle sind Gefangene in einem riesigen Etwas, in dem es weder ein Ende noch eine Hoffnung zu geben scheint.

Das Bild spiegelt nicht zuletzt eine Stimmung, die 1917 begonnen hatte um sich zu greifen, als es in der Tat so aussah, als wäre es unmöglich, sich aus der verfahrenen Lage zu befreien. Im Spätsommer 1914 hatten viele enthusiastische junge Männer regelrecht Angst, der Krieg könne *zu schnell* enden, noch ehe sie selbst dazu gekommen waren, daran teilzunehmen. Im Spätherbst 1917 hatte sich diese sonderbare Angst in den noch absurderen Schrekken verwandelt, das Ganze würde vielleicht *niemals* enden. Der Gedanke findet sich unter anderem bei den drei berühmten Kriegsautoren Robert Graves, Edmund Blunden und Siegfried Sassoon, und ein kleines Theaterstück, das ungefähr zu dieser Zeit von Soldaten hinter der Front aufgeführt wurde, spielte in den Schützengräben des Jahres 1950!*

In gewisser Weise bewahrheiteten sich die schlimmsten Befürchtungen der Soldaten. Denn dieser Krieg, der allem Krieg ein Ende setzen sollte, entwickelte sich statt dessen zu einem Ereignis, das eine lange Kettenreaktion aus Konflikten auslöste, die bis zum vorzeitigen Ende dieses Jahrhunderts führen sollte. „Die moderne Geschichte", schreibt der amerikanische Schriftsteller Paul Fussell, „macht das Phantastische alltäglich und das Unbeschreibliche normal. Und die Katastrophe, mit der dies eingeleitet wurde, ist der Erste Weltkrieg."

6.

„Ich bin kein interessierter und neugieriger Künstler mehr", schrieb ein erschütterter Nash aus Ypern seiner Frau, „ich bin ein Bote, der Nachricht von den Kämpfenden bringt; sie kämpfen gegen diejenigen, die bis in alle Ewigkeit weiter Krieg führen wollen. Schwach und undeutlich wird meine Botschaft sein, doch sie enthält eine bittere Wahrheit. Möge diese Wahrheit ihre jämmerlichen Seelen verbrennen." Die Arbeit schritt rasch voran. Bis Ende November hatte er etwa 60 Skizzen fertiggestellt, aber dies reichte ihm noch nicht, so daß er sich an seine Auftraggeber wandte und sie darum bat, die Zeit seines Aufenthalts an der Front zu verlängern. Seiner Bitte wurde entsprochen, wenn auch mit Einschränkungen. Die erste Dezemberwoche verbrachte er bei den kanadischen Truppen auf dem Höhenzug von Vimy. Seine Erlaubnis endete jedoch am 7. dieses Monats, und Nash verließ die Gegend um Ypern und kehrte nach England zurück.

---

* Sassoon hatte noch lange nach 1918 einen immer wiederkehrenden Alptraum, in dem die Kämpfe fortgesetzt werden, er wieder zurückreisen muß, aber seine Ausrüstung und Ausbildung vergessen hat und schließlich anfängt zu weinen. Sassoons Alptraum war in gewisser Weise die Wirklichkeit für Menschen wie den 1917 schwer verletzten Dichter Ivor Gurney, der bis zu seinem Tod 1937 in einer Nervenheilanstalt Gedichte über den Krieg schrieb, der seiner Überzeugung nach weiterhin herrschte.

Seine Skizzen wurden von einem militärischen Zensor sorgfältig geprüft. Dieser, ein Oberst Lee, glaubte, daß „Nashs eigenartige Bilder … unmöglich Informationen an den Feind weitergeben können". Der Enthusiasmus des Obersten für moderne Malerei hielt sich allerdings in Grenzen, und so fügte er verwirrt hinzu: „Ich komme nicht umhin, zu denken, daß sich dieser Nash einen Scherz mit der britischen Öffentlichkeit und insbesondere allen Kunstliebhabern erlauben will. Will er das?" Auch Nash war nicht besonders zufrieden mit seiner Arbeit und fand, er habe versagt. Unmittelbar nach seiner Rückkehr nach London legte er die Skizzen ohne große Erwartungen seinem Auftraggeber im Informationsministerium vor. Zu Nashs großem Erstaunen war dieser jedoch enthusiastisch und befahl stehenden Fußes eine Ausstellung.

Der größte Teil des Frühjahrs verging damit, die groben Kreideskizzen zu fertigen Bildern umzuarbeiten. Nash war voller Energie und suchte nach neuen Wegen, um vermitteln zu können, was er an der Front gesehen hatte. Deshalb begann er, mit Lithographien zu experimentieren, und wagte darüber hinaus den Sprung vom Aquarell zu Ölgemälden. Die Ausstellung wurde in Leicester Galleries im Mai 1918 eröffnet. Sie wurde ein großer Erfolg. Die Kritiker waren durchweg voller Lob. Ein widerwillig beeindruckter Ezra Pound fand, es sei „wahrscheinlich die beste Ausstellung von Kriegskunst …, die wir gesehen haben".

Eines der Gemälde, die am meisten Aufmerksamkeit auf sich zogen, trug den Titel *Wir schaffen eine neue Welt*. Man hat es später zu einem Meisterwerk der modernen englischen Malerei erklärt. Ihm lagen Skizzen zugrunde, die Nash von Inverness Copse, so der Name der Briten für ein kleines Waldstück gut vier Kilometer südwestlich von Ypern, gemacht hatte, das während einer mechanischen Kette von Angriffen und Gegenangriffen Ende August neunzehnmal die Seite gewechselt hatte. Es ist ein eindrucksvolles Bild. Vom Wald sind nur verstümmelte Baumstämme geblieben. Das Erdreich ist eine zerfetzte Masse aus Kratern und sterilen Erdhaufen. Menschen sind nicht zu sehen. Nicht einmal der Abfall des Krieges ist geblieben. Alles ist fort. Alles. Wir schauen den Nullpunkt. Die weiße und kalte Sonne, die soeben dabei ist, über dieser Szenerie aufzugehen, verheißt einem keine Hoffnung auf Wärme und wiedererwachendes Leben, sondern läßt die Ödnis nur noch greifbarer werden. Hinzu kommt der ironische Titel *Wir schaffen eine neue Welt.* Deutlicher läßt sich das Umschlagen der Euphorie des Jahres 1914 wohl nicht illustrieren. Man hatte die umwälzende Katastrophe bekommen, von der so viele geschwärmt hatten. Die alte Welt war zweifellos fortgerissen worden. Aber der Preis war höher gewesen, als irgendwer es sich hätte vorstellen können. War es dies, was nun statt dessen bevorstand? Die Auslöschung?

Nashs Bekehrung war alles andere als ein Einzelfall. In allen kriegsführenden Ländern waren seine Kollegen zum gleichen brutalen Erwachen in einer neuen und unerwarteten Wirklichkeit gezwungen worden. Das heißt, wenn sie denn überlebten. Manche, wie Walter Sickert und der freiwillige Dragoner Kokoschka, zogen sich ganz einfach in aller Stille aus diesem Krieg zurück, den sie einmal begrüßt hatten – Kokoschka erst, nachdem er ein weiteres Mal fast getötet worden wäre, diesmal von einer italienischen Granate, als er versuchte, Kriegsszenen an der Isonzo-Front zu zeichnen. Viele andere wie Grosz, Beckmann, Bomberg und Nevinson, fuhren fort, in ihrer Kunst Zeugnis abzulegen über das Ungeheuerliche, das sie damals gesehen hatten. Nur wenige von ihnen können es jedoch in Kraft wie Leidenschaft mit Paul Nash aufnehmen, vielleicht mit einer Ausnahme: Otto Dix.

Auch Dix hatte sich mit erwartungsvoller Freude in den Krieg gestürzt, im Rausche nietzscheanischer Träume von der erneuernden Kraft der Katastrophe etc. (In seinem Gepäck befand sich ein Exemplar von Nietzsches *Die fröhliche Wissenschaft.*) Diese Illusionen hatte er während seines mehrjährigen Dienstes an der Front verloren: Zunächst als Artillerist und später dann als Maschinengewehrschütze war er unter anderem bei der Schlacht an der Somme und den Massakern in Flandern dabei gewesen. Auch er erlebte den Friedensschluß 1918 als ein gezeichneter Mann, einerseits mit Orden ausgezeichnet, aber auch voller Narben infolge mehrerer Verwundungen, und es war ihm unmöglich, sich von dem, was er erlebt hatte, frei zu machen. In den folgenden zehn

Jahren hatte er immer wiederkehrende Alpträume, unter anderem einen, in dem er während der Kämpfe durch zerstörte Häuser kriecht, enge und unmögliche Passagen entlang. Weder konnte noch wollte er von den Erfahrungen dieser Jahre lassen und versuchte beharrlich, das Geschehen in seiner Kunst einzufangen. Dabei halfen ihm eine große Zahl von Skizzen, die er in seinen Jahren an der Front angefertigt hatte, aber um seine bereits allzu großen Kenntnisse noch zu vertiefen, studierte er Photographien und nahm auch an Obduktionen teil.

Nash und Dix schildern die gleiche Wirklichkeit, wenn auch in spiegelverkehrter Form. In Dix' Bildern begegnen wir den gleichen Schlachtfeldern wie bei Nash, nun aber von der anderen Seite der Schützengräben aus betrachtet. Zumindest eines dieser Gemälde, *Flandern*, zeigt eine jener typischen Ypernlandschaften, wie Nash sie so treffend gemalt hatte: die gleichen niedrigen Hügel, die gleichen schwarzen, verstümmelten Baumstämme, die gleichen mit Wasser gefüllten Krater, die sich an einigen Stellen zu kleinen Seen vereint haben, die gleiche grelle Sonne. Aber während sich Nash immer mit der Landschaft beschäftigt, bleibt diese Landschaft für Dix bloßer Hintergrund. In dem bereits erwähnten Gemälde *Flandern* ist im Vordergrund eine Gruppe von drei Soldaten zu sehen. Es finden keine Kämpfe statt. Alles ist still. Die drei könnten Sterbende sein oder aber völlig Erschöpfte, wie sie dort auf der Erde liegen, passiv leidend, umgeben von Müll und Lumpen, zusammengekauert unter Stoffetzen in dem vergeblichen Versuch, der Kälte zu entkommen, während sie gleichzeitig sachte im Morast versinken.

Es soll an dieser Stelle nicht verschwiegen werden, daß Nashs Bilder zwar erschütternd, Dix' Bilder dagegen nicht selten geradezu abstoßend sind. Sein Augenmerk richtet sich häufig auf tote Körper, entstellt durch Verwesung oder groteske Verletzungen, die er mit einem fast schon zwanghaft anmutenden Detailreichtum gestaltet. Auf einem Gemälde, das den Titel *Der Schützengraben* trägt, erkennen wir ein makaberes Stück Laufgraben, gefüllt mit verbogenem Schrott, zerfetzten Menschenresten, faulendem Fleisch und vergossenen Körperflüssigkeiten. Über diesem Müllhaufen aus Unsäglichkeiten schwebt ein Gefallener, aufgespießt auf ein paar scharfe Eisenstangen, ein umgekehrter Christus. Die Menschen sind nicht einmal mehr Opfer. Sie sind der äußersten Erniedrigung ausgesetzt und in Abfall verwandelt worden. Auch hier ist nichts zu erkennen, was man als Kampf bezeichnen könnte. Alles ist vorbei. Eine Katastrophe ist vorübergezogen und hat genau wie in Nashs Gemälden ein ödes Land hinterlassen, jedes Sinnes beraubt, bar jeder Hoffnung.

7.

Mit dem Frieden begann die Verdrängung. Nash vollendete noch zwei weitere große Werke, denen seine Erlebnisse während des Krieges zugrunde lagen, aber dabei blieb es dann auch. Ihm wurde schnell klar, daß viele einfach nur vergessen und weiterleben wollten. Andere machten mit Hilfe einer Gedächtnisalchimie, bei der das Geschehene mit Katzengold überzogen wurde, das Unerträgliche erträglich – eine Kunst, die beispielsweise jene invalidisierten Soldaten ausübten, auf die George Grosz bei einem Veteranentreffen in Marburg stieß. Betrunken grölten sie patriotische Lieder, rissen sich auf dem Höhepunkt ihres Gesangs ihre Prothesen vom Leib und schwenkten sie triumphierend.

Der Markt für avantgardistische Kriegskunst von der Art, wie Nash und Dix sie schufen, war klein. Dem Krieg folgte ein monumentaler Aufschwung für die Erbauer von Monumenten, aber die Auftraggeber solcher Dinge interessierten sich in erster Linie für mit Zuckerguß überzogene, realistische Allegorien über den Sieg, den Frieden, die Trauer und ähnliches und hatten herzlich wenig übrig für bittere Schilderungen der Schlachtfelder. Die Kriegskunst geriet in Vergessenheit und mit ihr Nash, denn sein Ruf gründete sich auf die Gemälde von der Front.

Der Schock, den die Begegnung mit der Wirklichkeit der Schützengräben bei ihm ausgelöst hatte, setzte in ihm eine Energie und eine rasende Wut frei, die nach dem Friedensschluß allmählich versickerten, und seine Malerei verflachte zu ehrenwerter Mittelmäßigkeit. Außerdem hatten die Erfahrungen von Ypern seine nervösen Züge verstärkt. Reizbar, mißtrauisch und überspannt gelang es ihm, sich in kürzester Zeit mit mehreren seiner Freunde und Kollegen zu überwerfen. (Das Ganze wurde nicht besser, als herauskam, daß ein unbekannter Kunstkritiker, der Nashs Werk gelobt hatte, niemand anderer als er selbst war, versteckt hinter einem kleidsamen Pseudonym.) Da seine Einkünfte aus der Malerei immer dürftiger wurden, war er gezwungen, sich durchzuschlagen, indem er unterrichtete, Bücher illustrierte und Bühnenbilder entwarf. Es war keine glückliche Zeit.

Es gab verschiedene Spielarten der Verdrängung. In den meisten Staaten war sie eher psychologischer als politischer Natur: Viele wollten nicht an etwas erinnert werden, das zu schmerzhaft war, um daran zurückzudenken, und zu grotesk, um es zu verstehen. In manchen Ländern war dieses Vergessen allerdings ideologisch motiviert. Dies gilt insbesondere für Deutschland. Schon während der zwanziger Jahre wurde Otto Dix wegen seiner Alptraumbilder von der Westfront angegriffen. Gerade das Bild *Der Schützengraben* wurde Gegenstand einer regelrechten Hetzkampagne von seiten der patriotischen Rechten. Zwar wurde es vom Wallraf-Richartz-Museum in Köln angekauft, aber nach Protesten empörter Bürger zunächst hinter einem Vorhang versteckt. 1925 entschied Kölns Bürgermeister Konrad Adenauer eigenmächtig, den Kauf des Bildes aufzuheben, und entließ zudem den Direktor des Museums.

Dix' Werk war, wie er selber betont hat, eine Antwort darauf, daß nur wenige Jahre nach Kriegsschluß wieder zahlreiche Bücher in der Weimarer Republik kursierten, die offen eine Form des Heroismus und eine Vorstellung vom Helden propagierten, die in den Schützengräben des Ersten Weltkriegs längst ad absurdum geführt worden waren. Ein Kampf um die Vergangenheit wurde in Deutschland ausgefochten, der 1933 endgültig entschieden wurde, als jene an die Macht kamen, die nichts gelernt und alles vergessen hatten, obwohl sie selber Karriere damit gemacht hatten, den Anschein zu erwecken, das Gegenteil wäre der Fall. Für Dix persönlich hatte dies zur Folge, daß er seine Professur an der Akademie in Dresden verlor und sich gezwungen sah, in die innere Emigration zu gehen.

1937 reiste eine speziell dafür eingesetzte, vierköpfige Kommission durch Deutschland, um alle Museen zu besuchen. Mit gerunzelter Stirn gingen die Mitglieder der Kommission durch die Sammlungen und sortierten alle Kunstwerke aus, die ihrer Meinung nach „entartet“ waren, ein Urteil, das über Künstler wie Chagall, Picasso, van Gogh, Matisse, Gauguin und Braque gefällt wurde. Unter den 15 997 Kunstwerken, die konfisziert wurden, befanden sich auch Gemälde von George Grosz, Max Beckmann, Oskar Kokoschka und, wen hätte es gewundert, Otto Dix. Juli 1937 wurde im neuerrichteten Haus der Deutschen Kunst in München eine große Ausstellung mit offiziell genehmigten Werken eröffnet, unter anderem die jetzt obligatorischen Studien von Soldaten: Sie waren griechische Götter in Stahlhelmen, ausgestattet mit breitem Kinn, verbissenen Mienen und leeren Augen, die ihre unvermeidlichen heroischen Posen vor einem rauchigen Hintergrund einnahmen, der klinisch frei von Unannehmlichkeiten war. Einige Häuserblocks entfernt, in dunklen Lagerhallen, fand zur gleichen Zeit eine Ausstellung von „entarteter Kunst“ statt. Hier wurde eine Reihe der konfiszierten Werke ausgestellt, absichtlich schlampig gehängt und mit höhnischen Kommentaren versehen. Dix’ *Der Schützengraben* bildete eine Art Mittelpunkt.

1939 wurde *Der Schützengraben* zusammen mit 5000 weiteren Gemälden und Zeichnungen zerstört, die als anstößig empfunden wurden. Sie wurden verbrannt. Die Arbeit erledigte die Berliner Feuerwehr. Im darauffolgenden Jahr begann Paul Nash, im Auftrag der Royal Air Force, ein große Zahl von Aquarellen zu malen. Sie zeigten Bombenflugzeuge.

DAS GROSSE HAUS IN DER MITTE DER WELT

1.

Irgendwer würde mit Sicherheit versuchen, das unerwartete Endresultat im Wettbewerb damit zu erklären, daß Albert Speer aus Versehen einen falschen Weg nahm.

Er war damals nach Paris geschickt worden, wo 1937 die große Weltausstellung stattfinden sollte, und er hatte den Auftrag, die Errichtung des deutschen Pavillons vorzubereiten. Hitler hatte zeitweilig damit gedroht, die deutsche Teilnahme komplett zu streichen, was an sich schon peinlich war, denn man hatte die Einladung schon vor längerer Zeit angenommen. Der Grund war, daß der Führer das geplante Gebäude mehr als abscheulich fand. Hitler konnte sich nie mit Widerspruch abfinden und ganz besonders nicht, wenn es um eine solch delikate Materie wie Architektur ging. Das Wirtschaftsministerium versuchte deshalb, die Situation zu retten, indem man sich an Speer wandte, den Liebling des Diktators, und ihn bat, einen völlig neuen Pavillon zu entwerfen.

In Frankreich regierte damals die Volksfront unter dem Sozialisten Léon Blum, und die große Ausstellung war vor allem ihr Werk. Die ganze Veranstaltung war, wie jemand schrieb, entstanden aus dem Geist eines „verzweifelten Optimismus" heraus. In Spanien wütete der Bürgerkrieg, die von Hitler und Mussolini unterstützten Faschisten verzeichneten wichtige Erfolge, und eine deutsch-italienische Fliegerstaffel hatte soeben Guernica zerbombt – auf der Ausstellung sollte erstmals ein monumentales Gemälde Pablo Picassos zur Erinnerung an dieses Ereignis gezeigt werden, das etwas darstellte, was es so in Europa zuvor noch nicht gegeben hatte. Die Italiener hatten sich vor kurzem quer durch Abessinien geschossen und gegast, in Deutschland hatte man der jüdischen Bevölkerung die deutsche Staatsbürgerschaft aberkannt, die allgemeine Wehrpflicht war wieder eingeführt worden, und deutsche Truppen waren, unter dreister Mißachtung bestehender Verträge, in das demilitarisierte Rheinland einmarschiert, in Griechenland hatte General Metaxas noch eine weitere Militärdiktatur errichtet, aus der Sowjetunion wurde über wüste Konspirationen, deren Ziel Staatsstreiche und Krieg waren, berichtet, und im fernen Asien lieferten sich sowjetische und japanische Truppen Gefechte bei etwas, das man „Grenzzwischenfälle“ nannte, während sich die Machthaber in Tokio gleichzeitig darauf vorbereiteten, ihren völkermordähnlichen Eroberungszug in China wiederaufzunehmen. Es bedurfte also keiner besonderen analytischen Fähigkeiten, nicht einmal eines besonders düster gestimmten Gemüts, um zu ahnen, daß eine Lawine ins Rollen geraten war. Die Weltausstellung bildete einen Versuch unter mehreren, diese langsame Lawine aufzuhalten. Auf der Ausstellung sollte gezeigt werden, daß Systeme, Ismen und Nationen sich auch in einem friedlichen Wettbewerb begegnen konnten.

Das Ganze sollte an dem Ort stattfinden, der auch schon für die berühmten Ausstellungen des 19. Jahrhunderts genutzt worden war: in den langgestreckten Parkanlagen rund um den Eiffelturm. Alles in allem würde die ganze Veranstaltung aus fast 300 Gebäuden bestehen, sowohl französischen als auch ausländischen, und zwei von ihnen sollten den Gravitationspunkt der Ausstellung bilden: der deutsche und der sowjetische Pavillon, die beide so etwas wie Ehrenplätze bekommen hatten, gleich neben der Brücke über die Seine. Dort würden sie sich gegenüberstehen, von Angesicht zu Angesicht, die beiden großen Rivalen dieser Epoche, und die Besucher würden die Unterschiede zwischen den beiden Systemen durch eine einfache Kopfbewegung ablesen können. Ideologischer Kampf ganz ohne Fäuste oder 155-mm-Granaten. Wie schön.

Das Ergebnis des Wettbewerbs verblüffte jedoch viele. Entgegen allen Erwartungen waren es nicht die Unterschiede zwischen den Systemen, die hervortraten, als die beiden Pavillons unter den Augen des jeweils anderen errichtet wurden. Statt dessen wurden die Ähnlichkeiten demonstriert. Denn als die Ausstellung im Mai 1937 ihre Pforten öffnete, konnten einigermaßen erstaunte Besucher dort in der frühsommerlichen Wärme flanieren und zwei Gebäude bestaunen, die sich fast schon peinlich ähnlich waren. Es standen sich zwei klotzig große, quadratische Monolithe hoch, geradlinig und pompös gegenüber. Den sowjetischen Pavillon krönte eine riesige, gefeierte Skulptur, die *Industriearbeiter und Kolchosbäuerin* von Vera Muchina;* auf der anderen Seite, neben dem Portal des deutschen Gebäudes, stand Josef Thoraks *Kameradschaft*, eine Gruppe nackter Muskelprotze in Bronze. Beide Skulpturen wiesen den gleichen bedingungslosen Realismus auf, die gleichen vereinten Hände, die gleichen Muskelmassen, den gleichen festen und ernsten Blick in die ... Zukunft?

Die Flaneure, die sich Sorgen um diese Zukunft machten, mußten wohl tatsächlich all ihren verzweifelten Optimismus aufbringen, um sich angesichts des Anblicks dieses Ribbentroppakts aus Beton und imitiertem Carraramarmor nicht entmutigen zu lassen. Die ängstlichen Organisatoren der Ausstellung aber waren zufrieden oder wollten auf jeden Fall den Eindruck erwecken. Albert Speer und der Mann, der den sowjetischen Pavillon entworfen hatte, Boris Iofan, wuren beide mit einer Goldmedaille ausgezeichnet. Und so konnten sie beide heimreisen, um dort jeder für sich an zwei anderen Projekten zu arbeiten, die so bizarr waren, daß man sie als die wohl schlimmsten der Architekturgeschichte bezeichnen muß.

2.

Es wäre alles so einfach, wenn Tyranneien nur von Tyrannen errichtet würden. Es wäre viel angenehmer für uns alle, wenn für die Untaten nur von Grund auf verdorbene Menschen verantwortlich wären. Dem ist aber nicht so. Die Tyrannei könnte nicht existieren und die Untaten nicht geschehen, wenn es da nicht scharenweise scheinbar anständige Menschen gäbe, die der Tyrannei ihre Talente, ihr Vertrauen oder vielleicht auch nur das seltsame, aber so außerordentlich entscheidende Einverständnis schenken würden, das in einem abgewandten Blick liegt.

* Die meisten haben sie irgendwann einmal gesehen; sie dreht sich nämlich wie eine Art dreidimensionales Logotype zu Beginn vieler sowjetischer Filme.

ABB. 4
Weltausstellung in Paris 1937:
der deutsche Pavillon von Albert Speer.

ABB. 5
Weltausstellung in Paris 1937:
der sowjetische Pavillon von Boris Iofan.

Albert Speer war einer dieser Menschen.

Lange Zeit ist er ein Rätsel geblieben. Er war einer von Hitlers Vertrauten, hatte des Führers Ohr und genoß seine Zuneigung. Stellt man ihn in eine Reihe mit den anderen nationalsozialistischen Koryphäen, erscheint er jedoch wie ein Paradiesvogel. Man gerät leicht ins Staunen, sobald man sich ein wenig näher mit den hohen Funktionären des Dritten Reichs beschäftigt. Angesichts der beispiellosen Zerstörungskraft, die sie in der Welt freisetzten, ist man geneigt, bösartige Genies zu erwarten, aber statt dessen stößt man auf die farblosesten Beamtentypen und kleinen Strolche. Der Großteil der Menschen, die sich vor 1933 zur NSDAP hingezogen fühlten, hatte recht verschwommene Vorstellungen von der Ideologie der Bewegung, was zum einen daran lag, daß sich dort nicht sonderlich viel eindeutig formulierte Ideologie finden ließ, zum anderen daran, daß ihre Gemeinsamkeiten nicht in großen und komplexen Gedankengängen lagen, sondern einfach in dem Gefühl, ungerecht behandelt, gekränkt und gedemütigt worden zu sein.

Bereits in den dreißiger Jahren wurde man aufmerksam darauf, daß die Partei ungewöhnlich viele Personen anzog, die in irgendeiner Weise Schiffbruch erlitten hatten: gescheiterte Intellektuelle, verbitterte Veteranen, ruinierte Kleinbürger, Angestellte ohne Anstellung, Arbeiter ohne Arbeit. Es waren mit anderen Worten nicht die vom Schicksal begünstigten, die es in die NSDAP zog, sondern die Verlierer, deren Leben an einem Nullpunkt angekommen war. Und so bekamen sie, nach den ganzen Enttäuschungen des Ersten Weltkriegs und nachdem es zur großen Krise Ende der zwanziger Jahre gekommen war, in der auch die Gesellschaft auf einen Nullpunkt zurückgeworfen worden war, ihre große Chance. Plötzlich befanden sie sich im Einklang mit ihrer Zeit. Mit großer Glaubwürdigkeit konnten gerade sie mit der Geborgenheit für die Verunsicherten, mit Stolz für die Gedemütigten, Heldentaten für die Ängstlichen und Ordnung für die Opfer des Chaos locken.

Speer war nicht wie sie. Die Braunhemden spürten dies und betrachteten ihn deshalb mit eifersüchtigem Mißtrauen. Er war ein intelligenter, schüchterner, gebildeter, vernünftiger, großzügiger, sensibler und im großen und ganzen anständiger Mann, aber ein Mann, der all seine Begabung und Energie in den Dienst der Tyrannei stellen sollte und der begann, so warme Gefühle für den Tyrannen zu entwickeln, daß man sie wohl als Liebe bezeichnen muß. Warum?

Einen Teil der Erklärung muß man, wie seine Biographin Gitta Sereny gezeigt hat, in Speers Herkunft suchen. Albert Speer wurde 1905 in einem großbürgerlichen Heim geboren, das von jener überladenen, mit Kristallüstern glitzernden Art war, wie wir sie heute vor allem mit dem späten 19. Jahrhundert verbinden: Das Haus in Mannheim verfügte über 14 Zimmer und beherbergte sieben Bedienstete. Albert und seine beiden Brüder hatten eine französische Gouvernante, eine Jüdin namens Mademoiselle Blum, und die Mahlzeiten wurden von zwei Lakaien in violetten Livreen und weißen Handschuhen serviert. Es war ein Leben im Überfluß. Speer selbst aber blickte später mit Abscheu auf jene Zeit zurück und sprach in der Regel vom „Elend seiner Kindheit". Er war das mittlere Kind, aber etwas kränklich und seinen „körperlich robusteren Brüdern" unterlegen, wie er selbst es ausdrückte. Die Verbindung der Eltern war eine Zweckehe, und der Vater, wie alle wahren Patriarchen stets abwesend und fern, kümmerte sich nur wenig um die Kinder. Die heimische Atmosphäre war deshalb ausgesprochen kühl und beherrscht. Die Kinder der Familie Speer lebten ein Leben, das von einer eigenartigen Mischung aus Schutz – es war ihnen nicht erlaubt, auf Straßen oder in Parks zu spielen, statt dessen mußten sie auf dem von Mauern umsäumten Hof bleiben – und besonderen Regeln – sie durften nie den geschmückten Haupteingang des Hauses nehmen, sondern mußten die gleiche dunkle Hintertreppe benutzen wie die Bediensteten – geprägt war. Diese Kindheitserfahrungen hinterließen tiefe Spuren in dem jungen Albert Speer und gaben ihm das Gefühl, unerwünscht und ungeliebt zu sein und nicht beachtet zu werden.

Der Weg, den Albert Speer wählte, um weiterzukommen, war nicht besonders originell: Er befreite sich durch Leistung. Begabt mit einer großen Lernfähigkeit und viel Energie wurde aus dem tüchtigen Jungen ein unglaublich tüchtiger Schüler, der zu einem ebenso tüchtigen Studenten wurde. Das alles, um die Anerkennung seiner kühlen Eltern zu gewinnen. Sein Interesse und sein Talent galten der Mathematik, aber als die Zeit für ein Universitätsstudium gekommen war, widersetzte sich sein Vater stilgerecht solchen Plänen. Speer schluckte seine Enttäuschung darüber herunter und beschloß statt dessen, genau das zu studieren, was der Vater von ihm erwartete: Architektur.

Als junger, gerade erst fertig ausgebildeter Architekt kam Albert Speer denn auch in Kontakt mit dem späteren Führer. Speer fühlte sich unmittelbar zu Hitler hingezogen und Hitler, mit der Zeit, auch zu Speer. Zum einen wohl deshalb, weil sich ihre Gefühlswelten spiegelbildlich glichen. Gitta Sereny schreibt, daß beide, obgleich sie stets von Menschen umgeben waren, im Grunde ihres Herzens einsame Menschen waren. Beiden wurde von Frauen der Hof gemacht – Speer aufgrund seines attraktiven Äußeren, Hitler aufgrund seiner Ausstrahlung –, aber beide hatten Probleme, dieser Aufmerksamkeit mit wirklicher Wärme zu begegnen. Beide waren gehemmt und zugeknöpft, aber gleichzeitig waren ihre Gedanken, Beschlüsse und Taten in einem verblüffend hohen Maße von starken Gefühlen geleitet. Zum anderen, weil sie einander verborgene persönliche Wünsche erfüllen konnten: Für Speer wurde Hitler offensichtlich zu der behütenden Vatergestalt, die ihm immer gefehlt hatte, für Hitler wurde Speer zu einem Mittel, um die schwärmerischen Künstlerträume, die er seit seiner Jugend genährt hatte, zu verwirklichen. Aber nachdem sie einmal zusammengeführt worden waren, war es Speer, der zum Satelliten wurde und durch die Grandiosität und rohe Energie in Hitlers Visionen in seiner Umlaufbahn um den Diktator gehalten wurde.

Die Anziehungskraft Hitlers und des Nationalsozialismus auf Albert Speer war jedoch nicht nur eine Frage der Psychologie und unerfüllter Sehnsüchte aus der Kindheit. Eindeutig politische Motive spielten auch eine Rolle. Wie so viele andere junge Menschen wohlhabender und konservativer Herkunft verabscheute Speer die Weimarer Republik und ihr ständiges Chaos. Er zog es anfangs jedoch vor, sich ganz vom politischen Leben fernzuhalten, das für ihn vor allem aus „Gezeter und Vulgarität“ bestand. Auf

ABB. 6

Hitler und Speer machen sich Gedanken über die Möglichkeiten der Architektur.

die Dauer fiel dies jedoch schwer, besonders seit die Depression das Land heimsuchte und die Gegensätze immer härter und deutlicher zutage traten. Der Nationalsozialismus war in hohem Maße eine Jugendbewegung – der durchschnittliche SA-Mann war vielleicht Anfang bis Mitte zwanzig – und an den Universitäten stark vertreten: Anfang der dreißiger Jahre waren die Auseinandersetzungen und Straßenschlachten zwischen seinen Anhängern und linksextremen Gruppierungen so gewaltsam geworden, daß die Universität, an der Speer als Assistent arbeitete, immer wieder geschlossen werden mußte. Apokalyptische Stimmung lag in der Luft, und auch Speer spürte die Bedrohungen. Später schrieb er:

> Dann war damals das schnelle Anwachsen der Kommunisten in Deutschland, und viele, darunter auch ich, sagten sich, daß der Nat. Soz. die einzige energische Partei ist, die damit fertig werden würde.

Als im Januar 1931 bekanntgegeben wurde, daß der Führer der Nationalsozialisten zu den Studenten der Berliner Universität und der Technischen Hochschule sprechen würde, ging Speer hin. Schon als der im Anzug erschienene, schüchtern wirkende Hitler den verwahrlosten Saal betrat und stürmisch begrüßt wurde, lief Speer eine Gänsehaut über den Rücken. Seine Rede – wie gewöhnlich gehalten mit rhetorischer Brillanz und einem ausgeprägten psychologischen Fingerspitzengefühl für die Stimmungen im Publikum – packte ihn, bezeichnenderweise weniger aufgrund ihres eigentlichen Inhalts als vielmehr wegen ihres Tonfalls: Hier gab es jemanden, der Hoffnung und Energie ausstrahlte, der davon sprach, die Wirtschaft wieder auf die Beine zu bringen und die kommunistische Gefahr zu bannen. (Die antisemitischen Beschimpfungen überhörte Speer stillschweigend.) Erschüttert, aufgewühlt und verwirrt verließ Speer die Versammlung. Kurze Zeit später trat er der NSDAP als Mitglied Nummer 474 481 bei.

Die Angst vor dem Kommunismus war sicherlich eine wichtige Triebfeder für den jungen Speer. Aber viele wählten aus spiegelverkehrten Gründen auch den entgegengesetzten Weg: Die Angst vor den Nationalsozialisten ließ sie den Kontakt zu den Kommunisten suchen. Die extremen Bewegungen schufen so ihre eigenen Zentrifugalkräfte. Aber hieraus ergibt sich auch eine Frage: Wenn es nun die Bedrohung durch Stalins Anhänger war, die Speer in die Arme Hitlers trieb, wie kommt es dann, daß er in seinem beruflichen Leben Dinge schuf, die bis zur Verwechslung und Ununterscheidbarkeit dem glichen, was Stalins Architekten hervorbrachten?

3.

Damals, 1937 in Paris, nahm Albert Speer tatsächlich den falschen Weg und gelangte so durch Zufall in einen Raum, in dem man Boris Iofans geheime Skizze zum sowjetischen Pavillon verwahrte. Speer entschloß sich augenblicklich, einen eigenen Koloß als Antwort auf Iofans zu entwerfen. So kann man möglicherweise einen Teil der Übereinstimmungen zwischen den beiden Pavillons auf der Weltausstellung erklären. Dieses zufällige Ereignis hilft uns aber nicht dabei weiter, die offenkundige Verwandtschaft von nationalsozialistischer und sowjetischer Architektur im allgemeinen zu verstehen.

Was Hitlers und Stalins Architekten schufen, war natürlich nicht identisch, aber die Ähnlichkeiten waren dennoch auffallend groß. In der Sowjetunion und im nationalsozialistischen Deutschland hatte man die gleiche Vorliebe für das Enorme und Monumentale, was Gebäude von verblüffenden, um nicht zu sagen grotesken Proportionen hervorbrachte, deren vordringlichstes Ziel es gewesen zu sein scheint, dem Betrachter zu imponieren und ihn dazu zu bewegen, sich unbedeutend zu fühlen. In beiden Systemen läßt sich die gleiche unbeantwortete Liebe zur Antike feststellen, was unter anderem dazu führte, daß fast alles Erbaute oder Geplante in überspitzter Form Spuren eines römischen Göttertempels aufwies, mit Elementen wie gefärbtem Marmor, überdachten Säulenhallen, Pfeilern, Pilastern, Gewölben, Friesen, Reliefs, Stukkaturen, Stylobaten, Statuen, medaillongeschmückten Metopen: billige Schnäppchen, nach Hause getragen vom neoklassizistischen Flohmarkt und dort aufeinander gestapelt. Dann war da noch der gleiche intensive Haß auf die Gegenwart und jüngere Vergangenheit, der sich – abgesehen von einer Ablehnung all dessen, was modern war und *nicht* wie ein Tempel aussah – in der Bereitwilligkeit zeigte, ohne einen Augenblick des Zögerns umzustürzen, abzureißen und fortzuschaufeln, um statt dessen etwas zu errichten, was länger, glänzender, breiter und, vor allem, *höher* sein würde. Schließlich existierte in beiden Systemen die gleiche instinktive und vollkommen selbstverständliche Politisierung der Architektur: Die Ideologien wurden auf die Form projiziert, um die Gebäude dann als lautstarke Repliken in dem staatlich gesteuerten Verführungstheaterstück, das ununterbrochen gegeben wurde, benutzen zu können.

Diese Politisierung war natürlich kein Zufall. In beiden Fällen haben wir es mit revolutionären Staaten zu tun, die jeweils für sich in Anspruch nahmen, auf dem besten Wege zu sein, die perfekte Gesellschaft zu erbauen, mit Betonung auf dem Wort „erbauen". Sie rissen Altes ab und zogen Neues hoch. So war es geplant. Wenn sie ein Bild des zukünftigen Staats entwarfen, geschah dies am liebsten in Form eines unermeßlichen und vollendeten Gebäudes, das bis zum Ende der Geschichte stehen bleiben sollte, oder zumindest für die nächsten tausend Jahre, und die Metapher zog weiter ihre Kreise. Denn wo es ein Gebäude gibt, da gibt es auch einen Architekten. Stalin wurde immer wieder als „der erste Architekt und Erbauer unseres sozialistischen Vaterlandes" gefeiert, und als Hitler einmal erklären sollte, warum er, trotz seines offensichtlichen Interesses für die Baukunst, kein Architekt geworden war, antwortete er, er sei kein Architekt geworden, um statt dessen der Architekt des Dritten Reichs werden zu können.

Beide Diktatoren waren interessiert an Architektur und mischten sich gerne in einzelne Pläne und Projekte ein. Hitler tat dies offen, mit gierigen Fingern und dem ganzen Ungestüm, wie es nur ein Scharlatan an den Tag legen kann. Stalin hingegen begnügte sich getreu seinem allgemeinen Führungsstil meistens damit, hinter den Kulissen zu wirken, was ihn selbstverständlich nicht daran hinderte, offiziell herauszuposaunen, er habe persönlich die Anregung gegeben zu Projekten wie der U-Bahn der Hauptstadt, der Metro, dem Generalplan zum Wiederaufbau Moskaus und, natürlich, Boris Iofans *Palast der Sowjets*, der als das größte Gebäude der Welt geplant war.

Die Umbaupläne für Moskau und Iofans Riesenkonstruktion gehörten zusammen. Abzureißen, neu zu planen und wieder aufzubauen, dies muß man wohl als mentale Tics bei diesen Diktatoren sehen, aber der Generalplan war auch das Resultat einer besonderen historischen Situation.

Mitte der dreißiger Jahre hatte das sowjetische System gerade erst die mißlungene und schmerzhafte Kollektivierung überlebt, und der erste Fünfjahresplan hatte wider alle Erwartungen begonnen, erste Ergebnisse zu zeitigen. Die Mittel, die so freigesetzt wurden, waren jedoch gering. Für eine Anhebung des Lebensstandards, die sich auch an anderen Stellen als in den unübersichtlichen Statistiken des Wirtschaftsministeriums bemerkbar machte, gab es weder einen Spielraum noch einen Willen. Für das Regime war es deshalb außerordentlich wichtig, Anhängern und Feinden im In- und Ausland andere Beweise für den Fortschritt unter die Nase binden zu können, weshalb Architekten auf den Plan gerufen wurden, um zusammen mit Malern, Filmemachern, Autoren und anderen Künstlern „zu demonstrieren, daß es kein anderes Land auf der Erde gibt, das sich so glücklich schätzen kann wie die Sowjetunion". Gerade der Generalplan zum Wiederaufbau Moskaus – von Stalin selbst endgültig abgesegnet am 10. Juli 1935 – war, wenn auch nicht die wichtigste Nummer in dieser Propagandavorstellung, so mit Sicherheit doch die größte.

Der neue Bebauungsplan sagte an sich schon eine Menge über die Gehirne aus, die ihn ausgebrütet hatten. Ausgehend von einer nicht sonderlich weit vom Kreml liegenden, gedachten Nabe sollten sich sechs breite Prachtstraßen wie Speichen bis in die Vorstädte der Metropole erstrecken. Ein heutiger Betrachter könnte möglicherweise auf den Gedanken verfallen, in diesen 40 bis 50 Meter breiten Ausfallstraßen einen ungewöhnlich großspurigen Versuch Stalins zu erblicken, das herrschende Verkehrschaos zu bewältigen, aber zu diesem Zeitpunkt gab es in Moskau keinen nennenswerten privaten Autoverkehr und nicht den leisesten Hauch eines Verkehrschaos. Nach Auffassung Lasar Kaganowitschs, Mitglied des

Politbüros und Stalins linke Gehirnhälfte in Fragen der Architektur, sollten diese sechs Riesenstraßen im Grunde nur zu feierlichen Gelegenheiten wie dem 1. Mai oder dem Jahrestag der Revolution wirklich genutzt werden. Die Ausfallstraßen waren als Versorgungsbänder bei den sorgfältig orchestrierten Riesendemonstrationen gedacht, so daß – wie Kaganowitsch selbst es ausdrückte – „die Demonstrationsprozessionen aus den sechs Moskauer Distrikten alle gleichzeitig auf dem Roten Platz einmarschieren". Dies war jedoch nicht nur eine Frage des Transports. Unterwegs, um einen kurzen Blick auf einen unendlich gelangweilten Stalin oben auf dem Lenin-Mausoleum erhaschen zu können, würden sowohl die Massen als auch Zuschauer durch die Einrahmung dieser Riesenstraßen beeindruckt werden. Die Ausfallstraßen sollten nämlich von enormen Konstruktionen flankiert werden, bei denen ein einziges Gebäude in der Regel den Platz eines ganzen Häuserblocks einnahm.

Diese überbordenden Häuserblocks wurden in der Regel von einem einzigen Architekten entworfen und beherbergten nicht selten alles von Wohnungen über Kindergärten bis hin zu Geschäften und Arbeitsplätzen. Der grundlegende Gedanke bestand darin, daß man sein ganzes Leben in diesen Monolithen bleiben können sollte, ja sogar darüber hinaus: Es heißt, daß manche dieser Gebäude auch über ein eigenes Kolumbarium verfügten, in dem die Asche verstorbener Mieter beigesetzt werden konnte. Dies ist ein treffendes Bild für eine Seite des Totalitarismus, die auch den Mann oder die Frau auf der Straße ansprechen konnte, nämlich der Traum von einem System, das dem Menschen um den Preis einer selten genutzten Freiheit Vorhersehbarkeit schenkte, eine Vorhersehbarkeit, die sich als Geborgenheit geschminkt hatte.

Diese Gebäude entlang der Prachtstraßen sind jedoch auch ein treffendes Bild für eine weitere Seite des Totalitarismus: den ihm eigenen Hang zur Wirklichkeitsflucht. Der größte Teil Moskaus würde von diesen weitreichenden Plänen nicht berührt werden. In den ersten Jahren der Revolution hatte es noch Pläne gegeben, sich der Baukunst zu bedienen, um die Lebensbedingungen der einfachen Leute zu verbessern. Diese Ideen waren aber Mitte der dreißiger Jahre bis zur Unkenntlichkeit verblaßt und durch die Vorstellung von Architektur als eines Mittels zur Erhaltung der Macht ersetzt worden. Jene, die einst etwas anderes geglaubt hatten, waren verstummt, hatten umgedacht, oder waren, wie im Fall des humanistisch denkenden Architekten Michail Okitowitsch, unter angemessenem Applaus von hastig umgepolten Kollegen auf einer fernen Insel im GULAG verschwunden – Okitowitsch sollte später während der stalinistischen Säuberungen sein Leben verlieren.

Es waren die spektakulären Großbauten, für die es Geld gab. Die Wohnungsbauprogramme verkümmerten im Schatten vergoldeter Statuen, und Millionen von Sowjetbürgern wurden stattdessen zu einem Leben in geteilten Wohnungen, gemeinsamen Küchen und chronischem Platzmangel verurteilt,* ohne die geringste Chance, sich moderner Bequemlichkeiten oder eines wirklichen Privatlebens zu erfreuen, was der Architekturhistoriker Hugh Hudson die „Hobbessche Hölle des Stalinismus“ genannt hat, triste Lebensumstände, die wie geschaffen waren, um Rücksichtslosigkeit, Streit, Erpressung und Denunziantentum zu fördern. Diese sowjetische Armut war zudem noch auf andere Weise mit der monumentalen Architektur verbunden. Die prunkenden Gebäude entlang der Prachtstraßen sollten in Wirklichkeit wie riesige Pappnasen funktionieren, die über große Gebiete heruntergekommener Häuser und verwahrloster Brachen gestülpt wurden.

Eine Abrißwut, die an Vandalismus grenzte, wurde in Moskau ausgelöst, und entlang der Prachtstraßen und an anderen passenden Orten wurde eine Reihe von Schlagwörtern aus Marmor und Glas errichtet. Die äußere Ausschmückung wurde immer wichti-

* Die Norm waren völlig unzureichende vier Quadratmeter pro Person, aber bei den meisten wurde nicht einmal diese bescheidene Forderung erfüllt; die Regel waren drei bis fünf Personen in einem Raum, die sich Badezimmer und Herd mit einer Reihe anderer Bewohner teilen mußten. (Als Joseph Brodsky in Leningrad aufwuchs, teilte seine Familie die Küche mit neun weiteren Familien.) Bis weit in die fünfziger Jahre scheint es außerdem Standard gewesen zu sein, daß neu errichtete Häuser mit weniger als vier Etagen nicht an das Kanalsystem angeschlossen wurden.

ger, und die Kosten für all diese Turmspitzen, Skulpturen, Stukkaturen, Basreliefs und anderes machten gegen Ende der vierziger Jahre bis zu 30 Prozent der gesamten Baukosten aus, während die überall eingeschobenen, prachtvollen Treppenhäuser, Kuppeldächer und Schmucktürme einen Großteil der nutzbaren Fläche wegnahmen.* Dies ergab sich als eine natürliche Folge der Tatsache, daß diese Gebäude in erster Linie den Zweck hatten, den Betrachtern den Atem zu rauben oder ihnen zumindest die Lust am Widerspruch zu nehmen, und erst in zweiter Linie von ihnen erwartet wurde, eine Funktion zu erfüllen.

Ein gutes Beispiel hierfür bildet das Theater der Roten Armee. Es ist eine merkwürdige Scheußlichkeit, bestückt mit etwas, was einem zunächst wie eine Reihe von willkürlich angeordneten Flügeln vorkommt. Geht man aber einmal ganz um das Gebäude herum, erkennt man, daß es in Wirklichkeit exakt wie ein fünfzackiger Stern gebaut ist, dem Symbol für die Armee. Tatsächlich findet man diese Form fast überall in der Konstruktion wieder. Sogar die Säulen – immer diese Säulen –, die diese Schöpfung umgeben, weisen im Querschnitt die gleiche Form auf. (Einer Anekdote zufolge, die wahrscheinlich nicht der Wahrheit entspricht, entstand die Form, als der hündisch parteitreue Architekt, ein gewisser Karo Alabjan, Kaganowitsch aufsuchte, um dessen Rat einzuholen: Ein ungeduldiger Kaganowitsch soll da zu seinem sternförmigen Tintenfaß gegriffen haben, mit dem Stift seine Form nachgezeichnet und dann gebrummt haben: „Baue es so!“)

Die abwegige Form des Gebäudes hat dazu geführt, daß es ein unpraktisches Labyrinth aus Nischen, eigentümlich geformten Treppenhäusern und gekrümmten Räumen geworden ist. Die Höhe war die mit Abstand wichtigste Dimension der stalinistischen Architektur, und um das Theater in der Senkrechten zu vergrößern, hat der Architekt die Zuschauerränge übereinander-

* Die Überfrachtung der Fassaden und die generell mangelhafte Qualität der Bauarbeiten führte außerdem dazu, daß man sich gezwungen sah, viele Gebäude mit besonderen Schutzgittern zu versehen, die dafür sorgen sollten, daß die zahlreichen herabfallenden Hausdetails nicht unschuldige Passanten trafen.

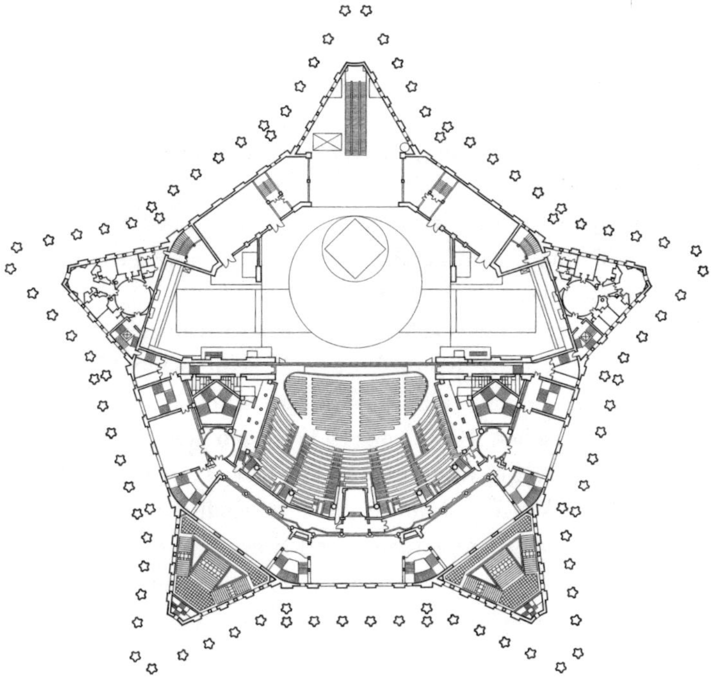

KARTE 2

Das Theater der Roten Armee in Moskau von Karo Alabjan, erbaut 1935–40.

gestapelt, so als handele es sich bei ihnen um die verschiedenen Schichten einer Torte, was die Bühne schwer überschaubar macht und die Zuschauer schwindeln läßt. Der Bühnenraum ist zweifellos überdimensioniert, was daran liegt, daß er ganze Militärverbände aufnehmen können sollte, Panzer eingeschlossen, die über speziell hierfür konstruierte Rampen auf die Bühne rollen sollten. Das Ergebnis ist ein außerordentlich mißglücktes Gebäude, das nur den Linientreuesten bei der Betrachtung imponierte, aber für alle, die es benutzten, ein Alptraum war.

Es gibt in der nationalsozialistischen Architektur zahlreiche Parallelen zum Theater der Roten Armee. Die Münchener Hochschule für Musik ist heute in einem neoklassizistischen Klotz untergebracht, der zwischen 1933 und 1937 erbaut wurde und dessen ursprüngliche Bestimmung es war, ein Ort zu sein, an dem der Führer sein Volk treffen konnte. Auch hier fällt einem der ästhetische Leerlauf ins Auge, auch hier erkennt man, wie dem Effekt erlaubt wurde, der Funktion allen Raum zu nehmen. Die Eingangshalle ist erwartungsgemäß riesig. Die einzige Möglichkeit aber, dies zu erreichen, bestand darin, sie quer zur gesamten Baulänge des Gebäudes zu legen. Diese Lösung ist jedoch, wie Winfried Nerdinger gezeigt hat, problematisch. Da die Eingangshalle im rechten Winkel zu den Eingängen liegt, wird sie nie jemand ganz durchschreiten, sondern ihre Monumentalität sozusagen nur in den Augenwinkeln erahnen, was diesen Teil des Gebäudes schlicht zu einer nutzlosen Verschwendung von Fläche macht.

Hat man diesen sogenannten *Führerbau* einmal betreten, erwarten den Besucher zwei riesige Treppenhäuser. Zwei sind es offenbar aufgrund der übertriebenen Sehnsucht des Architekten nach Symmetrie, aber das Resultat ist erneut, daß kostbarer Raum verschenkt wird.* Der Anstrich von Pomp, den das Treppenhaus hat, wird zudem dadurch abgeschwächt, daß es so abrupt endet, mit einer leeren Wand, woraufhin der Besucher, der unterwegs ist, um

---

* Der einzig wirklich funktionale Teil des *Führerbaus* liegt unsichtbar unter der Erde. Es ist der gediegene und großzügig bemessene Schutzraum; während des Krieges wurde er als Versteck für zahlreiche Kunstwerke benutzt, die in den besetzten Ländern gestohlen worden waren.

den Führer zu treffen, zu einer Reihe von Richtungswechseln gezwungen wird, ehe er oder sie – wie man sich denken kann mittlerweile eher verwirrt als beeindruckt – in das Audienzzimmer geführt werden kann. Das Gebäude verfügt, wie es sich gehört, über nicht weniger als acht „Führerbalkone", auf denen Hitler den Beifall der Massen entgegennehmen können sollte. Aber auch hier hat die Sehnsucht nach Symmetrie zu Absonderlichkeiten geführt: Der Architekt sah sich nämlich gezwungen, sie unter anderem zwischen eine Reihe von Toiletten zu legen, und mit ein wenig Pech konnte es passieren, daß ein redebegieriger Führer auf dem Weg zu seinem Volk statt dessen in der Herrentoilette landete.

4.

Daß so viele Werke nationalsozialistischer und stalinistischer Architektur ästhetisch wie funktional mißglückt sind, liegt nicht allein an der etwas hysterischen Jagd der Konstrukteure nach Höhe, Volumen und billigen Effekten. In manchen Fällen ergeben sich die Probleme aus der Neigung dieser Systeme, die Mißverständnisse ihrer Führer zu Wahrheiten zu erheben und ihre Einfälle Gesetz werden zu lassen. Immer wieder kam es vor, daß man in Deutschland weit gediehene Bauvorhaben stoppen mußte, weil Hitlers Auge zufällig auf irgendein Detail gefallen war, das er besonders abstoßend fand. Albert Speers überstürzte Reise nach Paris war nur einer von mehreren ähnlich gearteten Feuerwehreinsätzen, die notwendig wurden, um die architektonische Party zu retten.

In der Sowjetunion kursierten eine Reihe von mehr oder weniger apokryphen Anekdoten über Stalins Einmischung in eine Reihe großer Bauvorhaben. Als ich während eines Besuchs in der sowjetischen Hauptstadt gerade den Roten Platz verlassen wollte, fiel mir zufällig auf, daß mit dem großen Gebäude auf der anderen Seite der breiten Ausfallstraße, dem Hotel Moskau, etwas nicht stimmte. Es sah schief aus, oder besser gesagt asymmetrisch: Der rechte Flügel war so gänzlich anders als der linke, daß man ohne die mittlere Sektion, die beide verband – und die natürlich mit Säulen versehen war – nicht verstanden hätte, daß es die Teile ein und desselben Gebäudes waren. Die dazugehörige Anekdote berichtet, daß Stalin, als man ihm das Projekt vorlegte, nicht merkte, daß der Architekt auf seinem Entwurf zwei verschiedene Vorschläge für die Fassade skizziert hatte, auf dem Plan durch eine dünne Linie getrennt, so daß er nur seinen Namen auf die Kopie setzte. Unglücklicherweise landete seine Unterschrift zufällig direkt auf der Linie, und niemand wagte ihn zu fragen, was er nun eigentlich damit meinte. Statt dessen baute man *genau so*, wie es auf dem Entwurf aussah.

Eine andere Anekdote kreist um die monumentalen Wolkenkratzer, die nach dem Krieg gebaut wurden und die jeder Besucher der Stadt zwangsläufig bemerken muß. Diese überfrachteten Klötze mit ihrer Vielzahl von Zinnen, Türmen und Miniaturtempeln hatten im Entwurf flache Dächer, aber als Stalin einen von ihnen fertiggestellt zu Gesicht bekam, fragte er: „Wo ist die Turmspitze?“ Die Architekten verschwanden, wahrscheinlich unter einem Schwall von Entschuldigungen und verstohlenen Blicken, aber innerhalb einer Woche war in der Tat eine Turmspitze zur Stelle, zwar nur aus Holz, aber immerhin. Eine dritte Anekdote behandelt einen Architekturwettbewerb zu der Frage, wer ein neues Gebäude für den STO (den Arbeits- und Verteidigungsrat) bauen dürfe. Eines Tages erschien Stalin persönlich und fragte die Juroren: „Wo ist Langmans Beitrag?“ Nun war es aber leider so, daß der angesprochene Architekt, Arkadi Langman, keinen Vorschlag eingereicht hatte. Dies hinderte die Juroren jedoch nicht, besagten Langman schnell herbeizuschaffen und ihn einstimmig zum Sieger des Wettbewerbs zu erklären.

Eine weitere Erklärung für die minderwertige Qualität der totalitären Architektur muß in der Tatsache gesehen werden, daß diese ideologisch überfrachteten Systeme in so hohem Maße Opportunisten, Konspirateure und politisch korrekte, mittelmäßige Begabungen belohnten. In den zwanziger Jahre gab es gerade in Deutschland ungewöhnlich viele begabte Architekten; das berühmte Bauhaus machte das Land zu einem weltweiten Zentrum der Baukunst. Die Machtergreifung durch die Nationalsozialisten hatte jedoch zur Folge, daß viele von ihnen entweder ins Exil getrieben wurden, Arbeitsverbot erhielten oder mit unbedeutenden und ideologisch ungefährlichen Projekten wie Fabriken, Kraftwerken und Brücken abgespeist wurden, während karrieristische Opportunisten – wie Albert Speer, Hermann Giesler und Paul Ludwig Troost, der Mann, dem wir das oben beschriebene Gebäude in München zu verdanken haben – ins Rampenlicht aufsteigen konnten.

Die Entwicklung in der Sowjetunion verlief fast identisch. Auch dort waren die zwanziger Jahre eine ungewöhnlich kreative Zeit. Die russischen Konstruktivisten und ihre wahnwitzigen Projekte, eher revolutionär als praktisch durchführbar – wie zum Beispiel Wladimir Tatlins berühmter 300-Meter-Turm –, wurden in der ganzen Welt wahrgenommen und gepriesen. Sie und viele andere russische Avantgardisten erlebten in den zwanziger Jahren eine kurze Blütezeit, als sie aufgrund der Rolle, die sie selbst beim Umsturz des Zarismus gespielt hatten, auf großem Fuß leben konnten, als der soziale Optimismus grenzenlos war und als Bürgerkrieg, wirtschaftliches Chaos und eine Kette mehr oder weniger selbst verschuldeter Krisen die ganze Aufmerksamkeit der neuen Machthaber beanspruchten. Ihre Zeit war allerdings schnell abgelaufen. Als der Sowjetstaat sich wider alle Erwartungen konsolidiert hatte, wurde es kälter, und sie siechten dahin.

Sowohl in Deutschland als auch in der Sowjetunion wurde die neue Architektur zweifach verworfen, indem Signale von oben sich mit mehr oder weniger spontanen Handgreiflichkeiten von unten vereinten, von Karrieristen initiiert, die sich als Kollegen gaben. In Deutschland sammelten sie sich in einer Organisation namens *Kampfbund deutscher Architekten und Ingenieure* (KDAI), die die Moderne in der Architektur bekämpfte und eine Wiederbelebung des Vergangenen, des Nationalen, des Völkischen etc. predigte. In der Sowjetunion sammelten sich diese reaktionären Revolutionäre in VOPRA, der Allunions-Gesellschaft Proletarischer Architekten. Auch ihnen fiel es schwer, ihre Verabscheuung der Moderne zu zügeln, aber während die Nationalsozialisten im KDAI behaupteten, viereckige Formen und Flachdächer seien etwas Fremdes und im Grunde Ungesundes für die arische Rasse, behaupteten die Männer in der VOPRA, daß diese Dinge etwas Fremdes und im Grunde Ungesundes für das Proletariat seien.

Der Mann, der VOPRAs Holzhammerrhetorik Gehör verschaffte, war Karo Alabjan, also jener Mann, der das sternförmige Theater der Roten Armee in Moskau entworfen hatte. Er war Sohn eines armenischen Kaufmanns und hatte das Priesterseminar in Tiflis besucht – ironischerweise das gleiche, das auch Stalin einst besucht hatte, als er noch eine sakrale Laufbahn in Erwägung zog. Der Erste Weltkrieg hatte Alabjan jedoch dazu gebracht, seine Religiosität aufzugeben, nicht aber seine Glaubensstärke. Nach der Februarrevolution 1917 war er nach Moskau gegangen und hatte dort sechs Monate lang Bildhauerei studiert. Im Zuge der Oktoberrevolution schloß er sich rasch den Bolschewisten an, und während des Bürgerkriegs diente er als Politruk in der Roten Armee. 1923 schickte ihn die Kommunistische Partei Armeniens zurück nach Moskau, um dort an den Höheren Künstlerisch-Technischen Werkstätten VChUTEMAS zu studieren.

Für einen überzeugten Physiognomiker wäre Karo Alabjan sicherlich eine nur schwer zu knackende Nuß, denn er sah wirklich nicht so aus, wie man sich einen Gauner vorstellt. Aufnahmen zeigen vielmehr einen offensichtlich gutaussehenden Mann mit dunklen Augen, dunklem Haar und offenen, klaren Zügen, schick gekleidet in einem dunklen Anzug und einem ebensolchen Hemd. Aber wenn ein Betrachter, ausgestattet mit dem nötigen Vorwissen, sein Gesicht etwas genauer studiert, läßt sich etwas ahnen. Alabjans Gesicht hat nämlich diesen unergründlichen, ein wenig grinsenden Gesichtsausdruck, den man sonst nur bei halbwüchsigen Jungen findet, die man fast beim Quälen der Katze erwischt hätte. Nicht alle Handlanger waren anständige Menschen, die sich in den Wirren ihrer Zeit verfingen, nicht alle Mitläufer konnten für ihr Schicksal einen dummen Zufall oder zwingende Umstände verantwortlich machen. Bei vielen, wie Karo Alabjan, handelte es sich offenkundig um eine bewußte Entscheidung, denn er war in vieler Hinsicht ein archetypischer Stalinist: jung, enthusiastisch, ehrgeizig, rücksichtslos, autoritätshörig und opportunistisch, ebenso unerschütterlich in seinem Weltbild, wie sein Wissen von der Welt unzureichend war. Er hatte die feste Absicht, Karriere zu machen, an VChUTEMAS und in seiner Zunft, aber leider war sein architektonisches Talent äußerst begrenzt. Es gelang ihm zwar, sich den Posten eines Sekretärs des Fakultätsrats zu sichern, aber schon bald geriet sein Studium ins Stocken. Alabjan scheiterte zunächst bei der Fertigstellung eines wichtigen Projekts, und die Hochschule verweigerte ihm später sogar die Aufnahme in die Examensklasse. Diese Mißerfolge scheinen ihn aber nur noch entschlossener gemacht zu haben, und er setzte seinen Weg nach oben unbeeindruckt fort, unterstützt von einer nicht zu bestreitenden Begabung für Intrigen und einem gewissen Talent für marxistisch-leninistische Klischees.

Eine ausgezeichnete Plattform für die Ausübung dieser Talente fand er gegen Ende der zwanziger Jahre in besagter VOPRA, zu dieser Zeit ein regelrechtes Schlangennest, in dem sich junge, unerfahrene und karrieristische, stalinistische Architekten sammelten, um ihr Gift zu versprühen und die Baukunst der Moderne zu hassen. Die Ohren gespitzt auf jeden Wink ihres Herrchens, gingen sie auf ihre Gegner in den Konkurrenzorganisationen OSA (der Gesellschaft moderner Architekten) und ASNOVA (der Assoziation neuer Architekten) los, allzeit bereit, Hetzkampagnen gegen „bürgerliche Einflüsse" abzufeuern, die Existenz einer „wahrhaft proletarischen Architektur" zu behaupten, über die Anwesenheit bei den Kursen in historischem Materialismus genauestens Buch zu führen, „Saboteure" aufzuspüren, die Forderung aufzustellen, daß Studenten mit falscher „sozialer Herkunft" von der Hochschule relegiert werden sollten etc. Ihre Kampagnen waren erfolgreich, und Hilfe bekamen sie dabei von ängstlichen und opportunistischen Kollegen, in der Regel vernünftigen Menschen, die ihren Fanatismus weder teilten noch verstanden, aber wider besseres Wissen beschlossen, entweder zu schweigen oder mit den aggressiven Hitzköpfen in der VOPRA zusammenzuarbeiten. 1932 beschloß das Zentralkomitee der Kommunistischen Partei, sämtliche unabhängigen Architekturverbände in der Sowjetunion abzuschaffen und alle anerkannten Mitglieder des Berufsstandes in einer gemeinsamen, staatlich überwachten Vereinigung zusammenzuführen. Ein Jahr später machen die Nationalsozialisten in Deutschland das gleiche. Fast zeitgleich mit der Schließung des Bauhauses kastrierten die Stalinisten VChUTEMAS.

Viele der besten deutschen Architekten verließen Deutschland 1933. Die meisten von ihnen gingen nach Westen, oft in die USA. Einer von ihnen, Bruno Taut, beschloß jedoch, in die Sowjetunion zu emigrieren. (Dies war nicht weiter verwunderlich, denn Taut war, wie Tom Wolfe es ausgedrückt hat, „Marxist to the point of popped veins on the fore-head".) Taut kam nach Moskau, warf einen Blick auf die neue Architektur im Heimatland des Proletariats und verlangte erschüttert, wieder nach Deutschland zurückreisen zu dürfen.*

5.

Während Tausende alter Häuser in Moskau abgerissen wurden, um Platz für Autobahnen, Monumente und riesige Häuser zu schaffen, wurde auch die intellektuelle Landschaft Opfer eines Akts von Vandalismus. Unter den Architekten wurden Diskussionen durch bis ins Detail gesteuerte Massenversammlungen, gedankliche Arbeit durch Textexegese, Argumente durch Phrasen ersetzt. Auf einer Versammlung referierte einer der VOPRA-Männer eine langatmige Untersuchung darüber, ob Säulen und Säulenhallen notwendig seien in der sowjetischen Architektur. Am Ende wurde diese knifflige Frage ein für allemal durch einen Hinweis auf das Architekturorakel des Politbüros, Kaganowitsch, entschieden: „In der Frage der Säulen hat Lasar Moisejewitsch geantwor-

---

* Taut war Mitglied in Mies van der Rohes Gruppe „Der Ring" gewesen und hatte in Berlin Teile eines Wohnviertels für Arbeiter entworfen; besonders zufrieden war er damit, daß die Häuser rote Fassaden bekommen hatten und er sie somit vorzeigen und dabei laut ausrufen konnte: „Rote Front!", „für den Fall, daß jemand die Pointe nicht verstand", wie Wolfe in seinem etwas geschraubten, aber wunderbar unterhaltenden Buch *Mit dem Bauhaus leben* schreibt. Der Versuch, wieder nach Deutschland zurückzukehren, scheiterte, weil sich die Nationalsozialisten weigerten, ihn über die Grenze zu lassen; Taut kam daraufhin auf die Idee, nach Japan zu gehen, aber er starb, ehe er dort ankam.

tet: ‚Ja, Säulen sind notwendig'." Punkt. Eine andere Diskussion, die der Frage galt, ob die Architektur eine Kunst oder eine Wissenschaft sei, wurde ebenfalls mit Hilfe eines Zitats des Dilettanten Kaganowitsch entschieden.

Die bildenden Künstler hatten es da leichter, sich den Anordnungen zu einer neuen, sozialrealistischen Kunst anzupassen, aus dem einfachen Grund, daß es für Politruke und andere wenig kundige Menschen recht leicht war, Regeln für sozialrealistische Gemälde vorzulegen: Unabhängig davon, ob das Motiv aus wichtigen Parteiführern, todesverachtenden Petersburger Matrosen oder freudestrahlenden Kolchosbäuerinnen bestand, sollte alles mit Hilfe des gleichen unverfälschten und fast schon albern detailgetreuen Realismus abgebildet werden. Aber wie sollte eigentlich ein sozialrealistisches Gebäude aussehen? Die Äußerungen zu dieser Frage blieben ebenso wortreich wie vage. Das Ganze verpuffte regelmäßig zu den unvermeidlichen Verweisen auf die Antike und zu Worten über Größe, Monumentalität, Stolz. Die allgemeine Verwirrung führte zu einer Reihe eigenartiger Debatten. Eine der heftigsten widmete sich der Frage, ob man in der Sowjetunion mit ihrer überlegenen Technik die Akropolis auf die *exakt* gleiche Art gebaut hätte wie die Griechen oder ob es tatsächlich möglich wäre, sich auch andere Lösungen vorzustellen.

Nicht selten wurden solche Fragen mit dem Hinweis auf besonders geglückte Werke beantwortet, von denen es hieß, sie verkörperten diese sozialrealistische Architektur. Im Juni 1937 – während die große Weltausstellung in Frankreich und die große Terrorwelle in der Sowjetunion in vollem Gange waren – hielt die staatlich kontrollierte Architekturorganisation ihren ersten Kongreß ab. Auf diesem Kongreß wurde ein Gebäude immer wieder als Muster und Beispiel hervorgehoben: Boris Iofans Palast der Sowjets.

6.

Boris Iofan gehörte nicht wie Karo Alabjan zu den Kettenhunden der Tyrannei, sondern scheint zur schweigenden Mehrheit einigermaßen vernünftiger und gut ausgebildeter sowjetischer Architekten gehört zu haben. Während der ersten Welle der Säuberungen wäre auch er beinahe in große Schwierigkeiten geraten, als er des Kontakts zu „Konterrevolutionären“ angeklagt wurde. Er entging jedoch der mähenden Sense und wurde wieder zu dem, was er offenbar die ganze Zeit über schon gewesen war: ein Mitläufer. Es wäre sicher falsch, ihn einen Fanatiker zu nennen. Er war nicht wie seine jüngeren Kollegen geprägt vom Glauben an plumpe, aber schnelle Lösungen, die den Erfahrungen des Bürgerkriegs entsprangen. Im Gegensatz zu den meisten von ihnen war Iofan nämlich vor der Revolution ausgebildet worden. Bereits 1914 war er nach Italien gereist, wo er begonnen hatte, Architektur zu studieren. Nach seinem Examen war er Mitglied der Kommunistischen Partei geworden, offenbar vor allem aus opportunistischen Gründen, und 1924 kehrte er in die Sowjetunion zurück, um Karriere zu machen. Dort erhielt er den Auftrag, Arbeiterwohnungen zu errichten, aber 1931, nachdem er eines der ersten häuserblockgroßen Wohnhäuser für hohe staatliche Funktionäre errichtet hatte – ausgerüstet mit allem, vom eigenen Kino bis hin zum eigenen Friedhof – wurden die Machthaber aufmerksam auf ihn. Noch im gleichen Jahr bot man ihm an, an dem Wettbewerb teilzunehmen, mit dessen Hilfe man entscheiden wollte, wer den Palast der Sowjets entwerfen sollte.

Das ganze Projekt war ein politisches Hirngespinst, das seit den wirren Jahren nach der Revolution herumgeisterte. Doch erst jetzt waren Zeit und Mittel vorhanden, die Idee in die Tat umzusetzen. Der Palast sollte mitten im umgebauten Moskau stehen – Alabjans fünfzackiges Theater war übrigens gleich daneben errichtet worden –, was das große Haus automatisch zum Mittelpunkt der Sowjetunion und „der ganzen progressiven Welt“ machte; schon in dieser Hinsicht war es ein Spiegelbild des extrem hierarchischen Weltbilds des Stalinismus. Der Palast selbst war gedacht als ein triumphierender Ausruf in drei Dimensionen, als ein unumstößlicher Beweis für die Überlegenheit des Sozialismus und die Stärke der Sowjetunion.

Während erregte Dichter nun Reime über diese wunderbare Schöpfung schmiedeten, „die Tribüne der Tribunen und Bühne der Welt", gingen zahlreiche Vorschläge ein, alles in allem 130 Stück, darunter Entwürfe von verschiedenen namhaften Ausländern wie Le Corbusier, dem Lehrmeister des Funktionalismus und Walter Gropius, dem Gründer des Bauhauses. Den Bauplatz bestimmte Stalin selbst: Der Palast sollte pittoresk unten am Ufer der Moskwa liegen; zwar stand dort bereits eine Kathedrale, die Christ-Erlöser-Kirche, aber sie wurde rasch mit Hilfe von ein paar Tonnen Dynamit in Schutt und Asche gelegt. Das Grundstück stand bereit, und die Ironie, das größte Monument des Sozialismus ausgerechnet auf den Ruinen einer Kirche zu erbauen, scheint den meisten Beteiligten entgangen zu sein, die der Symbolwert der Handlung statt dessen eine Gänsehaut bekommen ließ.

Der Beschluß, wie das Gebäude denn eigentlich aussehen sollte, ließ jedoch auf sich warten. Das Baukomitee – dem Kaganowitsch, Molotow, Woroschilow und einige andere von Stalins engsten Vertrauten angehörten – war nicht sonderlich begeistert von dem, was ihnen vorgelegt wurde, und schrieb einen *neuen* Wettbewerb für eine Reihe ausgewählter sowjetischer Architekten aus, von denen man erwarten durfte, daß sie einen angefeuchteten Finger hoch in den ideologischen Wind recken würden. Einer von ihnen war Boris Iofan. Die Verantwortlichen ließen sicherheitshalber niemanden im unklaren darüber, was sie haben wollten: keine weiteren funktionalistischen Experimente, sondern einen Monolith mit Höhe, nicht Breite, errichtet im Geist der klassischen Architektur.

Die letzte Runde des ausgeschriebenen Wettbewerbs fand Anfang 1933 statt. Einer der Beiträge glich in jeder Hinsicht einem Venezianischen Dogenpalast, einschließlich Zinnen, Portalen und einem proletariergeschmückten Kampanile. In einem etwas späten Versuch klarzustellen, daß es sich hier nicht um ein Gebäude handelte, das geradewegs aus der italienischen Renaissance stammte, fühlte sich der Architekt dazu gedrängt, eine Reihe von Flugzeugen in die Skizze einzufügen, was in Wirklichkeit aber nur den gekünstelten Anachronismus des ganzen Projekts unterstreicht. Karo Alabjan war selbstverständlich auch einer der Auserwählten, und was er und einige andere rechtgläubige VOPRA-Streiter vorlegten, war das Resultat eines beflissenen Eintopfs aus allen nur erdenklichen antiken Stilen: auf einem quadratischen, funktionalistischen Podium ruhte eine Kopie des Kolosseums, an der Vorderseite geschmückt mit zwei enormen Türmen von fast altägyptischem Zuschnitt und oben von etwas, das am ehesten aussieht wie ein in der Höhe gefährlich ausgedehnter Tempel aus Athen. Vielleicht war es doch nicht so verwunderlich, daß Boris Iofans Vorschlag gewann.

Iofans Gebäude war nämlich genau so monumental und monolithisch, wie es überhaupt möglich ist. Die Grundkonstruktion errinnert am ehesten an eine überdimensionierte Hochzeitstorte oder vielleicht auch an ein riesiges ausgefahrenes Teleskopfernrohr. Sechs Sektionen aus symmetrischen, sich verjüngenden und immer höheren Abschnitten erheben sich hier über 300 Meter hoch in den Himmel, und über allem thront ein 100 Meter hoher Lenin aus Bronze, bekleidet mit etwas, das wie ein Frack mit dazugehöriger Schwimmweste aussieht, der mit der ganzen Hand in Richtung der glänzenden Zukunft weist.

Keine Ausgaben sollten gescheut werden, um das Gebäude so beeindruckend zu gestalten wie nur irgend möglich. Das Haus und seine 6000 Räume und Säle sollte 20 000 m^2 Basreliefs, 17 500 m^2 Ölgemälde, 12 000 m^2 Fresken, 4000 m^2 Mosaik, 170 bis zu sechs Meter hohe Skulpturen, zwölf bis zu zwölf Meter hohe Skulpturen und vieles mehr beherbergen. Wie üblich bei diesem Typ von Architektur verließ man sich aber vor allem auf die Höhe, um dem Betrachter zu imponieren. Indem er die oberen Sektionen in die Höhe zog, hatte Iofan es auf stolze 415 Meter Höhe gebracht: Seht, das höchste Gebäude der Welt! Der symbolische Gehalt der Tatsache, daß Lenin an manchen metereologisch ungünstigen Tagen mit dem Kopf in einer grauen Wolkendecke verschwunden wäre, scheint weder den Architekten noch seine Auftraggeber gestört zu haben, so wie auch offenbar niemand Einwände dagegen erhob, daß die Grundidee der Konstruktion – daß ein unermeßliches Gebäude darauf reduziert wurde, die Basis für die Stiefel eines einzigen Mannes zu bilden – auch eine treffende Metapher für den stalinistischen Personenkult war.

Auf einer von Iofans Skizzen wird dieser Koloß aus der Froschperspektive abgebildet, vom Erdgeschoß aus, und er türmt sich bedrohlich hoch über den winzigkleinen Menschen auf, die meisten von ihnen in fahnengeschmückten Quadraten angeordnet, so geometrisch korrekt wie der Betonberg vor ihnen. Die Säulen des Gebäudes, die an einen Tempel denken lassen, die Fahnen und die militärisch angeordneten Menschentrauben vermitteln zusammengenommen einen unerwartet altertümlichen Eindruck, so als betrachteten wir eine Szene aus dem alten Babylon, wo ein siegreiches Heer gerade dabei ist, in die Zikkurat einzuziehen, entweder um Marduk, dem Gott der Stadt, gefangene Sklaven zu opfern oder um selbst dem unfaßbar großen Götzenbild geopfert zu werden, das auf dem Dach der Schöpfung thront.

7.

Vielen ausländischen Kennern fiel es schwer, das Vortreffliche in den verwachsenen Betontürmen zu erkennen, die in der zweiten Hälfte der dreißiger Jahre überall in Stalins Reich wie Pilze aus dem Boden schossen. Wirkliche Wertschätzung erfuhren sie im Grunde nur von einer etwas unerwarteten Seite, von den Nationalsozialisten. Diese Wertschätzung war jedoch gegenseitig. Der sowjetische Diktator interessierte sich persönlich für deutsche Baukunst, und auf sein Geheiß hin wurde im Spätherbst 1939 im Kreml eine private Ausstellung nationalsozialistischer Architektur organisiert; Albert Speer schreibt, ihm sei später zu Ohren gekommen, daß „Stalin meine Skizzen gefallen hatten".* Dieser Austausch nahm später konkretere Formen an.

Im Sommer 1941, zu Beginn von Hitlers Überfall auf die Sowjetunion, notierte Goebbels in seinem Tagebuch, daß sich deutsche Soldaten widerwillig beeindruckt zeigten von der ideologischen Architektur, die sie in der Sowjetunion zu Gesicht bekamen. Als Speer die Möglichkeit bekam, bei verschiedenen Gelegenhei-

* Es läßt sich ergänzen, daß Stalin auch ein wohlwollendes Auge auf den nationalsozialistischen Monumentalbildhauer Arno Breker geworfen hatte und zu jener Zeit sogar plante, ihm Aufträge in Moskau zu geben.

ten Rundflüge zu kürzlich eroberten Großstädten im Osten zu unternehmen, wurde auch er von einem Gefühl des Respekts für die sowjetische Baukunst erfaßt. In Kiew sah er ein Sportstadion, das vollkommen klassizistisch erbaut worden war, „mit Statuen von Athleten nach antikem Muster geschmückt, die rührenderweise jedoch Badehosen beziehungsweise Badeanzüge trugen", sowie ein pompöses Konferenzgebäude, das in einem Stil erbaut worden war, der Speers eigenem so nahekam, daß er „mit dem Gedanken spielte, den Architekten ausfindig zu machen, um ihn in Deutschland zu beschäftigen".

Fragt sich nur, was Hitler von einer solchen Initiative gehalten hätte. Der deutsche Diktator war wie sein sowjetischer Kollege bestens orientiert über die Architektur seines Gegenspielers und kannte auch einzelne Projekte. Diese Kenntnisse schürten jedoch nur die Rivalität, die er dem Sowjetkommunismus gegenüber empfand. Denn Josef Stalin schien auf dem besten Wege zu sein, Projekte zu verwirklichen, die er, Adolf Hitler, als seine eigenen sehen wollte. 1937, eineinhalb Jahre nachdem Stalin den Generalplan zum Wiederaufbau Moskaus abzeichnete, brachte Hitler ein fast identisches Projekt auf den Weg. Wie die sowjetische Hauptstadt sollte Berlin umgestaltet werden, um seiner Rolle als Mittelpunkt in einem geplanten Imperium gerecht zu werden. Der Mann, den der Führer auswählte, um diese monumentale Arbeit in Angriff zu nehmen, war Albert Speer.

Bis dahin hatte der junge Architekt ausschließlich kleinere Aufträge ausgeführt: Unter anderem hatte er die Kulisse für eine Kundgebung zum 1. Mai 1933 geschaffen und das Interieur einiger Ministerien umgebaut. Die Arrangements für die Kundgebung offenbarten ein unglaubliches Fingerspitzengefühl für das Monumentale und Dramatische, aber es waren Speers unübersehbare organisatorischen Talente, die den Führer dazu veranlaßten, diesen enormen Auftrag einer solch unerfahrenen Kraft anzuvertrauen. Der Führer hatte es eilig und wollte einen Mann haben, der aufgestellte Zeitrahmen einhalten konnte, und Speer, ehrgeizig wie immer, ging gewohnt energisch ans Werk, manchmal von schweren Beklemmungen erfaßt aus Angst, scheitern zu können, aber ansonsten voller schwindelnder Begeisterung über die Macht, die Mittel und den unerwartet engen Kontakt zu den Mächtigsten im Reich.

Hitler brütete mehrere der Grundideen aus, aber es war Speers Aufgabe, zusammen mit einem folgsamen Stab aus Architekten, Ingenieuren und Rechenkünstlern, diese spontanen Einfälle in Berechnungen, Pläne und Blaupausen umzusetzen. Wie im Falle Moskaus hatte man auch in Berlin die Absicht, der Stadt ein tragendes Skelett aus grandiosen Prachtstraßen zu geben, dessen wichtigste Funktion es war, den zahlreichen Massenkundgebungen des Regimes als Bühne und Salon zugleich zu dienen. Aber während sich die Städteplaner in Moskau diese Straßen angeordnet wie die Speichen in einem Rad gedacht hatten, war die Idee in Berlin, zwei enorme Avenuen zu bauen (die sogenannten Nord-Süd- und Ost-West-Achsen), die sich im Zentrum treffen sollten, in der Nähe des Brandenburger Tors, was dem ganzen Ensemble die Form eines Kreuzes geben würde. Wie immer, wenn Tyrannen bauen wollen, geht es vor allem darum, abzureißen: der Plan sah vor, daß etwa 54000 Häuser fort mußten – eine Tatsache, die Hitler später ins Spiel brachte, als er versuchte, die britischen Bombenangriffe auf die Stadt zu bagatellisieren.

Der Schwerpunkt sollte sich in der mittleren Partie der Nord-Süd-Achse befinden, einer sieben Kilometer langen und 140 Meter breiten Strecke, gesäumt von Denkmälern, Statuen, prachtvollen Ministerien und bombastischen Parteigebäuden. Dort, eingefügt zwischen Quadersteinen und Säulen, lagen zwei Bauwerke, die man wohl als Freudsche Versprecher in Marmor bezeichnen kann, da sie unabsichtlich die wahre Natur des Regimes enthüllten.

Das erste war ein 120 Meter hoher Triumphbogen, von Speer entworfen nach einer Zeichnung Hitlers aus dem Jahre 1925, als dieser noch ein verbitterter und ein wenig wunderlicher Veteran war, der soeben aus dem Gefängnis entlassen worden war. Zu jenem Zeitpunkt bildete der Triumphbogen die etwas verzweifelte Hoffnung auf Revanche und zukünftige Siege, aber innerhalb von nur zehn Jahren hatte sich dieser Tagtraum in eine Phantasie entwickelt, die Millionen in ihren Bann zog. Das zweite Bauwerk war ein tempelartiger Koloß namens Soldatenhalle, der dem Andenken der Gefallenen gewidmet sein sollte. Solche Paläste für die Toten gibt es allerorten in der Welt, aber sie sind immer, ausnahmslos, *nach* Kriegen gebaut worden, um die Erinnerung an die vor kurzem Gestorbenen in Ehren zu halten. Was die Soldatenhalle so entlarvend macht, ist die Tatsache, daß sie – ebenso wie der oben genannte Triumphbogen – *vor* einem Krieg gebaut wurde und folglich der Erinnerung an Personen gewidmet war, die zum Zeitpunkt der Erbauung noch lebten und es sich gut gehen ließen, von denen aber erwartet wurde, in naher Zukunft ihren Körper in die Bresche zu werfen und ihr Leben für das Vaterland aufs Spiel zu setzen. Diese Monumente über geplante Katastrophen weisen darauf hin, wie besessen die Nationalsozialisten von Träumen über gewaltsame Eroberungen waren und wie der Krieg für sie von einem Mittel immer mehr zu einer Art Selbstzweck wurde.

Wer an diesem erträumten Palast für lebende Tote stand und den Blick die breite Avenue hinabschweifen ließ, kam nicht umhin, eine anschwellende Absonderlichkeit zu erblicken, die an sich schon ein beredtes Zeugnis dafür war, wohin die Reise ging. Es war die *Große Halle*, ein Gebäude, das als die größte Versammlungshalle der Welt geplant war, in der 180 000 Zuhörer unter einer riesigen Kuppel Platz finden sollten, um ihrem Führer zu lauschen. Dieser *Monsterbau* Speers basierte wie der Triumphbogen auf zehn Jahre alten Skizzen Hitlers und war als das wichtigste und beeindruckendste Gebäude der umgebauten Hauptstadt geplant, sowohl was die Größe als auch was seine Symbolkraft angeht. Um Platz für dieses Gebäude und sein Fundament zu schaffen, sollte ein ganzer Stadtteil, das alte Alsenviertel, dem Erdboden gleich gemacht werden. Daß die Spree durch den geplanten Bauplatz floß, war eher ein Moment der Irritation als ein echtes Problem: Sie sollte mit Hilfe einiger Kanäle, versenkt unter der Halle, abgeleitet werden. Die Kuppel hatte einen inneren Durchmesser von nicht weniger als 250 Metern, was ihr ein Volumen bescherte, das siebzehnmal größer war als das Volumen des Petersdoms – die ganze Kathedrale würde übrigens problemlos im Innenraum der

ABB. 7

Modell der Großen Halle.

Halle Platz finden. Die Höhe und das Volumen waren in der Tat so groß, daß man befürchtete, es könnten sich kleine Wolken unter der Decke bilden und das Gebäude sein eigenes Regenwetter erzeugen.

Genau wie im Fall der sowjetischen Riesenbauten war offenbar ein Ziel der Großen Halle, den einzelnen Menschen seine völlige Bedeutungslosigkeit spüren zu lassen. Vor allem aber war es eine Kultstätte, an der sich ein dankbares Volk versammeln konnte, um seinem Erlöser zu huldigen. Und am höchsten Punkt der kupferverkleideten Kuppel befand sich eine Laterne, auf der ein Adler mit aggressiv ausgebreiteten Schwingen und offenem Raubvogelschnabel thront, der in seinen übertrieben großen Klauen einen Erdball hält, als wäre er ein Ei, das gerade in eine rassenutopische Pfanne geschlagen werden sollte, die das Bild dieses Erlösers von der Zukunft der Welt zeigte.

Die Pläne zur Neugestaltung waren etwas, das Hitler nicht auf die leichte Schulter nahm, im Gegenteil. 1938 wurde Speers Projekt höchste Priorität eingeräumt. Ihm wurde zu diesem Zeitpunkt unter anderem die Befugnis erteilt, Bauarbeiten in Berlin zu stoppen, die nicht im Zusammenhang mit dem großen Plan standen, und vollkommen diktatorisch über Material wie Arbeitskraft für das eigene Projekt zu bestimmen. Der jährliche Etat belief sich auf etwa 130 Millionen Reichsmark bis in das Jahr 1960, für das man die Fertigstellung der neuen Hauptstadt, festlich in Germania umbenannt, erwartete. Die Pläne wie auch die Kosten wurden allerdings ziemlich im Dunkeln gelassen, denn man hatte Angst, der gemeine Mann könne anfangen, sich zu fragen, wie sinnvoll es eigentlich war, solche unfaßbaren Summen auf Marmorpaläste zu verschwenden, während in den Geschäften gleichzeitig die Waren knapp wurden. In Wahrheit würden selbst die veranschlagten Summen nicht ausreichen. Aber hier handelte es sich um ein totalitäres Regime, und getreu seiner Natur setzte es sich über das meiste hinweg, was auch nur ansatzweise mit ökonomischer Rationalität zu tun hatte. Hitler verbot Speer und seinen Untergebenen schlicht und ergreifend auszurechnen, was das Ganze eigentlich kosten würde. Das war *uninteressant.*

Rein wirtschaftlich gesehen war das Projekt mehr als wahnsinnig: Es war unmöglich. In Angriff genommen wurde es nämlich während des zweiten Vierjahresplans der Nationalsozialisten, der praktisch ein Mobilisierungsprogramm für den bevorstehenden Krieg bildete. Sowohl die rasch wachsende Streitmacht als auch die unermüdlich arbeitende Rüstungsindustrie schluckten zu jener Zeit ungeheure Mengen an Geld und Arbeitskraft. In gewisser Weise setzten die Pläne für Germania deshalb voraus, was sie priesen: einen Krieg. Denn um dieses Projekt verwirklichen zu können, brauchte Deutschland einen so großen Zulauf an Arbeitskraft und Kapital, daß dies nur durch Eroberung und Zwang möglich war. Später, nach 1939, strömten denn auch Zwangsarbeiter nach Deutschland, und dies in einem Maße, wie Europa es seit den Tagen des Römischen Reichs nicht mehr erlebt hatte. Teil der langfristigen Planung war auch der Import von drei Millionen Zwangsarbeitern aus dem Osten, die in einem Zeitraum von 20 Jahren auf verschiedenen Baustellen im ganzen Reich arbeiten sollten, unter anderem in Berlin. Aber auch für den Fall, daß man über ausreichend Arbeitskräfte verfügte, bedeuteten die Anstrengungen der Kriegszeit doch, daß ein Mangel an solch einfachen, aber wichtigen Baustoffen wie Stahl und Beton herrschte. Und so verschanzten sich Speer und andere Verantwortliche hinter der eigenartigen Theorie vom Ruinenwert, einem weiteren von Hitlers Einfällen.

Hitler hatte für die moderne Baukunst nicht das geringste übrig. Die amerikanischen Wolkenkratzer betrachtete er als eine Art dreidimensionaler Rassenmischung, bei der Stile und Baumaterialien aus einer Reihe verschiedener Länder und Kulturen wüst miteinander vermischt wurden; „architektonisches Esperanto", schnaubte er. Er selbst wollte am liebsten den Gebrauch solch „anonymer" Baustoffe wie Stahlträger und armierten Betons vermeiden. Sein Hauptargument war, daß Gebäude, die aus solch modernen Materialien erbaut wurden, so häßlich waren, nicht nur während sie standen, sondern vor allem als zukünftige *Ruinen.* Hier verwies der Diktator wiederum auf das antike Rom, dessen verfallene Bauten er beeindruckend und schön fand, und dies mehr als 1000 Jahre nach dem Fall des Imperiums. So sollte es auch mit den Monumenten des Dritten Reichs sein. Deshalb sollte ausschließlich Naturstein verwendet werden, vor allem Granit, am liebsten deutscher natürlich.*

Wir befinden uns hier im Herzen der nationalsozialistischen Ästhetik, der Erhebung der Katastrophe zu einem Schönheitserlebnis ersten Ranges, was letzten Endes auf einer Verwechslung des Erschreckenden mit dem Imponierenden basiert. Albert Speer, der während seiner Arbeit an der Ummöblierung Berlins dem ansonsten so zugeknöpften Diktator immer nähergekommen war, notierte an Wochenenden, die er zusammen mit Hitler auf dem Obersalzberg verbrachte, daß Hitler, so sehr er auch Vegetarier und Naturfreund sein mochte, auf ihren Spaziergängen im Grünen oft eine schöne Aussicht bewunderte, „meist war er aber mehr von der Mächtigkeit der Abgründe als vom sympathischen Zusammenklang einer Landschaft angetan".

Speer war zu diesem Zeitpunkt vollkommen in den Bannkreis des Führers gezogen worden. Restlos verführt von der Ausstrahlung um Hitlers Person und betäubt von der Energie in dessen wirren Phantasien und außerdem angetrieben von dem Gedanken, daß seine Arbeit ihn selbst zu einem der großen Architekten in der Geschichte machen würde, folgte er aufmerksam jedem Wink des Diktators, und in diesem Punkt war er ganz einer Meinung mit dem Führer. Er entwickelte dessen Theorie vom Ruinenwert sogar weiter und zeichnete unter anderem romantisierende Skizzen davon, wie manche der vorgeschlagenen Bauten als Ruinen aussehen müßten. Seine Umgebung schlug schockiert die Hände über dem Kopf zusammen, da so doch angedeutet wurde, daß das Tausendjährige Reich tatsächlich einmal ein Ende haben würde. Hitler selbst war begeistert.

* Diese Schlußfolgerung war in ihrer Mischung aus pseudowissenschaftlichen Vereinfachungen und schlichten Mißverständnissen typisch für Hitler und den Nationalsozialismus. Nur wenige der römischen Gebäude, auf die man so gerne verwies, waren wirklich aus Naturstein erbaut worden, sondern wie das Pantheon, der Circus Maximus und Hadrians großes Mausoleum, aus einer Art ziegelverkleidetem Beton.

Als dann die Kriegszeit den Fluß der Mittel spärlicher werden ließ, vereinigten sich Not und Tugend in einem Ruf nach Granit. Ein Teil wurde bei einheimischen Firmen gekauft, der Rest für teures Geld aus dem Ausland importiert, nicht zuletzt aus Schweden, wo unsere einheimische Steinindustrie dank dieser Lieferungen einen kleineren Boom zu verzeichnen hatte. Aber die Rettung lag letzten Endes wieder einmal in der Zwangsarbeit: Gefangene in verschiedenen Konzentrationslagern mußten Steine brechen, eine Arbeit, die oft mit unzureichendem Werkzeug und immer unter widrigen Umständen ausgeführt wurde.* Die Granitblöcke, die Speer zusammenfügen wollte, damit sie ein ewiges Monument des Nationalsozialismus über sich selbst bildeten, waren folglich auch buchstäblich gesprochen mit Blut befleckt, das in Mauthausen und Flossenbürg, Natzweiler und Sachsenhausen, Neuengamme und Groß-Rosen vergossen worden war.

Zunächst wollte Hitler nichts davon hören, die gewaltigen Umbauprojekte zugunsten kriegswichtiger Produktionszweige einzustellen. Speer gegenüber erklärte er, mit einer etwas undurchschaubaren Logik, das Projekt sei der wichtigste Beitrag zur endgültigen Sicherstellung des Sieges. Die umfassenden Räumungsarbeiten schritten nach Plan voran, und so war der Widerhall explodierender Bomben vom einen Ende Berlins zu hören, während am anderen Ende der Stadt das Geräusch von Häusersprengungen erklang. Erst gegen Ende 1942, als ein unheilvoller Bericht nach dem anderen von der Ostfront einging, wurde das ganze Unternehmen abgebrochen.

Hitlers beharrliche Weigerung, diese Bautätigkeit zu stoppen, war natürlich Ausdruck seiner Sehnsucht nach historischer Größe. Nach einem hastigen, dreistündigen Aufenthalt in Paris 1940

* Der Trick war nicht neu. Bereits vor dem Krieg wurde Speer gefeiert, weil es ihm gelungen war, die neue Reichskanzlei in nur neun Monaten fertigzustellen; ein nicht unbeträchtlicher Teil des Danks hätte allerdings an die Adresse tausender abgearbeiteter Gefangener in den Konzentrationslagern gehen müssen; viele der so außerordentlich schnell herbeigeschafften Steine stammten nämlich aus dem KZ Flossenbürg in Bayern, während die Ziegelsteine und Dachpfannen im KZ Sachsenhausen gebrannt wurden.

sah er die französische Hauptstadt nicht länger als einen ernstzunehmenden Rivalen des zukünftigen Germania, weshalb er gleichsam in einem Nebensatz seine alten Pläne fallenließ, Paris dem Erdboden gleichzumachen. Außerdem war sein Blick seit der Vorkriegszeit nach Osten gerichtet. Stalins Pläne, Moskau umzubauen, waren ihm nur allzu gut bekannt, und als er erfuhr, welche Dimensionen der Palast der Sowjets bekommen sollte, wurde er fast rasend vor Wut. Da hatte er sich vorgenommen, die Mitte der Welt nach Berlin zu verlegen, indem er das größte, beeindruckendste Gebäude dort erbaute, und dann kommen diese Kommunisten und teilen mit, daß sie beabsichtigen, ein *noch größeres* zu bauen! (Die Große Halle sollte laut Plan 290 Meter hoch werden, während sich der Palast der Sowjets noch weitere 125 Meter in den blauen Himmel der Utopien des 20. Jahrhunderts hinaufschrauben sollte.)

Nachdem er sich wieder gefaßt hatte, verwarf er jedoch Iofans mit Lenin geschmückten Koloß als einen weiteren Wolkenkratzer. Später verstand Speer, „daß ihn die Vorstellung des Moskauer Konkurrenzbaus doch mehr bedrückt hatte, als er je zugeben wollte“. Aber als sich die siegreichen deutschen Panzerkolonnen 1941 nach Osten in Richtung Moskau wälzten, hatte zumindest diese Sorge ein Ende. „Jetzt wird es mit ihrem Bau für immer Schluß sein“, meinte er erleichtert zu Speer.

8.

All diese eigenartigen Ähnlichkeiten zwischen dem Nationalsozialismus und dem Sowjetkommunismus waren offenbar kein Zufall, der nur für die Architektur galt. Eine weitreichende Übereinstimmung läßt sich auch in der bildenden Kunst feststellen, die von den beiden Systemen hervorgebracht wurde. Vergleicht man die Auffassung von Kunst, wie sie sich im Dritten Reich entwickelte, mit jener, die in Stalins Sowjetunion vorherrschte, unterscheiden sie sich im großen und ganzen nur in der Terminologie und in Äußerlichkeiten: Der Inhalt ist fast identisch.

Genau wie im Falle der Architektur begegneten die Herrschenden den neuen Kunstrichtungen des Jahrhunderts mit erbitterter

Ablehnung. Stalin und Hitler liebten beide alles Moderne, sei es als Ziel oder als Mittel, aber sie verabscheuten beide *die* Moderne, und für deutsche wie sowjetische Kunsttheoretiker war alles, was nur entfernt wie Avantgarde aussah, pure Idiotie. Während also die nationalsozialistischen sogenannten Fachleute ihre Museen nach entarteten Scheußlichkeiten wie van Gogh, Chagall und Braque durchforsteten, klagten ihre sowjetischen Kollegen lebhaft über den Mangel an Volksnähe bei den Modernen, über ihre Schmierereien, ihre verzerrten Formen und häßlichen Farben und warfen mit düsterer Miene ihre Gemälde aus den Kunsthallen in irgendein feuchtdunkles Magazin. Deutschen und sowjetischen Avantgardisten blieb nur die Wahl zwischen Verstummen und Anpassung, und in vielen Fällen war dies nicht einmal das Ende. Viele von ihnen verschwanden in Lagern, und ihre Kunst wurde zerstört, entweder von den Behörden oder – besonders weit verbreitet in der Sowjetunion zur Zeit der Säuberungen – von verängstigten Angehörigen.

Manchmal begegnet man der Vorstellung, daß die Herrschenden in totalitären Staaten sich nicht sonderlich für Kunst und Kultur interessieren. Nichts könnte weniger den Tatsachen entsprechen.

Es dürfte einem schwerfallen, Gesellschaften zu finden, in denen die Mächtigen solch ungeheure Summen für die Kultur ausgegeben haben wie die Sowjetunion und Das Dritte Reich. Diese Großzügigkeit hatte allerdings einen offenkundigen Haken: Man mußte genau das tun, was das Herrchen sagte. Der russische Kunsthistoriker Igor Golomstock vertritt die Auffassung, daß der Prozeß, der von einem freien zu einem versklavten künstlerischen Leben führte, in beiden Staaten parallel verlief. In beiden Fällen läßt sich eine Art fünfstufiger Rakete erkennen, die eine gerade Bahn in die Dunkelheit der totalitären Nacht beschreibt: 1. Der Staat erklärt, daß die Kunst eine wichtige Waffe im Kampf um die Macht ist; 2. Der Staat verschafft sich das Monopol über den Kunstmarkt; 3. Ein Apparat zur direkten Kontrolle der Kunst wird aufgebaut; 4. Aus der existierenden Vielfalt von Kunstbewegungen wählt der Staat eine aus – unfehlbar die konservativste – und erhebt sie zur staatlich sanktionierten; 5. Alle anderen Kunstrichtungen werden zu Gegnern des Fortschritts, der Rasse, der Klasse etc. erklärt und anschließend ausgemerzt.

Die Künstler, die nach dieser erbarmungslosen Auslese übrigblieben und sich bemühten, auf politisch korrekte Weise zu malen und zu modellieren, konnten nicht selten mit einer großzügig bemessenen Kompensation für ihre Mühe rechnen. So verdiente beispielsweise Arno Breker, Hitlers Lieblingsbildhauer in einem Jahr mehr Geld als Propagandaminister Goebbels in drei. Bloß keine Knauserigkeit. (Dies ist wohl einer der Gründe dafür, daß diese Tyranneien niemals Probleme hatten, Künstler aufzutreiben, die bereit waren, an der Leine zu gehen und auf Kommando zu bellen.) In beiden Systemen spielten künstlerische Wettbewerbe eine entscheidende Rolle, zum einen als eine Methode für direkte Belohnungen, zum anderen als eine Möglichkeit für die Machthaber, den Kunstgeschmack einer Feinabstimmung zu unterziehen.

Diese politisch korrekte Kunst nannte man in Moskau „sozialistischen Realismus", während man in Berlin von einem Schaffen auf der Grundlage des „Führerprinzips" sprach. Zwei verschiedene Namen für ein und dieselbe Sache, einen bombastischen, stubenreinen und detailverliebten Realismus. Sowohl in der bildenden Kunst des Nationalsozialismus wie auch des Sowjetkommunismus läßt sich darüber hinaus die gleiche Hierarchie von Motiven erkennen: An der Spitze stehen devote Portraits des Führers, dann folgen, der Reihe nach, idealisierende Abbildungen des Neuen Menschen, mythische Schilderungen aus der Geschichte der Bewegung, heroische Bilder aus dem Kampf – der entweder auf dem Schlachtfeld oder im Stahlwerk stattfinden kann – sowie, nicht zu vergessen, vulgäre Idyllen aus dem „neuen Leben des Erlösten Volks". Alles in allem entstand so eine ungeheure Anzahl von durch ideologisierten Realismus entstellten Kunstwerken, bis hin zur Austauschbarkeit gleich, bei denen das einzige, was sich noch unterschied, die Größe des Schnurrbarts des jeweiligen Führers war.

Andererseits gab es aber doch auch Unterschiede. So ist zum Beispiel das Bild der Frau ein Punkt, in dem sich die nationalsozialistischen und kommunistischen Künstler voneinander unterschieden. Während die sowjetischen Frauen, denen wir auf den Bildern begegnen, oft auffallend dekorativ sind, mit weichen Formen und vollem Busen, sind sie auf der anderen Seite jedoch auch auffällig aktiv: auf dem Weizenfeld, am Rednerpult, in der Parade. Dies war natürlich eine getreue Widerspiegelung der vorherrschenden Gleichberechtigungsrhetorik in der Sowjetunion. Ebenso ideologisch begründet sind die Bilder der deutschen Frauen, die wie ihre russischen Schwestern dekorativ und mit weichen Formen, wenn auch bedeutend flacheren Brüsten abgebildet wurden. Diese arischen Frauen aber sind auffallend passiv, und die Rolle, die sie zu spielen haben, ist entweder die der Mutter oder die des Pin-up-Girls, wobei sich das sanft Pornographische beispielweise hinter schlampig angebrachten, antiken Requisiten verbirgt. Sicher, es gibt eine auffallende Prüderie in der sowjetischen Kunst der vierziger Jahre, eine Prüderie, die Speer in jenem Stadion in Kiew aufgefallen war. Dennoch glaube ich nicht, daß sich all die nackte Haut in der deutschen Kunst als Beleg dafür deuten läßt, daß die Nationalsozialisten sexuell befreiter waren. Kleider zeigen die Klassenzugehörigkeit. Dies machte sie wichtig für Stalins Maler – „dies ist ein Arbeiter“ – und unwichtig, geradezu gefährlich für Hitlers Maler, die in Öl und Marmor eine Ideologie verkörperten, die statt dessen die Klassen verneinte – „dies ist ein Deutscher“.

Die Frauen spielen allerdings in beiden Systemen nur eine Nebenrolle, wenn auch auf unterschiedliche Art. In nationalsozialistischer wie sowjetischer Kunst ist der Neue Mensch in der Regel ein Mann, und in Moskau wie in Berlin blicken diese neuen Männer immer gleich sehnsuchtsvoll in Richtung jener schönen neuen Welt, die sie erwartet. In den Augen eines heutigen Betrachters sehen diese sowjetischen Männer fast schon dämlich aus, wahrscheinlich, weil ihr gläubiger Gesichtsausdruck einem Rausch gleicht. Die nationalsozialistischen Männer zeigen den gleichen dämlichen Gesichtsausdruck, strahlen aber andererseits Männlichkeit und Brutalität aus. Josef Thoraks und Arno Brekers Muskelpakete mit Kinnen wie Schiffssteven scheinen immer auf dem besten Weg zu sein, jemandem eine aufs Maul zu geben; manchmal, wie im Falle von Arthur Kampfs *Venus und Adonis* aus dem

Jahre 1939, auf dem Sprung zu irgendeiner olympischen Schlägerei aufgehalten von einer blassen, schönen und schwachen Frau, die ihre Hüften umschlingt. Ingemar Karlsson und Arne Ruth, zwei schwedische Journalisten, haben darauf hingewiesen, daß die sozialrealistischen Helden Symbole für eine utopische Zukunft sind, „Vorbilder, die einen im eigenen Alltag anspornen sollten", während die Übermenschen des Nationalsozialismus bloß „narzißtische Projektionen" bilden, die außerhalb von Zeit und Geschichte figurieren.

Einigen Betrachtern zufolge schildern deutsche und sowjetische Künstler die Feinde des Systems auf unterschiedliche Art. Dies stimmt nur zum Teil. Die Definitionen unterscheiden sie sicherlich. In der Sowjetunion war es vor allem die Klassenzugehörigkeit, die darüber entschied, ob man dazugehörte oder ausgestoßen wurde. In Deutschland wurde man dagegen auf der Waage der Rasse gewogen. In den Schilderungen der Ausgestoßenen, der Gefährlichen findet man aber auch Ähnlichkeiten. In beiden Fällen geht es offensichtlich um eine Entmenschlichung. Die Gegner werden mit Tieren verglichen: Für die Kommunisten wird der andere zu einem Monster, das man zu Boden schlägt, für die Nationalsozialisten wird er Ungeziefer, das man ausrottet, bei ersteren ist das Grundgefühl mit Angst vermischter Haß, bei letzteren aggressive Verachtung.

Nun gut. Unabhängig davon, ob wir es mit damals so gefeierten deutschen Giganten wie Padua, Hommel, Knirr und Breker zu tun haben oder mit ihren ebenso gefeierten sowjetischen Kollegen wie Gerassimow, Samsonow, Finogenow und Sjurpin, ist alles, was sie uns hinterlassen haben, offensichtlich Kitsch, makelloser und unverfälschter Kitsch. Wie Samochwalows *Kirov nimmt die Sportparade ab* aus dem Jahre 1935, auf dem Jungkommunisten mit funkelnden Augen an Leningrads Parteichef vorbeimarschieren und auf dem sich die lächelnden Gesichter, die Körperhaltungen, ja sogar die Farben zu etwas vereinen, was einem heutigen Betrachter ebenso heuchlerisch wie zuckersüß vorkommt. Es stellt sich also die Frage, warum diese Regime eine solche Vorliebe für diesen parteibuchbestückten Kitsch hegten?

Die Antwort hat zum Teil wohl mit der Natur des Kitschs zu tun. Was Kitsch zu schlechter Kunst macht, ist nicht nur die Tatsache, daß er auf unsensible und unintelligente Weise ältere Stile imitiert. Er wird auch deshalb zu schlechter Kunst, weil er so hermetisch ist. Es gibt keinen Platz für den Betrachter, es gibt nichts, was man hinzufügen oder deuten könnte. Genau diese Eigenschaft macht den Kitsch aber für ein totalitäres Regime anziehend und anwendbar. Der Kitsch führt nie ein Gespräch. Er predigt nur. Außerdem zeugt die totalitäre Malerei der dreißiger Jahre davon, was geschieht, wenn die Kunst eingezogen wird, um ihren ideologischen Wehrdienst zu leisten. Die Beispiele aus dem Dritten Reich und der Sowjetunion zeigen dabei, daß es ebenso leicht ist, unerwünschte Kunst zu verhindern, wie es schwer ist, erwünschte Kunst herbeizukommandieren.

Darüber hinaus aber gibt es mit Sicherheit auch eine Verbindung zwischen der kitschigen Kunst dieser Regime und ihrer angeblich so volksnahen Natur. Diese Diktaturen unterschieden sich von ihren älteren Vorgängern nicht nur durch ihre Ambitionen, die perfekte Gesellschaft zu erschaffen, indem sie eine totale Kontrolle über ihre Mitbürger errichteten – etwas, wovon kein Tyrann des Altertums auch nur zu träumen gewagt hatte, geschweige denn hätte durchführen können. Sie unterschieden sich auch darin, daß sie sich nicht wie ihre Vorgänger damit begnügten, über eine schweigende und passive Bevölkerung zu herrschen. Die totalitären Diktaturen des 20. Jahrhunderts forderten im Gegenteil die enthusiastische und kritiklose Unterstützung der Bürger oder besser gesagt der „Massen". Beide Systeme nahmen für sich in Anspruch, aus dem Volk hervorgegangen zu sein und für das Volk zu sein: Sie standen weiß Gott für etwas, was im Grunde besser war als die korrupten und schwachen Demokratien, in denen die Macht nur auf dem Papier vom Volk ausging, ein Origamispiel aus Phrasen.*

---

* Der Leser kann vollkommen sicher sein, daß sich die Tyrannei beim nächsten Mal, wenn sie den Hut hebt und sich ihm vorstellt, mitnichten als Tyrannei vorstellen wird. Statt dessen wird sie sich als eine höhere Form der Demokratie oder eine besser entwickelte Volksmacht oder etwas Ähnliches bezeichnen.

Es waren nicht nur leere Worte, wenn sich dieses Regime besonders volksnah gab! Goebbels sagte bei einer Rede in Nürnberg im Jahr nach der Machtergreifung durch die Nationalsozialisten, es könne ausreichen, sich auf das Gewehr zu verlassen, um seine Macht zu bewahren, es sei jedoch besser und wesentlich befriedigender, das Herz der Nation zu gewinnen und zu behalten. Dies war die Ambition. Sowohl Hitler als auch Stalin hatten einen beachtlichen Rückhalt in der Bevölkerung. Zwar waren diese Länder Gefängnisse, aber ein schwindelerregend großer Teil der Inhaftierten fand das Leben hinter Gittern durchaus erträglich, ja sogar angenehm. Dieses müssen wir uns vergegenwärtigen, um das, was in diesen Staaten geschah und geschieht, zu verstehen. Das Resultat in einer Reihe osteuropäischer Staaten nach dem Fall der Mauer zeigt zumindest, daß die Erinnerung an das Leben in der Zelle nicht sonderlich weit entfernt sein muß, um sich in Nostalgie zu verkehren.

Auch wenn also diese Regime aus heutiger Sicht als politisch gescheitert, als menschliche Katastrophen und wirtschaftliche Fiaskos entlarvt worden sind, gab es doch offenbar etwas, worin sie erfolgreich waren. Dieses wird durch die breite Unterstützung bezeugt. Es wird auch durch eine andere, oft vernachlässigte Seite ihres Wesens, nämlich die Fähigkeit, ihre Anhänger dazu zu bringen, nicht nur andere, sondern auch sich selber zu opfern, bezeugt. Das machte sie so außerordentlich zerstörerisch: Diese Regime schluckten nicht nur wirkliche und eingebildete Feinde in völlig neuem Ausmaß, sie verbrauchten auch ihre Anhänger, und viele aus der eigenen Bevölkerung ließen sich verblüffend willig opfern. Diese Selbstaufopferung konnte die verschiedensten Gestalten annehmen. Nicht selten geschah sie in Form harter körperlicher Arbeit unter widrigen Bedingungen. Bei manchen bestand sie daraus, den eigenen Stolz und falsche Anschuldigungen herunterzuschlucken und sich ohne Murren in ein Arbeitslager verfrachten zu lassen. Für viele bedeutete sie, ihr Leben auf dem Schlachtfeld zu lassen, wie die deutschen Schuljungen, die ausgerüstet mit Mausergewehren aus dem 19. Jahrhundert im Frühjahr 1945 losmarschierten, um in jenem traurigen Ruinenmeer, wo Albert Speer einst die Mitte der Welt erbauen sollte, gegen sowjetische Panzer zu kämpfen.

Es stellt sich die Frage, wie sie geschaffen wurde, diese *Opferbereitschaft* – um einen nationalsozialistischen Begriff aufzugreifen. Zumindest ein Teil der Antwort läßt sich in der Kunst entdecken.

Indem diese Kunst so offenkundig und fast schon stur realistisch ist, lassen sich ihre Werke leicht als Abbildungen lesen, vom Neuen Menschen, vom Neuen Leben des Erlösten Volks etc., und genau so sollten sie auch funktionieren, zumindest auf einer oberflächlichen Ebene. Als naturgetreue Abbildungen waren sie allerdings ziemlich lächerlich, nicht zuletzt, wenn man zum Beispiel weiß, daß das Leben auf dem Land in der Sowjetunion während der ersten Hälfte der dreißiger Jahre das genaue Gegenteil von dem war, was in Gaponenkos Idylle *Zu Mittag zu den Müttern* dargestellt wird. Aber dieser totalitäre Kitsch beschreibt letzten Endes nicht, wie es *ist*, sondern wie es sein *sollte*. Er lieferte so ein Bild der Wirklichkeit, das den Anhängern besser erschien als die Wirklichkeit selber, da es im Gegensatz zu dieser Wirklichkeit frei von Widersprüchen und Flecken war. Daher das offenbare „soziale Defizit" in diesen Bildern, also die Tatsache, daß das, was in der Wirklichkeit meist durch Abwesenheit glänzte, in der Kunst am häufigsten zu finden ist – in Gaponenkos Fall Glück und Traktoren.

Denn so, wie die Regime weniger aufgrund der Dinge populär waren, die sie taten, sondern aufgrund der Dinge, die sie zu tun versprachen, haben wir es hier mit einer Kunst zu tun, die mit großem Erfolg die Sehnsucht der Menschen ansprach. (Dies ist es wohl auch, was sie einem auf unbestimmte Art bekannt vorkommen läßt, denn darin ist sie der modernen Werbung verblüffend ähnlich.) Wir sehen die Sehnsucht nach einem guten und schönen Leben, die Sehnsucht nach Sinn und moralischer Symmetrie, die Sehnsucht nach Stabilität und Geborgenheit. Gelingt es einem dann, diese Kraftfelder mit Bedrohung und Angst zu füllen, gibt es kaum eine Grenze dafür, wozu man Menschen bringen kann: etwas mit anderen zu tun – und mit sich selbst.

9.

Was sagt uns das alles? Schenkt man dem Vulgärmarxismus Glauben, der in der Sowjetunion den Rang einer Staatsreligion innehatte, ist es die Basis, die den Überbau steuert, das Sein, das unser Bewußtsein bestimmt, die Kultur, die unsere Gesellschaft widerspiegelt, und das Fressen, das vor der Moral kommt. Wenn dies stimmt, bedeutet es, daß der Nationalsozialismus und der Kommunismus einander näherstehen, als irgendwer in den beiden Systemen jemals zuzugeben bereit gewesen wäre.

Die Diskussion darüber, inwiefern diese Systeme im Grunde zwei Gesichter des gleichen historischen Körpers waren, ist nicht neu. Sie wird seit langem geführt, und sie ist noch lange nicht entschieden. Es stellt sich im übrigen die Frage, ob sie sich überhaupt entscheiden läßt. Die Diskussion hatte Schieflage, gerade weil es in ihr stets mehr um eine Ideologiekritik aus tagesaktueller Sicht ging als um wirkliche historische Vergleiche. Die Diskussion ist zudem noch stärker dadurch verzerrt worden, daß Parallelen zum Nationalsozialismus inzwischen zu einem rhetorischen Allgemeinplatz geworden sind. Als solcher ist er sowohl effektvoll als auch dankbar, aber wo er in Aktion tritt, pflegen sowohl Nuancen als auch gedankliche Schärfe zu verschwinden. Wichtig ist vielmehr, sowohl die Unterschiede als auch die Gemeinsamkeiten herauszuarbeiten, ohne daß dies als Versuch gesehen werden muß, die eine Seite zu entschuldigen oder die andere zu verteidigen.

Die beiden Systeme waren zweifelsohne ideologisch das genaue Gegenteil voneinander. Grob vereinfachend könnte man die Behauptung aufstellen, daß der Stalinismus für eine extreme Variante der Ideen aus der Zeit der Aufklärung stand, während man den Nationalsozialismus als eine mindestens ebenso extreme Ablehnung des Erbes der Aufklärung sehen kann. Man könnte es aber auch als den Unterschied zwischen einer unmenschlichen Anwendung einer politischen Idee und einer politischen Idee, die an sich schon unmenschlich ist, formulieren.

Für Hitler war der reinrassige Olymp des Hypernationalismus das Ziel, verborgen hinter den billigen Kulissen einer erträumten Vergangenheit. Stalin schwebte dagegen der multikulturelle Traum des Kommunismus von gewalztem Stahl und Elitearbeitern vor, die in die Sonne der Zukunft lächeln. In der Sowjetunion waren es, wie erwähnt, die Klasse und die Politik, die einen als Freund oder Feind definierten, erwünscht oder unerwünscht, im Dritten Reich war es vor allem die Rasse.

Dies ist von einer gewissen Bedeutung. Denn selbst als Stalins Terror am heftigsten wütete, gab es doch für die Betroffenen Möglichkeiten, der Sense zu entgehen, indem man sich absetzte, durch Abbitte, durch Anpassung. Eine solche Alternative gab es für die europäischen Juden und Zigeuner nicht. Denn während es immer möglich ist, die Klasse oder die Gesinnung zu wechseln, ist es niemals möglich, die Rasse zu wechseln. Deshalb nahm das Morden in den beiden Systemen so unterschiedliche Formen an: Den Nationalsozialisten ging es darum, ganze *Bevölkerungsgruppen* vollständig auszulöschen, den Stalinisten reichte es, alle *Individuen* umzubringen, die als gefährlich eingestuft wurden ... oder von denen man fürchtete, sie könnten es noch werden. (Deshalb entwikkelte sich auch der stalinistische Massenmord in rein technischer Hinsicht nur selten über etwas hinaus, das wir als handwerkliches Stadium bezeichnen könnten, während der nationalsozialistische Massenmord aus blanker Notwendigkeit schon bald den Sprung in die industrielle Phase machte.) Dies bedeutet wohlgemerkt auch, daß das sowjetkommunistische System mehr potentielle Feinde hatte und deshalb auch mehr mögliche Opfer als das nationalsozialistische. Als reinrassiger, gehorsamer und angepaßter Deutscher lebte man einigermaßen sicher im nationalsozialistischen System der dreißiger Jahre, während die jüdischen Nachbarn dem Untergang geweiht waren. Zur gleichen Zeit war in der Sowjetunion niemand dem Untergang geweiht, aber niemand war auch wirklich sicher: Jeder, auch die Treuesten der Treuen, konnte von den wild um sich schlagenden Fangarmen der Sicherheitsorgane erfaßt werden.

Aber während sich die Systeme in den Zielen unterschieden, vereinten sie die Mittel. Wir sollten uns daran erinnern, daß Stalin und Hitler revolutionäre Utopisten waren. Der eine behauptete von sich, den Naturgesetzen zu folgen, der andere der Geschichte. Beide waren sie im Zusammenhang mit großen Krisen, die sie selber noch verschlimmerten und ausnutzten, an die Macht gelangt. Als sie dann einmal die Kontrolle übernommen hatten, liquidierten sie fast alle traditionellen Institutionen der Gesellschaft, ersetzten sie durch ihre eigenen, staatlich genau kontrollierten und ließen dann einem ungehemmten Terror gegen *den großen Feind* freien Lauf. Ziel dieser Maßnahmen war nicht, die Gesellschaft zu erhalten oder sogar zu verbessern, Ziel war es, sie zu verwandeln, wie Architekten die Gesellschaft neu zu erschaffen, von Grund auf, und sie zu etwas Vollendetem, Endgültigem, Fehlerfreiem und Perfektem zu machen – wobei das an sich schon etwas Modernes war.

In früheren Zeiten waren solche romantischen Träume regelmäßig in ein religiöses oder literarisches Jenseits verlegt worden, aber jetzt geschah mit den Worten des Soziologen Zygmunt Bauman etwas anders: „Das typisch moderne Streben nach sozialer Planung und Intervention ging eine mörderische Verbindung mit der typisch modernen Konzentration von Macht, Machtmitteln und Organisationsstrukturen ein." Denn dieses Schlaraffenland sollte durch sorgfältige Steuerung von oben erreicht werden, eine Steuerung, die mit einer Kraft und brutalen Konsequenz ausgeübt wurde, wie sie im alten Europa undenkbar gewesen wäre. Das war also noch nie dagewesen, was an sich schon verlockend war in einem Jahrhundert, das von den glänzenden Möglichkeiten, die das Neue in sich barg, besessen war. Beide Systeme waren folglich beispiellose Tyranneien, deren Geschicke von Führern mit uneingeschränkter Macht gelenkt wurden, deren Worte Gesetz waren. Dies führte dazu, daß Hitler und Stalin auch einen gemeinsamen Ausgangspunkt in ihrem Glauben an das Faustrecht und ihrer Verachtung für die Demokratie hatten, die sie am liebsten vom Erdboden tilgen wollten.

Diese gemeinsamen Ansichten waren es natürlich auch, die es den Nationalsozialisten und Kommunisten ermöglichten, die Demokratie gleich von zwei Seiten zu attackieren, wie dies zum Beispiel in Deutschland vor 1933 geschah. Altbekannt sind Hitlers Worte, wonach es ein Leichtes sei, aus einem Kommunisten einen Nationalsozialisten zu machen, aber unmöglich, die gleiche Verwandlungsnummer mit einem Sozialdemokraten durchzuführen. Die deutschen Kommunisten verwandten denn auch zeitweilig mehr Energie darauf, statt der Nationalsozialisten ihre demokratischen Gegner anzugreifen. Die Komintern war gegen Ende der zwanziger Jahre allen Ernstes der Meinung, daß die Sozialdemokraten in gewisser Weise eine größere Bedrohung darstellten als die Nationalsozialisten, da die Erstgenannten offen den Kapitalismus verteidigten; oder, wie der Leiter des KPD-Bezirks Chemnitz-Erzgebirge im September 1930 erklärte:

> Jawohl, wir geben zu, daß wir im Bunde mit den Nationalsozialisten stehen, daß wir vereint mit den Nationalsozialisten das bestehende sozialistische System zertrümmern wollen ... Bolschewismus und Faschismus haben beide ein gemeinsames Ziel: Die Zertrümmerung des Kapitalismus und die der Sozialdemokratischen Partei! Um dieses Ziel zu erreichen, ist uns jedes Mittel recht.

Auf höchstem nationalen Niveau war das Verhältnis zwischen den beiden extremen Bewegungen von Abscheu und gegenseitigen Beschimpfungen geprägt, aber neuere Forschungsarbeiten – unter anderem von Conan Fischer – haben gezeigt, daß es auf lokaler Ebene eine Reihe eigentümlicher Verbindungen gab. Die KPD und die NSDAP konkurrierten teilweise um die gleichen Wählerschichten, Menschen aus der Arbeiterklasse, die unzufrieden mit der Republik waren und nichts dagegen hatten, daß sie durch etwas Neues ersetzt wurde. Als die NSDAP dann in der zweiten Hälfte der zwanziger Jahre als ernstzunehmender Rivale auf der Bildfläche erschien, griff die KPD im Kampf gegen sie logischerweise zur gleichen Einheitsfronttaktik, der man sich vorher schon in den Auseinandersetzungen mit dem anderen großen Rivalen um die Gunst der Arbeiter, den Sozialdemokraten, bedient hatte. Man versuchte, Personen aus der gegnerischen Organisation in eine Zusammenarbeit „von unten“ zu verwickeln, um sie mit der Zeit auf die eigene Seite zu ziehen. Deshalb existierten an der Basis viele Kontakte und nicht selten eine direkte Zusammenarbeit zwischen den Nationalsozialisten und den Kommunisten.

Außerdem konnte die KPD selten der Versuchung widerstehen, billige populistische Parolen auszunutzen, was unter anderem dazu führte, daß sich die deutschen Kommunisten den chauvinistischen Stimmungen ihrer Zeit anpaßten und nationalistische Schlagworte von sich gaben, die in manchen Fällen – zum Beispiel in der Frage der Kritik am Versailler Vertrag – tatsächlich Berührungspunkte zu den Nationalsozialisten aufwiesen. Alles in allem war dies eine riskante Strategie: Die Bombe, die sie für die Nationalsozialisten scharf gemacht hatten, sollte 1933 direkt vor ihren Augen hochgehen.

Nach seiner Machtergreifung benutzte Hitler bekanntlich den berüchtigten Reichstagsbrand als Vorwand, um die Pressefreiheit abzuschaffen, die konkurrierenden Parteien zu verbieten und Tausende seiner Feinde in Konzentrationslager zu jagen. Nicht zuletzt die Kommunisten waren von diesen Maßnahmen betroffen. Der Druck von außen ließ die KPD implodieren, und zwar mit einer Schnelligkeit, die für die meisten überraschend kam. Die höchsten Funktionäre gingen, mit wenigen Ausnahmen, ins Exil. Von den Zurückgebliebenen entschloß sich eine Minderheit, das nationalsozialistische System aktiv zu bekämpfen, was sie auch unverdrossen tat, obwohl am Ende selten etwas anderes auf sie wartete als eine Gefängniszelle oder ein Galgen. Die meisten beschlossen, zu verstummen. Manche sahen eine dritte Möglichkeit: Desertion.

Einer der Gründe für den schnellen Zusammenbruch der KPD war, daß eine Reihe von Parteikadern sich tatsächlich dafür entschied, die Seite zu wechseln – eine Tatsache, die nach dem Krieg unter den Teppich gekehrt wurde, als für etwas anderes als Heldenverehrung kein Platz mehr war. So berichtete die Polizei in Westfalen bereits im März 1933 beunruhigt, daß „ehemalige Kommunisten oder Menschen, die zumindest als Anhänger der KPD verbunden waren, in großer Zahl der NSDAP und SA beigetreten sind“; der Zustrom hatte ein solches Ausmaß angenommen, daß die Nationalsozialisten dies – nicht ohne Grund – als ein Sicherheitsproblem auffaßten. Außerdem war es für sie eine Frage der Glaubwürdigkeit: Der gemeine Mann auf der Straße murrte darüber, daß viele der verstocktesten Kommunisten nicht nur ein Comeback als Braunhemden starteten, sondern daß diese fürchterlichen Konvertiten bereits den Ton in ganzen SA-Verbänden angaben. Zwar sind Berechnungen, nach denen sich ein Drittel der SA-Mitglieder nach 1933 aus ehemaligen Kommunisten rekrutierte, aller Wahrscheinlichkeit nach übertrieben, aber die weitverbreitete Desertation von der KPD zur NSDAP ist eine Tatsache. Der Historiker Peter Merkl vertritt die Auffassung, daß dieser Übergang insbesondere für die jüngeren „nicht ungewöhnlicher oder bedeutsamer gewesen ist als der Wechsel von einer Gang zu einer anderen in großen Städten". In beiden Fällen lockte „der Kampfgeruch und die Kameradschaft der Kämpfenden". Aber wenn wir das Geschehene verstehen wollen, ist es unmöglich, von den offensichtlichen ideologischen Übereinstimmungen in manchen Fragen abzusehen, die es in der Tat zwischen den beiden extremistischen Bewegungen gab.

Nun gut. Aus heutiger Sicht, da die Übereinstimmungen sich als so groß erwiesen haben, da sich herausgestellt hat, daß der Sowjetkommunismus und seine Ableger in aller Welt bei dem Versuch gescheitert sind, ihre großen Ziele zu erreichen, und da die geöffneten Massengräber außerdem zeigen, daß die Völker in diesen Staaten einen hohen Preis für diese nicht erbrachte Leistung bezahlt haben, kann man möglicherweise wie der englische Historiker Eric Hobsbawm Trost in der unbestreitbaren Tatsache suchen, daß die energischsten Widerstandskämpfer im besetzten Europa nicht selten eben jene Kommunisten waren,* und – noch

* Daß die Kommunisten in vielen dieser Widerstandsbewegungen – die in Osteuropa von Gewicht, entscheidend in Jugoslawien und ohne größere Bedeutung in Westeuropa waren – eine so prominente Rolle spielten, lag daran, wie Hobsbawm sehr richtig bemerkt, daß sie rein organisatorisch für die Geheimniskrämerei im Untergund, die solche Aktivitäten erforderten, gut vorbereitet waren, während die demokratischen Kräfte diese illegalen Formen oft ein wenig abstoßend fanden und Probleme hatten, ohne ihre freien Wahlen, umständlichen Diskussionen und ebensolchen Abstimmungen auszukommen, weshalb sich manche in etwas zurückzogen, was auf die Dauer noch viel schlimmer war: eine Zusammenarbeit mit den Besatzern, die ihnen durch gewisse quasilegale Formen schmackhaft gemacht wurde.

wichtiger – daß die Soldaten, die sich schließlich bis zu Hitlers Reichskanzlei vorkämpften, immerhin sowjetische waren. Für Hobsbawm waren es eben dieser Sieg über den Faschismus und – ironischerweise – die Rettung der kapitalistischen, westlichen Demokratien, die sich als die dauerhaftesten Resultate der Oktoberrevolution erweisen sollten.

Dem ist durchaus zuzustimmen. Der Zweite Weltkrieg hätte zweifelsohne einen anderen Verlauf genommen, wenn es nicht Stalins Schwerindustrie gegeben hätte: Die Planwirtschaft war und blieb vollkommen unzulänglich, wenn es darum ging, den alltäglichen Bedarf der Bevölkerung an ganz gewöhnlichen Waren für den täglichen Gebrauch zu befriedigen, aber sie war bildlich wie buchstäblich gesprochen wie geschaffen, um strategische Rohstoffe wie Kohle und Stahl, einfache Lastwagen und schwere Panzer auszuspucken. Denn der Zweite Weltkrieg war genau wie der Erste letzten Endes ein Krieg der Fabriken, eine Tatsache, die prägnant in einem Gedicht des Lyrikers Louis Simpson eingefangen worden ist, das ein Gefecht in der Nähe von Düsseldorf im Jahre 1945 schildert:

> Für jede Granate die Krupp abfeuerte
> sandte General Motors vier zurück.

Auch wenn der Krieg tatsächlich mehrmals auf der Kippe stand, so konnte das Dritte Reich auf lange Sicht doch nicht mit den vereinten Produktionsapparaten der Sowjetunion und der USA mithalten. Dies führte letzten Endes die Entscheidung herbei und nicht irgendwelche Geniestreiche, die von hyperintelligenten Feldherren in die Tat umgesetzt wurden – in den brutalen und blutig in die Länge gezogenen Feldzügen des Zweiten Weltkriegs fehlte es oft an dem ersten und fast immer am zweiten.

Geradezu abwegig erscheint es mir jedoch, wie Hobsbawm dies andeutet, im Niederringen des Nationalsozialismus die historische *Aufgabe* des Sowjetkommunismus zu sehen. Dann verpufft das Ganze zu reiner Metaphysik. Das Problem ist, daß wir uns hier auf dem großen, weiten Feld bewegen, das die Historiker in der Regel „kontrafaktisch“ nennen, womit Argumentationsketten von der Sorte „was wäre geschehen, wenn Hitler gestorben wäre, als er im Ersten Weltkrieg in Giftgas geriet ...“ gemeint sind. Solche Fragen sind ebenso verlockend wie unmöglich zu beantworten.

Der Fehler liegt in der Annahme, daß allein eine hastig zwangsindustrialisierte Sowjetunion und kein nicht-kommunistisches Rußland dem Ansturm standgehalten hätte. Mit einiger Sicherheit können wir aber einzig und allein annehmen, daß ein demokratischer Staat niemals – wie Stalin – einen militärischen Pakt mit einem nationalsozialistischen Deutschland eingegangen wäre: einen Pakt, der auf die Aufteilung Osteuropas hinauslief, einen Pakt, ohne den Hitler es niemals gewagt hätte, seinen Eroberungskrieg einzuleiten, einen Pakt, der den Zweiten Weltkrieg erst ermöglichte. Auch wenn die stalinistische Schwerindustrie großen Anteil daran hatte, daß der Krieg gewonnen wurde, trägt die ungeschickte Politik des Stalinismus andererseits die Verantwortung dafür, daß er fast verloren wurde. Der oben erwähnte Ribbentroppakt war von Anfang an eine Idiotie, Stalin selbst ein militärischer Stümper, der Feldzüge mit Hilfe eines Globus führte und nur Chaos hinterließ, wenn er von Zeit zu Zeit auf die Idee kam, strategische Geniestreiche einzubringen; und ein Grund dafür, daß – wie man in Rußland sagt – der Marsch auf Berlin den mühsamen Umweg über Stalingrad nehmen mußte, war nicht zuletzt die gründliche Abschlachtung des Offiziercorps der Roten Armee. Und so weiter.

Einen Weg, diese totalitären Staaten und ihr Verhältnis zueinander zu verstehen, weisen die Gedankengänge des amerikanischen Gesellschaftsphilosophen Lewis Mumford zu den „Megamaschinen“. So lautet seine Bezeichnung für monolithische Gesellschaften, wie sie von Zeit zu Zeit in der Geschichte aufgetaucht sind. Große, streng reglementierte und durchorganisierte Kollektive, in denen jedes Individuum, jede Gruppe zu einem kleinen Rädchen in einer riesigen, von oben gesteuerten Maschinerie verwandelt wird, deren Ziel es ist, die verschiedensten phantasievollen Pläne und großangelegten Projekte zu verwirklichen. Der Brennstoff, der diese Megamaschinen antreibt, ist Mumford zufolge der Mythos. In weiter zurückliegenden Epochen nahm dieser Mythos die Gestalt einer Religion an, in der Moderne trägt er den Namen Ideologie. Einmal aufgetankt mit diesem Brennstoff, beginnt die unfaßbar große Maschine zu spucken und sich zu schütteln, und aus ihrem Inneren purzeln Pyramiden, Kanäle, Monumente, Raumschiffe, Dämme, riesige Armeen, Waffen von bisher nicht gekannter Schlagkraft sowie Gebäude von unglaublichen Ausmaßen. Gleichzeitig beginnen diese Megamaschinen, wahllos alles in ihrer Umgebung zu verschlingen. Dies ist die unangenehmste Seite des ganzen Mechanismus, denn es gibt im Grunde nur zwei Wege, ein solches Geschöpf zu stoppen. Entweder kollidiert eine solche Megamaschine auf ihrer gierigen Bahn mit einer anderen, noch größeren Megamaschine, die lärmend und knurrend die erste umstürzt – so endete das Dritte Reich 1945 mit einem ohrenbetäubenden Knall – oder aber der Maschine geht der Brennstoff aus Mythen aus – so ungefähr war es, als 1991 die Sowjetunion mit einem bescheidenen Piepsen aus der Geschichte verbannt wurde.

Auch diese Überlegungen sind nicht von der Hand zu weisen. Der Schiffbruch, den das sowjetische System erlitt, beruhte jedoch offenkundig darauf, daß ihm sowohl der Treibstoff als auch das Öl ungefähr zur gleichen Zeit ausgingen.

Schon Anfang der fünfziger Jahre geriet das Regime in Moskau in die Zwickmühle der Planwirtschaft. In den dreißiger Jahren hatte man Strukturen aufgebaut, die im Grunde einer ziemlich einfachen Kriegswirtschaft entsprachen, die Kohle und Stahl schluckte: 1930 reichte ein einziges staatliches Organ, um sie unter Kontrolle zu halten. Aber als im Laufe der Zeit die Wirtschaft in Bewegung kam, die Stückmengen und vor allem die Spezialisierung wuchsen, wurde die Planung immer schwieriger, was zur Folge hatte, daß die bürokratischen Organe sich wie Unkraut vermehrten: 1948 waren aus dem ersten ursprünglichen Industrieministerium 32 geworden, und noch ehe die fünfziger Jahre zu Ende gingen, war ihre Zahl auf 40 gestiegen. Das System wurde dadurch immer schwerfälliger, ein Opfer seines eigenen Erfolgs. Eine Zeitlang konnte man das Ganze noch mit den gleichen Methoden wie in den dreißiger Jahren in Gang halten, das heißt mit großangelegten, aber ausgesprochen verschwenderischen, wirtschaftlichen „Offensiven". Diese lautstarke Offensivwirtschaft basierte allerdings auf einem Überfluß an billigen natürlichen Ressourcen, die es in den dreißiger Jahren auch noch gab. Anfang der siebziger Jahre begannen sie allerdings knapp zu werden, und zurück blieben ausgebrannte ökologische Katastrophengebiete wie am Aralsee und rund um den Baikalsee.

Zu diesem Zeitpunkt war zudem der Unterdrückungsapparat nur noch ein Schatten seiner selbst. Massiver staatlicher Terror kann mit Erfolg wahrscheinlich nur in einer Gesellschaft ausgeübt werden, in der die Wirtschaft dem recht simplen Modell der dreißiger Jahre folgt und die Funktionäre dementsprechend leicht austauschbar sind. Offensichtlich funktioniert er in einem komplizierteren System nicht mehr. Bereits die Terrorwelle des Jahres 1937 war auf dem besten Wege, wichtigen Wirtschaftssektoren das Genick zu brechen. Hätte man zwanzig Jahre später die alte Horrorvorstellung noch einmal gegeben, wäre wahrscheinlich das ganze System in sich zusammengebrochen. Aber es wollte auch niemand einen zweiten Akt des großen Terrors sehen, insbesondere nicht die immer größer werdende und immer selbstzufriedenere Nomenklatura.

Fatal wirkte sich auf das Sowjetsystem aus, daß gleichzeitig mit dem Verwittern der Peitsche das Zuckerbrot auszugehen drohte. Die Ideologie hatte jegliche Anziehungskraft verloren. Der Megamaschine war das Benzin ausgegangen. Nach mehr als 40 Jahren nicht eingehaltener Versprechen gab es immer weniger Menschen, die der marktschreierischen Plakatprosa noch Glauben schenken mochten. Allzuoft hatte man die Menschen mit dem Gerede von einer zukünftigen Belohnung zu Opfern verführt. Allzulange hatte man von all dem Guten, Großen und Schönen gesprochen, das bald, sehr bald errichtet werden würde – wie der Palast der Sowjets.

Die Arbeiten an Iofans Traumhaus waren durch den deutschen Angriff gestoppt worden. So weit waren Hitlers Hoffnungen berechtigt gewesen. Boris Iofan aber betrachtete aus verständlichen Gründen dieses Gebäude als sein Lebenswerk und fuhr in Entwürfen fort, an diesem größten Gebäude der Welt zu arbeiten. Aber Stalin und das System pflegten ihre Unberechenbarkeit weiter, und Iofan fiel in Ungnade, als er 1948 gerade dabei war, einen Entwurf für die neue Moskauer Universität zu erarbeiten. Auch aus seinem großen Werk sollte nichts werden. Die Bauarbeiten am Ufer der Moskwa wurden nach Kriegsende nicht mehr ernsthaft aufgenommen. Was viele Jahre lang als der Beweis für die Überlegenheit der sowjetischen Architektur angepriesen wurde, kam im Grunde nie über das Ausheben der Baugrube hinaus. „Seht, was 40 Jahre Sozialismus uns geschenkt haben", pflegten manche skeptisch veranlagten Moskauer zu sagen, „ein Loch in der Erde." *

Und dieses Loch war ein weiteres Grab. Ein Grab für Hoffnungen.

10.

Die beiden Kontrahenten auf der großen Ausstellung in Paris starben beide erst viel später: Boris Iofan 1976 und Albert Speer 1981. Zu diesem Zeitpunkt war Iofan völlig in Vergessenheit geraten, und einige seiner Werke waren anderen zugeschrieben worden. Speer dagegen starb als eine Art Berühmtheit.

Als er starb, hatte Hitlers Favorit eine bemerkenswerte Karriere hinter sich. Bis 1942 diente er dem Regime als Architekt, aber im Februar dieses Jahres wurde plötzlich der Posten eines Rüstungsministers frei, und Speer, der sich damals gerade im Führerhauptquartier befand, wurde von Hitler gefragt, ob er bereit sei, diese Verantwortung auf sich zu nehmen. Speer sagte ja. Seine Zuverlässigkeit, seine Improvisationsgabe und sein nachweislich gutes

---

* Zu Chruschtschows Zeit wurde das Loch in ein riesiges Freibad umgewandelt, in dem die Moskauer im Sommer baden konnten. Außerdem kann an dieser Stelle erwähnt werden, daß von Speers Großer Halle nur ein drei Millionen Kubikmeter großer Betonblock außerhalb von Berlin geblieben ist, der zu Testzwecken hergestellt worden war, um zu prüfen, ob der örtliche Sandboden überhaupt in der Lage sein würde, eine solche Masse zu tragen. Von der Nord-Süd-Achse ist allein eine runde Struktur neben der Eisenbahnbrücke auf der Dudenstraße geblieben; sie hätte eines der Hauptfundamente für den großen Triumphbogen bilden sollen.

Gespür für Organisation ließen Hitler ihm diese Stelle anbieten. Der Führer hatte nie Grund, dies zu bereuen.

Während der folgenden drei Jahre gelang es Speer, die deutsche Waffenproduktion zu verdreifachen, was den Krieg bis zu einem halben Jahr verlängert haben kann – hätte er noch größeren Erfolg gehabt, wären die ersten Atombomben der Weltgeschichte mit Sicherheit über Deutschland detoniert statt über Japan. Speer wurde bei Kriegsende verhaftet und in Nürnberg vor Gericht gestellt. Dort bekannte er sich im Unterschied zu den anderen inhaftierten hohen Nationalsozialisten tatsächlich schuldig im Sinne der Anklage, ohne Umschweife, wenn auch mit gewissen Einschränkungen. Ja, er trug letztlich die Verantwortung für das Schicksal der Zwangsarbeiter, nein, er hatte nichts mit ihrer konkreten Behandlung zu tun; ja, er hatte sich in den Dienst des Regimes gestellt, nein, er war kein Mörder oder Antisemit. Wahrscheinlich bewahrten ihn sein reuiges Auftreten und sein offenherziges Geständnis vor dem Galgen. Statt dessen wurde er zu einer Haftstrafe von 20 Jahren verurteilt.

War der Bann bei Kriegsende vielleicht noch nicht gebrochen, so brach er während der langen Isolation in Spandau. Als Speer aus dem Gefängnis entlassen wurde, war er ein verschlossener, trauriger Mann, der kaum in der Lage war, seiner Familie zu begegnen – als er seine Ehefrau traf, gab er ihr nur die Hand. Gebrochen war er allerdings nicht und sollte sich sowohl einen Namen als auch Geld mit einer Reihe intelligenter, detaillierter und äußerst wertvoller Bücher machen, in denen er viele der absonderlichsten und hohlsten Seiten des Dritten Reiches an die Öffentlichkeit brachte. Viele seiner alten Freunde wandten sich daraufhin von ihm ab, empört über ein Verhalten, das sie als einen Verrat an jenem Führer und jener Sache empfanden, an die sie geglaubt hatten. Speer wiederum empfand große Schuld, hörte aber gleichzeitig niemals auf, auch ein wenig stolz auf die Rolle zu sein, die er selber bei der Inszenierung der größten Katastrophe in der Geschichte gespielt hatte. Er war niemals in die Vernichtung der Juden verwickelt und verneinte mit großer Bestimmtheit und bedeutendem manipulativen Geschick, überhaupt davon gewußt zu haben, was mit ihnen vorging. Das aber entsprach nicht der Wahrheit: Für jemanden, der eine so hohe Position innehatte wie Speer, war es unmöglich, nichts zu wissen.*

Wichtiger als die Frage, wie schuldig er *wirklich* war, ist jedoch die Frage, wie es diesem begabten Mann gelang, seine Arbeit im Dienste des Regimes zu rechtfertigen, vor sich selbst und vor anderen. Hier liefern einem seine eigenen Texte wichtige Anhaltspunkte. In ihnen figuriert er als Repräsentant für zwei einander ähnelnde Typen, ohne die es die totalitären Staaten des 20. Jahrhunderts niemals hätte geben können. Da sind zum einen die Experten, Techniker und Bürokraten, all jene, die von sich sagen, daß sie weit über der banalen Politik stehen und pflichtbewußt, ja beflissen den ihnen anvertrauten, spezialisierten Aufgaben nachgehen, in der nicht ganz irrigen Hoffnung, daß dies ihm oder ihr eine kleine Insel privater Geborgenheit im dunklen und nebelverhangenen Meer des Polizeistaates schenkt. Da sind zum anderen die schweigenden Sympathisanten, all jene, die vor den Übertreibungen und dem Extremismus der „Bewegung“ zurückschrecken, aber dennoch mitlaufen, nicht selten in dem Glauben, bremsend auf die Fanatiker einzuwirken, während sie diese in Wirklichkeit respektabel erscheinen lassen. Hinterher kann man sich damit entschuldigen, daß man im Grunde von nichts wußte, und sagen, daß es einem leid tat, und daß man immer nur das Beste wollte. Oder daß man eigentlich nur versuchte, seine Arbeit zu tun, unabhängig davon, ob diese Arbeit darin bestand, Zugfahrpläne für Menschentransporte aufzustellen oder, wie Speer und Iofan, marmorverkleidete Blendwerke zum Lob des Regimes zu erbauen.

Es ist bezeichnend, daß weder aus Speers Großer Halle noch aus Iofans Palast etwas wurde. Vielleicht liegt ein Stück Hoffnung in der Tatsache, daß es keines der Systeme schaffte, seine Versprechungen zu halten oder auch nur zu überleben. Die unnachgiebig

---

* In diesem Punkt hat Gitta Sereny ihm eine Reihe von Ausflüchten und manchmal direkten Lügen nachweisen können. Unter anderem war er bei einem später berüchtigten Treffen anwesend, bei dem Himmler eine Reihe hoher Würdenträger über das Vernichtungsprogramm informierte.

stählerne Geschichte, der die Tyrannen zu dienen behaupteten, erwies sich als beweglicher, unvorhersehbarer, menschengemachter, als sie sich das hatten vorstellen können.

Dieser Gedanke kam mir an einem späten Abend in Moskau. Im Auto fuhr ich am Stadtzentrum vorbei, jenem Zentrum, durch das wichtige Teile von Stalins Generalplan in Form von gewaltigen Ausfallstraßen und gründlich kaputtdekorierten Politrukpalästen und wolkenkratzenden Wolkenkratzern ihre Schneisen schlagen. Diese Marmorbauten mit all ihren Säulen, Zinnen und Türmen können sich bei Tageslicht recht lächerlich ausnehmen, denn im entlarvenden Sonnenschein unterstreicht ihre Überfrachtung die hochtrabende Hohlheit der Gebäude. Nachts ist das etwas anderes. Als ich durch die Kegel aus orangefarbenem Natriumlicht fuhr, ließ mich der Anblick eines dieser gespenstisch illuminierten Kolosse – ich glaube, es war das Außenministerium – ein wenig schaudern. Ich konnte mich nicht entscheiden, ob ich wirklich etwas gesehen hatte oder ob ich mich von einem der Taschenspielerkunststücke der totalitären Architketur hatte täuschen lassen. Die Dunkelheit und die schräge Fassadenbeleuchtung lassen einen anderen Zug dieser Konstruktionen hervortreten: ihre Schwere, ihre ungeheure Schwere. Plötzlich meinte ich, eine Inkarnation der Brutalität und durchtriebenen Kälte des Systems zu erblicken, und ich begann zu ahnen, wie vollkommen hilflos sich seine Opfer einst gefühlt haben mußten. Denn wer kann noch aufrecht stehen, wenn einem all diese Millionen Tonnen aus Stein und Beton aufgebürdet werden?

Später dann passierten wir einen Platz am Fluß, der mir vage bekannt vorkam. Dort war allerdings außer Bauzäunen und Baugerüsten nichts weiter zu sehen. Mein Cicerone Johan zeigte aus dem Autofenster und erklärte, daß genau an dieser Stelle der Palast der Sowjets hätte liegen sollen. Die Baustelle, die zu einem Abrißgrundstück verfallen war, war aufs neue eine Baustelle geworden. Das Loch in der Erde war verschwunden und die Christ-Erlöser-Kirche wurde wieder aufgebaut. Inzwischen ist sie wieder fertiggestellt worden.

EIN RUNDGANG IM LABOR

1.

Der Zug kam wie immer pünktlich.

Um sieben Uhr fuhr er mit 45 Güterwaggons in den kleinen Bahnhof ein. Wer hinausschaute, konnte nun ein zweieinhalbgeschossiges Gebäude mit einem hohen, überdeckten Schornstein erkennen, das einer Scheune ähnelte, umgeben von Flachbauten, in denen das deutsche Lagerpersonal wohnte – an einem der Häuser hing ein Schild: *Sonderkommando Belzec*. Als der Zug stehenblieb, verließ das Zugpersonal aus irgendeinem Grund die Fahrerhütte der Lokomotive, und neues Personal, angeführt von einem älteren deutschen Mann mit einem dichten schwarzen Schnurrbart, kletterte hinauf. Anschließend wurde der Zug auf ein Nebengleis gefahren, das gut 300 Meter lang war und an ein paar brachliegenden Feldern vorbei zu einer Steigung führte. Nach ungefähr zwei Minuten langsamer Fahrt erreichte der Zug ein Lager, das an einer Anhöhe lag und mit einem zwei Meter hohen Stacheldrahtzaun umzäunt war. Es war unmöglich, durch ihn in das Lager hineinzusehen, da der Zaun mit eingeflochtenen Zweigen bedeckt war und vor ihm ein Vorhang aus Bäumen gepflanzt worden war.

Die Einfahrt erfolgte durch ein stacheldrahtbesetztes Holztor in der nordöstlichen Ecke des Lagers. Gleich linker Hand des Tores lag eine Wache mit Telefon, vor der Wache standen eine Reihe von SS-Männern mit Hunden. Der Zug fuhr dann auf einen offenen Platz. Als der letzte Wagen vorbeigerollt war, schlossen die Männer mit den Hunden das Tor und verschwanden wieder in der Wache. Auf dem Platz neben den Gleisen warteten etwa hundert ukrainische SS-Wachen. In den Händen hielten sie Gewehre und Lederpeitschen. Neben der Eisenbahnrampe, etwas abseits von den Wachen, standen drei Männer in Uniform, zwei kleine und ein etwas größerer. Der Name des hochgewachsenen Mannes war

Kurt Gerstein, und er und ein weiterer Besucher hatten die Genehmigung erhalten, dem ganzen Prozeß zu folgen, Schritt für Schritt. Der Kommandant würde ihr Cicerone sein.

Das Lager war erstaunlich klein. Es hatte die Form eines etwas schrägen Quadrats, ungefähr 280 × 250 Meter groß, dessen hinterer, südlicher Teil an einen dichten Kiefernwald grenzte. Innen, an die drei äußeren Ecken des Zauns grenzend, waren hohe Wachtürme zu sehen. Ein vierter Turm stand mitten in der Anlage. Das Lager bestand aus drei Abteilungen: Sektion 1 lag gleich hinter der Wache und bestand aus den Baracken, in denen das ukrainische Wachpersonal einquartiert war. Der Zug war jedoch noch ein Stück weiter gefahren, zu dem Bereich, der Sektion 2 genannt wurde, wo die Neuankömmlinge in Empfang genommen wurden und die jüdischen Gefangenen, die im Lager arbeiteten, wohnten. Der eigentliche Lagerbetrieb fand in Sektion 3 statt, aber diese war durch einen weiteren, mit Zweigen verkleideten Zaun sorgfältig abgeschirmt.

Ein Pole, der in der weiteren Umgebung des Lagers wohnte, hat beschrieben, wie die Züge aussahen:

> Die kleinen Fenster waren mit Brettern oder großen Mengen von Stacheldraht verschlossen worden, und an manchen Stellen fehlten Holzplanken in den Wänden, was von dem verzweifelten Kampf zeugte, der sich im Inneren der Waggons abspielte. Verängstigte Gesichter lugten durch die Löcher in den Wänden und die mit Stacheldraht verbarrikadierten Fenster hinaus.

Die Wachen gingen zu den Waggons. Auf jedem von ihnen war die Zahl der aufgeladenen Menschen mit weißer Kreide angegeben. Rudolf Reder, ein sechzigjähriger Seifenfabrikant aus Lemberg, der erst wenige Tage vorher im Lager angekommen war und bei dieser Gelegenheit dem Arbeitsdienst zugeteilt worden war, berichtet:

> In diesem Augenblick öffneten mehrere Dutzend SS-Männer die Türen der Waggons und schrien „Los!“ Sie trieben die Menschen mit ihren

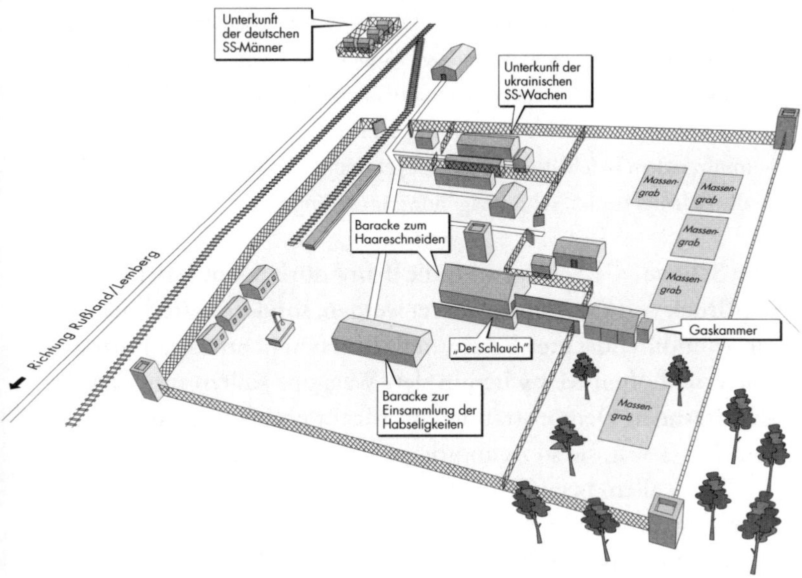

KARTE 3

Das Vernichtungslager Belzec, August 1942.

> Peitschen und Gewehren hinaus. Die Türen der Waggons waren etwa einen Meter über dem Erdboden. Angetrieben von Peitschenhieben wurden die Menschen gezwungen hinabzuspringen, alte und junge, das machte keinen Unterschied. Sie brachen sich Arme und Beine, aber sie mußten dem Befehl der SS-Männer gehorchen. Kinder wurden verletzt, alle fielen herunter, schmutzig, hungrig, verängstigt.

Die Schreie, die Schläge und die Tritte dürfen wohl nicht als ein Ausdruck von Sadismus gewertet werden, sondern waren vielmehr ein wohldurchdachter Bestandteil im ersten Schritt des Prozesses: Die erschöpften Menschen in den Waggons sollten mit einer erschütternden Demonstration von Macht empfangen werden, deren Ziel es war, sie so zu ängstigen, daß sie sich unterwarfen.

Alles in allem befanden sich 6700 Juden aller Altersschichten in dem Zug, die nun im Laufe weniger Minuten durch die Türen hinausströmten, auf die Rampe hinab, Männer, Frauen und Kinder. Zu diesem Zeitpunkt lagen etwa 1450 von ihnen tot in den Waggons. Die Verhältnisse während der Transporte waren mehr als unerträglich. Es kam vor, daß bis zu einem Viertel der Menschen umkam, vor allem aus Mangel an Wasser und Luft in den sorgfältig verschlossenen und restlos vollgepackten Waggons. (Eine vorschriftsmäßige Ladung in einem Güterwaggon bestand aus 40 Personen. Offenbar lud man manchmal zwischen 120 und 140, ja, bisweilen sogar bis zu 160 Personen in jeden Waggon.) Darüber hinaus wurden viele bei dem Versuch, aus den überwachten Zügen zu fliehen, erschossen. Die örtliche Bevölkerung brauchte keinen Zweifel daran zu hegen, was da vor sich ging, denn wenn sich die Lokomotiven mit ihrer Fracht den Weg durch die polnische Landschaft bahnten, machten die Schreie und Schüsse nur allzu deutlich, um was für eine Art von Transport es sich handelte. Von Zeit zu Zeit kam es zu so zahlreichen Ausbruchsversuchen, daß die Wachen – auf den Waggondächern hockend oder sich an die Tritte klammernd – ihre gesamte Munition verschossen und gezwungen waren, vom Bajonett Gebrauch zu machen oder sogar mit Steinen nach den Fliehenden zu werfen.

Der Deutsche mit dem schwarzen Schnurrbart ging die lange

Reihe der Waggons entlang. Er schwang sich in einen Waggon nach dem anderen und kontrollierte, daß niemand drinnen geblieben war. Fand er jemanden, warf er sie oder ihn hinaus. Als er schließlich den letzten Waggon erreicht hatte, signalisierte er mit einer kleinen Fahne, daß er fertig war. Der Zug fuhr daraufhin im Rückwärtsgang wieder hinaus.

Eine scheppernde Stimme aus einem Lautsprecher teilte nun mit, daß sie in ein Durchgangslager gekommen seien und bald zu verschiedenen Orten gebracht würden, an denen sie arbeiten sollten. Die Stimme befahl der amorphen Menschenmasse auf der Rampe, sich in Reihen aufzustellen. Dann wurden sie von den schwarzgekleideten Wachen heruntergetrieben. Die drei Männer folgten ihnen, durch eine Sommerluft, die vor Gestank und Fliegen stand.

Es war Zeit für den zweiten Schritt des Prozesses.

2.

Kurt Gerstein war kein typischer SS-Mann. Das einzige, was in dieser Hinsicht für ihn sprach, war seine äußere Erscheinung. Er war großgewachsen, hatte stahlgraue Augen, ein ausdrucksloses Gesicht, eine harte, befehlende Stimme und trug sein Haar im Nacken und an den Seiten kurz rasiert. In Zivilkleidung wurde er ab und zu für einen Gestapobeamten gehalten, aber wenn er erst einmal die totenkopfgeschmückte Uniform trug, verlor seine dunkle und geheimnisvolle Aura viel von ihrer Kraft. Paradoxerweise, denn es gibt durchaus Personen, die wie geschaffen sind für eine Uniform und die Anforderungen verstehen, die sie an Gleichförmigkeit, Gehorsam und Stil stellt, die ihre Autorität aufsaugen und deshalb in ihr wachsen – beraubt man sie ihrer Uniform, schrumpfen sie unweigerlich auf die Größe grauer und uninteressanter Nullen. Kurt Gerstein war kein solcher Uniformmensch. Er schien sie im Gegenteil nicht einmal auf sonderlich überzeugende Weise tragen zu wollen: Der Gürtel saß locker, die Mütze sah aus, als wäre sie ein paar Nummern zu groß, die Taschen waren ausgebeult von Süßigkeiten, und in seinem verschlossenen Pistolenhalfter saß … eine Kleiderbürste.

Gerstein stammte aus einer bürgerlichen Familie in Münster. Der Vater war Nationalist, Monarchist, Protestant, Antisemit und Richter, ein recht typischer Repräsentant eines gutbürgerlichen Patriarchen. Seine Kindheit und Jugend in diesem selbstzufriedenen, aber stabilen Milieu machte Gerstein empfänglich für Botschaften von Pflicht, Pünktlichkeit, Moral und Ehrlichkeit, nicht zuletzt Ehrlichkeit sich selbst gegenüber. Er war ein intelligentes, unglückliches und eigensinniges Kind, das sich rechtzeitig zum Eintritt in das Gymnasium in einen suchenden Individualisten verwandelte. Seine Noten waren folglich schlecht. Er ließ sich zum Bergbauingenieur ausbilden, fuhr aber fort, zu suchen und zu lesen. Jene Mischung aus Ungeduld und naivem Idealismus, die so typisch für die Jugend ist, zeichnete ihn aus, aber im Gegensatz zu den meisten anderen nutzten sich diese Eigenschaften bei ihm niemals ab. Sein religiöser Glaube wurde statt dessen im Laufe der Jahre immer tiefer und mit ihm auch sein moralisches Pathos, ein Pathos, das sich eine Zeitlang in einem übereifrigen und ermüdenden Streben nach Sittlichkeit äußerte. Im Gespräch mit seinen Kameraden in der protestantischen Jugendbewegung äußerte Gerstein sich gerne düster über Enthaltsamkeit und Selbstkontrolle und vermied demonstrativ Zigarren, Alkohol und Gaststätten von zweifelhaftem Ruf. Manchmal begab er sich auf ausgedehnte Wanderungen durch die Stadt, bei denen er sorgfältig obszöne Schmierereien von den Wänden radierte und gewagte Plakate abriß.

Gleichzeitig geriet auch der exzentrische Gerstein unter den Einfluß der nationalsozialistischen Anziehungskraft. Dabei verabscheute er weder die Republik, noch fühlte er sich in ihr nicht wohl, aber er war zweifelsohne Nationalist, und als solcher reizten ihn Hitlers Versprechungen von einer wieder zum Leben erweckten deutschen Größe. Seit seiner Jugendzeit gab es offenbar eine widersprüchliche Sehnsucht in ihm, einerseits beteiligt zu sein, andererseits aber seine Eigenständigkeit zu bewahren. Hitlers Machtergreifung im Januar 1933 führte dazu, daß eine regelrechte Flutwelle aus Opportunisten und frischgebackenen Enthusiasten Kontakt zur NSDAP suchten, und einer der Köpfe im berauschen-

ABB. 8

Kurt Gerstein zur Zeit seines Eintritts in die SS 1941.

den Gewimmel aus Fahnen, Fackeln und triumphalen Schlagworten gehörte Kurt Gerstein. Aber auch in seiner Hinwendung zum Nationalsozialismus lag ein Moment naiver Distanzierung. Die Partei von außen zu kritisieren, fand er sinnlos. Seine Absicht war es, Parteimitglied zu werden, um mit eigenen Augen zu sehen, um zu verändern, von innen.

Das Problem war nur, daß er nicht willens war, seinen Glauben zu verschachern. Als die protestantische Jugendbewegung in der *Hitlerjugend* aufging, war Gerstein einer der wenigen, die es wagten, zu protestieren, und als *Wittekind*, ein eindeutig rassistisches und antichristliches Stück des Nationalsozialisten Edmund Kiss, Premiere in seiner Heimatstadt hatte, stand Gerstein auf und unterbrach die Vorstellung mit Buhrufen, was augenblicklich zur Folge hatte, daß ein Haufen SA-Männer sich auf ihn stürzte, ihm zwei Zähne ausschlug und ihn halb bewußtlos aus dem totenstillen Theater schleifte. Auf seinem Rockaufschlag saß da noch immer das Parteiabzeichen, das ihn als Mitglied der NSDAP auswies. An seinem Eintritt in die Partei hielt er beharrlich fest, obwohl er anfing, sich mit den christlichen Regimekritikern zu treffen, die sich um den berühmten Theologen und früheren U-Boot-Kommandanten Martin Niemöller geschart hatten. Eine Zeitlang bewahrten ihn die eigenartigen, aber wütenden Rivalitäten zwischen den einzelnen Organisationen, die es überall im Dritten Reich gab, vor dem Zorn des Machtapparats, aber im Frühherbst 1936 konnten selbst seine Kontakte in der Gestapo ihn nicht länger schützen, so daß er verhaftet und sein Zuhause durchsucht wurde – die Polizei fand bei dieser Gelegenheit unter anderem etwa 1000 illegale Kirchenpamphlete. Nach sechs Wochen Haft spuckte ihn der unberechenbare Apparat wieder aus. Er war frei, war aber von der Partei ausgeschlossen worden, hatte seine Arbeit im Bergbauministerium verloren sowie Rede- und Arbeitsverbot erhalten.

Nach dieser Erfahrung war Gerstein erschüttert und hatte Angst. Sein erster Gedanke war, Deutschland zu verlassen, vielleicht nach Afrika zu emigrieren, um dort das Evangelium und Penizillin unter der farbigen Bevölkerung zu verbreiten. Diesen Einfall ließ er allerdings schnell wieder fallen und begann statt dessen, Medizin zu studieren, während er sich gleichzeitig unermüdlich um seinen Wiedereintritt in die nationalsozialistische Partei bemühte. Die Parteizugehörigkeit in der NSDAP war wichtig, nicht nur, weil er weiterhin ehrliche Begeisterung für Hitlers weltliche Politik empfand, sondern vor allem, weil ihm dies wieder eine Arbeit, eine Stellung und Geborgenheit geben würde. „Ich fühle mich dieser Bewegung auf das engste verbunden und besitze einen leidenschaftlichen Willen, ihr und dem Werk Adolf Hitlers mit meiner ganzen Kraft, Gut und Leben zu dienen", schrieb er in einer unterwürfigen Abbitte, aber das Parteigericht in München war nicht sonderlich beeindruckt.

Im Sommer 1938 wurde er zu seinem Entsetzen erneut verhaftet und kam in das Konzentrationslager Welzheim außerhalb von Stuttgart. Zu diesem Zeitpunkt waren dieses und andere Konzentrationslager relativ kleine Einrichtungen, in denen vor allem Gegner des Regimes und gewöhnliche Kriminelle verwahrt wurden und wo der Alltag mehr von erniedrigenden Schikanen als regelrechten Morden geprägt war. Wieder war er nach weniger als zwei Monaten auf freiem Fuß – diesmal entbehrten die Anklagen gegen ihn jeder Grundlage –, aber der Hunger, der Schmutz und die Brutalität der Wachen waren ein Schock für ihn. Mehrmals hatte er einen Selbstmord in Erwägung gezogen. „Eine dritte Verhaftung würde für mich zweifellos bedeuten, daß ich nicht weiterleben kann", schrieb er betrübt einem Freund.

Mit verzweifelter Energie trieb er seine Bemühungen um einen Wiedereintritt in die Partei voran, mittlerweile mit Hilfe aller Kontakte, die sein bekümmerter und einflußreicher Vater herstellen konnte. Gerstein schrieb neue, wohlgesetzte Briefe an das Parteigericht, in denen er Zeugnis über die Ernsthaftigkeit seiner nationalsozialistischen Überzeugung ablegte und sich von Niemöller distanzierte. Vieles davon war angsterfüllter Opportunismus. Zwar anerkannte er, daß Hitler Lob verdient hatte für alles, was er auf der materiellen Ebene erreicht hatte, zum Beispiel wenn es um „Arbeitslosigkeit, Straßen, Gebäude" ging, aber seine höchst private Meinung war, daß dieses Regime darüber hinaus eine Katastrophe für das Christentum und die Rechtssicherheit in Deutschland war. Aber das behielt er brav für sich, und nach einigem Strippenziehen und versteckten Winken nahm man Gerstein im Juni1939 wieder in die NSDAP auf. Er bekam eine neue Stelle als Bergbauingenieur, ließ sich auf Parteiversammlungen blicken und begann außerdem, für die Hitlerjugend zu arbeiten. Als ein paar Monate später der Krieg ausbrach, meldete er sich freiwillig. Die Armee lehnte ihn jedoch ab. Da bewarb er sich bei den Fallschirmjägern der Luftwaffe. Die Luftwaffe lehnte ihn ebenfalls ab, gab ihm jedoch den Rat, es einmal bei der Waffen-SS zu versuchen.

Er blieb jedoch innerlich gespalten und schwankte offenbar zwischen Ausbrüchen von Loyalität und einer Sehnsucht, dazuzugehören auf der einen Seite und einer tiefempfundenen Skepsis, die sich aus seinem Glauben und seinem moralischen Pathos speiste, auf der anderen Seite. Die Entscheidung fiel mit der Nachricht von Bertas merkwürdigem Tod.

3.

Gerstein und die beiden anderen folgten nun den Neuankömmlingen, als sie fortgetrieben wurden.

An den Schienen blieben nur die verstreuten Körper jener Menschen zurück, die während der Reise gestorben waren, sowie jene, die aus dem einen oder anderen Grund nicht mehr selber gehen konnten: erschöpfte Greise, Kranke, Verletzte und verlassene Säuglinge. Sie alle wurden auf Bahren gelegt und fortgetragen, durch den mit Ästen bedeckten Stacheldrahtzaun, in die nordöstliche Ecke des Lagers. Dort, außerhalb der Sichtweite für die anderen, die nicht unnötig geängstigt werden sollten, wurden sie am Rande eines großen offenen Grabes abgesetzt. Anschließend wurden sie einer nach dem anderen von einem SS-Mann mit einem kleinkalibrigen Gewehr erschossen. Nach den Schüssen stieß er die leblosen Körper mit Hilfe des Gewehrlaufs in die Grube hinab. In der Zwischenzeit wurden die anderen zu einem offenen Platz neben einer großen, mit Stacheldraht umzäunten Baracke geführt. Hier wurde ihnen mitgeteilt, daß sie nun untersucht, und dann entlaust und gebadet würden. Deshalb sollten sie jetzt alles ausziehen, auch

ABB. 9

Eine Einsatzgruppe in Aktion; das Photo wurde im Sommer 1941 in der Nähe von Kraigonjew in der Sowjetunion aufgenommen.

Brillen und Prothesen, und ihre Sachen an genau markierten Stellen ablegen. Ein Mädchen mit Brille zögerte, aber eine Wache ermahnte sie beruhigend: „Mach Dir keine Sorgen ... drinnen bekommst Du eine neue.“ Gerstein sah, wie man einem dreijährigen Jungen ein Handvoll Schnüre in die Hand gab und er die Anweisung erhielt, sie zu verteilen, so daß die Menschen ihre Schuhe zusammenschnüren konnten, „denn sonst würde man sie nachher nicht mehr zu Paaren ordnen können“. Mit gedankenverlorener Sorgfalt teilte das Kind seine Schnüre aus, und der Haufen aus zusammengeschnürten Schuhpaaren wuchs schnell meterhoch. (Man versuchte also, die Neuankömmlinge in einem falschen Gefühl von Sicherheit zu wiegen. Das Gerede von einem Bad erklärte das Ausziehen, während es gleichzeitig in geschickter Weise an die Vernunft der Menschen appellierte: In den Ohren dieser schmutzigen Menschen, die ohne Wasser in der Hitze – der Sommer 1942 war ungewöhnlich heiß – eingesperrt in Güterwaggons gesessen hatten, klang dies natürlich verlockend.) Sämtliches Geld und andere Wertsachen wurden an einer speziellen Durchreiche an der großen Baracke abgeliefert. Sie bekamen keine Quittungen.

Dann wurden die Männer von den Frauen und den Kindern getrennt. Bei dieser Gelegenheit wurde unter den Männern auch eine einfache Selektion vorgenommen. Mit einer Geste seiner Reitpeitsche beorderte ein SS-Mann eine Reihe von ihnen nach links. Sie bekamen den Befehl, sich wieder anzuziehen.

Die Reihen nackter Menschen wurden zu einer angrenzenden Baracke geführt, die etwa 15 × 30 Meter maß. Die nackten Männer und Jungen blieben draußen. Die Frauen und Mädchen wurden hineingeführt. In der Baracke befanden sich etwa 100 Holzstühle, und es wurde ihnen befohlen, sich hinzusetzen. Schweigende „Arbeitsjuden“ begannen mit geübten und mechanischen Bewegungen, ihnen die Haare abzuschneiden. Die Prozedur war einfach: zwei, drei Schnitte mit der Schere, woraufhin der Haufen Haare in große Kartoffelsäcke gedrückt wurde. (Einer der diensthabenden SS-Männer erläuterte Gerstein, die Haare brauche man „um daraus spezielle Dinge für die U-Boote zu machen, Dichtungen usw.“ – in Wirklichkeit wurden sie als Matratzenfüllung genutzt.) Glaubt man dem Gefangenen Reder, ahnten erst jetzt manche, was ihnen eigentlich bevorstand.

Der zweite Schritt des Prozesses war mit dem Haareschneiden abgeschlossen. Nun folgte der dritte.

4.

Anfangs gab es keinen Plan, nur eine Phobie.

Sie war ein zusammengeschustertes Monstrum aus uralten Schimpfwörtern, modernen Vorurteilen, vagem Haß, lächerlichen Konspirationstheorien, halbverdauten und quasiwissenschaftlichen, und, nicht zuletzt, einer intensiven Sehnsucht nach einer perfekten Welt. Diese Welt sollte auf die gleiche Art zur Vollendung geführt werden, wie man einen Garten zur Vollendung führt: durch Planung, Steuerung, das Jäten von Unkraut, Überwachung und Kontrolle. Der einzige Unterschied bestand darin, daß man hier die Absicht hatte, Menschen zu bändigen und keine Gurken. Dieser Wunsch kam nicht überraschend, denn die utopische Sehnsucht nach der vollendeten Gesellschaft war letzten Endes ein Ruf nach einem vollendeten Menschen. Damit dieser neue Mensch entstehen kann, müssen die Verdienstvollen, die Gesunden, die Starken in eine geborgene und eng verbundene *Volksgemeinschaft* hineingezogen werden, gelenkt von einem allmächtigen Staat, einem Staat, der die seinen mit der einen Hand schützt und pflegt, während er mit der anderen Hand jene vertreibt, die dort nichts zu suchen haben. Der Schritt von der *Auslese* zur *Ausmerzung* ist dann kürzer, als man denkt.

Daß die Betreiber sozialer Ingenieurskunst im Dritten Reich in den Behinderten und geistig Kranken eine Zielscheibe für ihren Ausleseeifer fanden, kann nicht verwundern. Sie waren doch so eindeutig unnütz, unwürdig und unheilbar. Zu allem Überfluß waren die meisten von ihnen schon rein äußerlich unvereinbar mit einer politischen Bewegung, die einen banalen Schönheitskult zum ideologischen Prinzip erhoben hatte.

Die Tatsache, daß der utopische Amoklauf der Nationalsozialisten sich auch gegen Juden und Zigeuner richtete, ist jedoch nicht so selbstverständlich. Was Kurt Gerstein an diesem sommerlichen

ABB. 10

Die Menschen auf diesem Photo sind ungarische Juden, die soeben in Auschwitz eingetroffen sind und in Kürze den Weg in die Gaskammern antreten werden.

Vormittag in Belzec zu Gesicht bekam, läßt sich gewiß nicht ohne Antisemitismus erklären. Aber der Haß auf die Juden ist, wie man in der Philosophie zu sagen pflegt, eine notwendige, aber keine hinreichende Voraussetzung für das Geschehene. Der Antisemitismus war ein wichtiger politischer Faktor in Deutschland, aber Anfang der dreißiger Jahre war er beispielsweise in Frankreich viel stärker. Die deutschen Juden waren wie in keinem anderen Land Europas mit der restlichen Gesellschaft verschmolzen, und die erklärt antisemitischen Parteien fanden vor 1914 kaum Unterstützung, weshalb ausländische Juden auf ihre deutschen Glaubensbrüder nicht selten mit einer Portion Neid blickten. Im Ersten Weltkrieg kam es vor, daß polnische Juden die deutschen Truppen mit Hurrarufen als Befreier begrüßten, und als der rechte Zionist Wladimir Jabotinsky 1938 für eine Massenevakuierung der europäischen Juden plädierte, ging er keineswegs davon aus, daß die erwartete Katastrophe das Werk der Nationalsozialisten sein würde, sondern glaubte vielmehr, daß sie aus dem osteuropäischen Antisemitismus erwachsen würde. Noch 1941 versuchten manche extremen Zionisten wie Abraham Stern eine Allianz mit dem Deutschen Reich zu schmieden, das von ihnen verglichen mit Großbritannien als die kleinere Bedrohung gesehen wurde.*

So wenig der Holocaust einem vagen Fremdenhaß entsprang, so wenig kann er ausschließlich als eine Attacke auf „die Schwachen" beschrieben werden: Die deutschen Mongoloiden waren sicherlich eine „schwache" Bevölkerungsgruppe, das deutsche Judentum dagegen war recht stark, und gerade dies machte es möglich, sie als Bedrohung darzustellen.

Als die nationalsozialistische Partei nach den Demütigungen des Ersten Weltkrieges und mit Hilfe des wirtschaftlichen und politischen Chaos der Weimarer Republik ihren Aufstieg zur Macht begann, war der Antisemitismus ein Teil des verwirrten ideologischen Flickenteppichs, den sie ihr Programm nannten. Wie Sarah Ann Gordon zeigen konnte, spielte er allerdings in den ersten Jahren

* Eine eingehendere Diskussion der Thematik findet man in Joseph Hellers *The Stern Gang. Ideology, Politics and Terror 1940-1949. London: Frank Cass 1995.*

der Parteigeschichte ein recht untergeordnete Rolle – Goebbels, Göring, Himmler, Heß, der zukünftige Vernichtungsbürokrat Adolf Eichmann, sie alle zog es nicht aufgrund ihres Judenhasses in die NSDAP. Für viele Mitglieder der NSDAP war das ethnische Moment mit anderen Worten keine Triebfeder, sondern nur eine Taktik, etwas, das man benutzen konnte, vollkommen schamlos, wenn man hoffte, sich dadurch einen Vorteil verschaffen zu können, aber auch etwas, was man herunterspielen konnte, wenn es sich im Hinblick auf Wählerstimmen nicht auszahlte. Allerdings war der Antisemitismus sehr wichtig für eine sehr wichtige Person: Hitler. Er war besessen davon, es war eine fixe Idee, der feste ideologische Punkt, mit dessen Hilfe sich die Geschichte erklären lassen, die Welt aus den Angeln gehoben und die Zukunft gewonnen werden konnte.

Das deutsche Volk war, um sein Überleben zu sichern, gezwungen, sich neuen Lebensraum zu erkämpfen, aber mehr als alle anderen standen diesem Ziel die Juden im Weg. Deutschland würde niemals Größe nach außen oder innere Stärke gewinnen können, wenn sie nicht aus dem Weg geschafft wurden, wie auch immer. So ging die Leier, und dadurch, daß Hitler eine so außerordentlich zentrale Position in der Bewegung innehatte – er war die eiserne Hand, die das schwankende Gebilde NSDAP, bestehend aus streitsüchtigen Nebenpäpsten, zerstrittenen Unterorganisationen und ideologisch verwirrten Parteikadern, zusammenhielt – konnten die haßerfüllten Phantasien Hitlers und anderer zu politischen Prinzipien erhoben werden. Das Ziel stand fest: ein judenfreies Deutschland.

Wie man dorthin gelangen würde, stand jedoch nicht von vornherein fest. Wie unter anderen der Historiker Karl Schleunes gezeigt hat, war der Weg, der schließlich zu Lagern wie Belzec führen sollte, weder gerade noch frei von Widersprüchen. In den ersten Jahren der nationalsozialistischen Herrschaft wurde eine Methode nach der anderen erprobt, um das Ziel eines judenfreien Deutschlands zu verwirklichen.

Als erstes wurden Kampagnen mit wahllosem Terror und Boykotten durchgeführt. In der ersten Zeit nach der Machtergreifung wurden zahlreiche Juden von umherstreifenden SA-Männern mißhandelt und gedemütigt, aber diese spontanen Taten zeigten im großen und ganzen wenig Effekt, wenn man einmal von einer Menge häßlicher Schlagzeilen im Ausland absieht. (Außerdem widersprachen die andauernden Tumulte Hitlers Versprechen, in Deutschland wieder Recht und Ordnung herzustellen.) In dem Versuch, die rastlosen Energien der Radikalen in der Partei in etwas publikumswirksamere Bahnen zu lenken, wurde statt dessen ein Boykott jüdischer Unternehmen ausgerufen. Die Idee als solche klang in der dünnen Luft der Parolenpolitik sicher ausgezeichnet, aber als sie dann wirklich in die Tat umgesetzt wurde, sah man sich mit einer ganzen Reihe von Problemen konfrontiert, die logisch denkende Menschen hätten voraussehen können, die aber für die ideologisch Linientreuen völlig unerwartet kamen. Die Börse gab natürlich nach, was überhaupt nicht gut für die wirtschaftliche Gesundung war. Vielen Nationalsozialisten an der Basis bereitete es zudem große Kopfschmerzen, als man sie anwies, darüber zu entscheiden, was eigentlich ein „jüdisches" Unternehmen war, denn wie verhält man sich beispielsweise, wenn sich die Aktienmehrheit in jüdischen Händen befindet, die Mehrheit der Angestellten aber „Arier" sind? Als sich außerdem zeigte, daß man kaum Anklang in der Bevölkerung fand, hielt es das Regime für angebracht, den Boykott abzubrechen, wobei der widerwillige Rückzug mit einem Schleier aus Orwellschem Neusprech vertuscht wurde.

Als nächstes versuchten die Nationalsozialisten, die Juden durch neue Gesetze zu vertreiben. Eine Reihe von Verordnungen trat in Kraft: „Nicht-Ariern" wurde verboten, gewisse Positionen im Staatsdienst zu bekleiden, die Anzahl jüdischer Studenten begrenzt, „Nicht-Arier" wurden daran gehindert, Militärdienst zu leisten, Ehen zwischen Juden und „Ariern" wurden für gesetzeswidrig erklärt, sexuelle Verbindungen zwischen den beiden Bevölkerungsgruppen unter Strafe gestellt und so weiter. (Dieselben Gesetze galten auch für Zigeuner.) Alles in allem spuckte die Rechtsbürokratie rund 400 antijüdische Gesetze aus, aber schon nach ein paar Jahren wurde deutlich, daß auch dieser Weg nicht zu einem judenfreien Deutschland führen würde. Diesmal hatten die im nachhinein schwer enttäuschten Nationalsozialisten nicht bedacht, daß sie mit der genauen Abgrenzung dessen, was den Juden nicht erlaubt war, auf indirektem Weg auch verordneten, was ihnen zu tun erlaubt war, was wiederum in gewisser Weise die Anerkennung ihrer Daseinsberechtigung bedeutete.

Die Vielzahl der Regeln wurde außerdem von vielen Nationalsozialisten, die mehr zur Unmittelbarkeit des Faustrechts als zur Umständlichkeit der Paragraphen neigten, als lästig empfunden. Eigentlich hatte man gedacht, daß die Rassengesetze dem Staat eine Handhabe geben würden, den Juden die Daumenschrauben anzusetzen, aber die meisten Angelegenheiten betrafen schon bald die „Arier“, die aufgrund der neuen Regeln gezwungen waren, mit zahlreichen Stempeln versehene Abstammungsnachweise vorzuweisen, wenn sie sich um eine Stelle bewarben, heiraten oder unterrichten wollten etc. (Die einzig wirklich Zufriedenen waren die professionellen Genealogen, die einen nie gekannten Aufschwung erlebten.)

Auch der nächste Versuch, „die Arisierung“, brachte nicht die gewünschten Resultate. Der Grundgedanke bestand darin, alle jüdischen Unternehmen in arische Hände zu überführen und auf diese Weise die Unerwünschten aus Deutschland zu verdrängen. Tausende kleiner jüdischer Unternehmen wurden so tatsächlich zum Konkurs gezwungen oder wurden nach Schikanen und Boykotten aufgegeben. (Viele Deutsche wurden sich ihrer Rassenzugehörigkeit über Nacht ernsthaft bewußt, als sie entdeckten, daß sie gefahrlos vergessen konnten, ihre Schulden bei jüdischen Kaufleuten zu bezahlen.) Eine Reihe von Unternehmen wurde zudem nach vorgeblich freiwilligen Einigungen übernommen, was in der Praxis bedeutete, daß die ursprünglichen Besitzer ihre Unternehmen zufriedenen Deutschen für einen Bruchteil des tatsächlichen Werts verkauften. Die Großunternehmen waren allerdings eine Crux. Sie waren in der Regel in der Hand vieler Besitzer, und nicht selten waren auch ausländische Interessen mit im Spiel, was viele Arisierungen zu einem verwirrenden Spiel mit russischen Püppchen machte. Zu allem Überfluß war das Regime aus Rücksicht auf den wirtschaftlichen Wiederaufbau und die ausländischen Handelspartner ein ums andere Mal gezwungen, klein beizugeben. Rechtgläubige Parteimitglieder klagten 1938/39, es werde dem Kapital ein Vorrang vor der Ideologie eingeräumt, und beschwerten sich über die mißglückten Versuche.

Die Juden erlebten diese Vorkommnisse natürlich nicht als Scheitern. Für sie gestaltete sich die Zeit mit Hitler vielmehr wie eine Kette aus kleinen Katastrophen. Was sie erkennen konnten, war jedoch die verwirrte Nervosität, die von diesen mißglückten Versuchen ausgelöst wurden, was die deutschen Juden trotz der herrschenden Gewitterstimmung die ungestüme Hoffnung nähren ließ, das Schlimmste sei vorbei. Zwar waren seit 1933 ungefähr 200 Juden getötet worden, aber die meisten von ihnen hatten ihr Leben in den ersten 14 Monaten, die das Regime an der Macht war, verloren. Die Zahl der Inhaftierten war seitdem ebenfalls gesunken, und es kursierten Gerüchte über weitere Freilassungen. Statistisch gesehen ging es in die richtige Richtung.*

Die Phobie war jedoch nicht gewichen. Für Hitler und andere nationalsozialistische Radikale zählte nur ein uneingeschränkter Erfolg. Den Machthabern war es nicht gelungen, Deutschland judenfrei zu machen, obwohl sie frustriert einen Versuch nach dem anderen auf den Weg gebracht hatten. Aber das Ziel blieb bestehen. Eines konnte sich das Regime allerdings zugute halten: In den Jahren, in denen sich die Nationalsozialisten an eine Lösung für ihr selbstkonstruiertes Problem herantasteten, hatten sie großzügig bemannte Stäbe aus Experten, Konkursverwaltern und Spezialisten aufgebaut, und eine solche Bürokratie hat, wie wir alle wissen, die Neigung, sich nicht mit dem kleinen Finger zu begnügen, sondern ihr Betätigungsfeld auszuweiten und sich zu einer selbstgenügsamen Maschinerie zu entwickeln.

* Der Rückgang der spontanen Übergriffe, zu dem es kam, nachdem Hitler 1934 Teile der SA-Führung ermorden ließ, und die Erleichterungen, die das Regime aus reinen PR-Gründen im Zusammenhang mit der Olympiade 1936 einführte (zum Beispiel wurden alle antijüdischen Schilder von den Geschäften entfernt), verleitete die Verfolgten dazu, an bessere Zeiten zu glauben: Es kam sogar vor, daß emigrierte Juden zurückkehrten.

Die Bürokratie funktionierte weiter wie ein Uhrwerk und entwickelte schon bald eine neue Methode, die Juden loszuwerden: die Zwangsauswanderung. Nach dem Anschluß Österreichs 1938 hatte ein junger, ehrgeiziger SS-Mann namens Adolf Eichmann die Zentralstelle für Jüdische Auswanderung in Wien errichtet, und es gelang ihm in nur einem Jahr, die Hälfte der 200 000 österreichischen Juden zur Emigration zu bewegen. (Es gelang ihm aufgrund einer ungewöhnlich skrupellosen Verbindung aus Drohungen und Erpressung, aber Eichmann hatte seine Erfolge auch den Österreichern selbst zu verdanken: Der österreichische Antisemitismus war stärker ausgeprägt als der deutsche, und es war nicht weiter schwer, vor Ort „Arier" zu finden, die bereit waren, sich an der Terrorisierung und an Verleumdungen zu beteiligen.) Die Herrschenden lasen voller Freude die Statistik aus Österreich. Hier lag der Weg für die Lösung der Judenfrage! Lobende Worte hagelten auf Eichmann herab, und er erhielt den Befehl, eine solche Massenauswanderung auch in Deutschland zu organisieren. Noch bevor sich Eichmann jedoch auf seine neue Aufgabe stürzen konnte, annektierte Hitler die Tschechoslowakei, was den Bürokraten in Berlin natürlich Probleme bereitete, da sie sich jetzt um weitere 50 000 Juden kümmern mußten; Eichmann wurde also nach Prag versetzt, um sein altes Bravourstück noch einmal zu zeigen.

Das war nicht ganz leicht. Die Juden mußten ja irgendwohin. Schon vorher hatten sich die Nachbarländer, inklusive Schweden, wenig gewillt gezeigt, jüdische Flüchtlinge aufzunehmen, und mittlerweile weigerten sie sich schlicht. Als dann im September 1939 die ersten Bomben fielen, wurde die Situation fast aussichtslos. Die SS-Bürokraten sahen sich gefangen in einer Zwickmühle zwischen Hitlers Eroberungspolitik auf der einen Seite, die durch den erfolgreichen Überfall auf Polen dazu geführt hatte, daß sie sich mit weiteren zwei Millionen Juden konfrontiert sahen, und den geschlossenen Grenzen, die der Krieg unweigerlich mit sich brachte, auf der anderen Seite. Eichmann und die anderen gaben jedoch nicht auf. Zuerst planten sie, im Landesinneren Polens ein riesiges Reservat zu errichten, „Lublinland", wo man alle Juden, Zigeuner und die anderen „minderwertigen Rassen" deponieren konnte. Zahlreiche Juden und Zigeuner wurden auch tatsächlich in dieses Gebiet zwangsumgesiedelt, aber nach einer Weile war man gezwungen, die Transporte zu stoppen. Die Überbevölkerung des Areals wurde zu groß, und die Besatzungsbehörden vor Ort beklagten sich darüber, daß es schwer genug sei, die örtliche jüdische Bevölkerung zu überwachen, geschweige denn die zusätzlich dorthin verfrachtete.

Der unermüdliche Eichmann ließ sich jedoch nicht entmutigen. Der überraschend schnelle Sieg über Frankreich 1940 brachte eine neue Idee ins Spiel: Vor der Ostküste Afrikas lag bekanntlich die französische Kolonie Madagaskar: Warum also nicht die Insel als Müllhalde für die vielen Millionen Unerwünschter nutzen? Der Frieden war doch augenscheinlich nicht mehr in weiter Ferne. Da sollte es doch möglich sein, sie mit dem Schiff dorthin zu schaffen, dann konnten sie dort ihren eigenen Staat errichten. Aber der Frieden kam nicht, statt dessen wandte sich die unersättliche nationalsozialistische Megamaschine dem kommunistischen Erzfeind im Osten zu. Der andauernde Krieg bedeutete das Ende für Eichmanns wirre Madagaskarpläne, und die bevorstehende Eroberung der Sowjetunion hatte zur Folge, daß weitere vier Millionen Juden aus dem Weg zu schaffen waren. Die Emigrationsidee war mausetot.

Ende Juli 1941 war Smolensk erobert, Leningrad bedroht, und es schien nur noch eine Frage der Zeit zu sein, wann die deutschen Panzerkolonnen in Moskau einrollen würden. Der militärische Endsieg schien nah, aber *das Ziel* war immer noch nicht erreicht worden. Am 31. Juli errreichte Reinhard Heydrich, den Chef des Sicherheitsdienstes innerhalb der SS, ein geheimer Brief von Reichsmarschall Hermann Göring. Das Schreiben enthielt den Befehl, „alle erforderlichen Vorbereitungen in organisatorischer, sachlicher und materieller Hinsicht zu treffen für eine Gesamtlösung der Judenfrage im deutschen Einflußgebiet in Europa. Ich beauftrage Sie weiter, mir in Bälde einen Gesamtentwurf über die organisatorischen, sachlichen und materiellen Vorausmaßnahmen zur Durchführung der angestrebten Endlösung der Judenfrage vorzulegen“.

Die bürokratische Maschinerie setzte sich mit einem lautlosen Klicken in Bewegung. Besprechungen wurden abgehalten, Denkschriften verfaßt, Experten befragt, Graphiken gezeichnet, Kosten-Nutzen-Rechnungen durchgeführt, Etats entworfen, Ankäufe getätigt, und gut einen Monat, nachdem Heydrich den Brief erhalten hatte, wurden die ersten Vergasungen durchgeführt.

5.

Ihr Tod kam unerwartet. Im Brief des Krankenhauses in Hadamar hieß es, Berta sei an den Folgen eines Blutgerinnsels im Gehirn gestorben. Sie war die Schwester von Kurt Gersteins Schwägerin, und vielleicht war es ihre von psychischen Problemen und Aufenthalten in psychiatrischen Anstalten durchzogene Geschichte, die manch einen sagen ließ, ihr Tod sei eine Erlösung. Die Beerdigung im Februar 1941 war eine stille Zeremonie, aber als die Trauergäste vom Friedhof zurückkehrten, konnte Gerstein sich nicht mehr zurückhalten. „Wißt ihr, was man mit Berta gemacht hat?" fragte er seinen Bruder Karl und dessen Ehefrau, seine erregten Worte überschlugen sich fast. „Hadamar ist ein Schlachthof. Die Nazis sind im Begriff, alle Irrenhäuser in Deutschland zu räumen: Reihenweise rotten sie die Kranken aus! Berta ist nicht *gestorben*. Sie ist *ermordet* worden!"

Karl fand den Gedanken abwegig, eine böswillige Behauptung von der Art, wie sie die Feinde des Reichs gerne verbreiteten, und er versuchte, seinen Bruder zu beruhigen. Kurt ließ sich aber nicht beruhigen. „Ich werde erfahren, was da vorgeht", sagte er mit lauter Stimme. „Ich habe mich für die Waffen-SS entschieden. Dort werde ich erfahren…"

Es war keine Propagandalüge. Kurt Gersteins Familie hatte zu spüren bekommen, welchen Preis die Errichtung einer perfekten Gesellschaft durch die Nationalsozialisten wirklich hatte. Karls Einwände müssen wohl zum Teil als eine Weigerung, etwas davon zu wissen, verstanden werden, denn zu diesem Zeitpunkt begann das Geheimnis bereits nach außen zu dringen. Die Menschen, die in der Nähe von Krankenhäusern wie Hadamar und Grafeneck lebten, hatten schon verstanden, und sobald die Kinder die grau lackierten, früheren Postbusse mit den verhüllten Fenstern vorbeifahren sahen, schrien sie: „Da kommen noch welche zum Vergasen." Anschließend verging in der Regel eine halbe Stunde, dann begann dieser seltsame Rauch aus den geschlossenen Gebäuden aufzusteigen, ein Rauch, der manchmal in Richtung der nahegelegenen Häuser getrieben wurde und die Pferde auf den Weiden dazu brachte, voller Angst hochzugehen.

Die Triebfeder war einmal mehr ideologischer Art. In ganz Europa, auch in Schweden, kursierten in der Zeit zwischen den Kriegen Vorstellungen von der Möglichkeit, einen besseren Menschen zu erschaffen, indem man die Gesunden vor jeglicher genetischer Fäulnis schützte.* Eine der Maßnahmen, zu denen diese wissenschaftliche Modeerscheinung führte, waren Gesetze über die Zwangssterilisation von Menschen, die an erblichen Krankheiten litten – auf diese Weise sollten sie daran gehindert werden, ihr schädliches Erbgut weiterführen zu können.

Dies war eine der Ideen aus jener Zeit, die von den Nationalsozialisten aufgeschnappt wurde, und genau wie im Falle des Antisemitismus folgten sie dem Gedankengang bis zu seinem logischen Ende, und zwar mit einer Konsequenz, die man wohl nur grauenerregend nennen kann. Der gewundene Weg führte von Aussagen über unwürdiges Leben hin zu Aussagen über „lebensunwertes Leben" und von Gedanken über Sterbehilfe hin zu Gedanken über „Mord aus Barmherzigkeit". Auch in diesem Fall zeigte sich das Regime sensibel für gewisse Einwände, vor allem, wenn sie aus dem Ausland kamen, aber genau wie in der Frage der Juden boten die Verwirrung und die abgeschnittenen Nachrichtenwege des Krieges eine Möglichkeit, nach totalen und endgültigen Lösungen zu suchen.

---

* In Schweden herrschte in dieser Frage große politische Einigkeit. Als das Staatliche Institut für Rassenbiologie 1921 in Uppsala eingerichtet wurde, fand der Beschluß im schwedischen Reichstag breite Unterstützung, und die Idee der Rassenveredelung findet sich sowohl im Programm der Bauernpartei aus dem Jahre 1933 als auch in Gunnar und Alva Myrdals gefeiertem Werk *Kris i befolkningsfrågan (Die Krise in der Bevölkerungsfrage)* aus dem darauffolgenden Jahr.

Im Oktober 1939 unterzeichnete Hitler eine auf den 1. September rückdatierte, geheime Ermächtigung zur Einleitung des sogenannten Euthanasieprogramms, mit dem namentlich zu bestimmende Ärzte Befugnisse erhielten, so „daß nach menschlichem Ermessen unheilbar Kranken bei kritischster Beurteilung ihres Krankheitszustandes der Gnadentod gewährt werden kann". Man begann damit, so unauffällig wie möglich sämtliche psychiatrischen Anstalten und Kliniken zu durchkämmen: Für jeden Patienten wurde ein spezielles Formular ausgefüllt, das anschließend kopiert und zu einer Patriziervilla im vornehmen Berliner Vorort Charlottenburg geschickt wurde, wo das Hauptquartier der Organisation seinen Sitz hatte, dessen Adresse, Tiergartenstraße 4, ihr den Namen gab: T4. Dort saß eine Reihe von Ärzten und ging die einzelnen Fälle durch, buchstäblich im Akkord. Auf den Formularen notierten sie entweder ein Plus oder ein Minus, nicht mehr. Plus bedeutete Leben, minus bedeutete Tod.

Diskrete Busse wurden daraufhin kreuz und quer durchs Land geschickt, sammelten die mit Minus markierten auf und brachten sie zu einem von sechs ebenso diskreten Instituten, von denen Hadamar eines war. Das Netz hatte enge Maschen. Nicht nur geistig Behinderte und Schwerkranke wurden von ihm erfaßt, sondern auch Blinde, Taube und Epileptiker. Manchen brachte „chronischer Alkoholismus" das Todesurteil, andere wiederum bekamen ein Minuszeichen, weil sie selten Besuch von ihren Angehörigen bekamen. Die meisten Personen, die sich um den Ablauf kümmerten, hatten eine medizinische Ausbildung – nicht selten waren es Personen mit hohen akademischen Titeln – und waren alle davon überzeugt, daß alles, was sie taten, gut und richtig war. Die Ermordung und Entsorung der Körper wurde jedoch von speziell rekrutiertem, militärischem Personal durchgeführt, das unter dem Befehl eines besonders brutalen Kriminalkommissars aus Stuttgart namens Christian Wirth stand – dem Mann, der Gerstein und den zweiten SS-Mann an jenem Vormittag begleitete.

Anfangs brachte man die Patienten mit Genickschüssen ums Leben, aber schon bald begann man statt dessen, ihnen Überdosen oder tödliche Injektionen zu geben, ein weniger grobes Verfahren, das den Beteiligten offensichtlich half, sich einzureden, sie würden tatsächlich eine „medizinische" Tätigkeit ausüben. Aber auch diese Vorgehensweise hatte ihre Nachteile, nicht zuletzt, was die Kapazität anging. Wirth begann deshalb, mit Giftgas zu experimentieren, eine Methode, die einerseits klinisch, andererseits effektiv war.* Er verwandte konzentriertes Kohlenmonoxid, das entweder in hermetisch abgeschlossene Kellerräume gepumpt wurde – die man mit Hilfe von Duschköpfen in Badezimmer verwandelt hatte – oder benutzte spezielle Busse, deren Passagierräume luftdicht abgeschlossen wurden. Anschließend wurden die Körper verbrannt, ein Registrator dachte sich einen passenden falschen Totenschein aus, der an die Angehörigen geschickt wurde.

Die arrogante Fahrlässigkeit, die typisch für den gesamten Selektionsprozeß war, kennzeichnete auch diesen abschließenden Schritt. Zu den Gerüchten, die sich unter den Menschen verbreiteten, die in der Nähe dieser Institutionen wohnten, gesellten sich bald Berichte über empörte Angehörige: Einer Familie waren *zwei* Urnen mit Asche zugestellt worden, eine andere erfuhr, daß ihr naher und geliebter Angehöriger an einer Blinddarmentzündung gestorben war, obwohl der fragliche Patient schon Jahre zuvor am Blinddarm operiert worden war. Bei den örtlichen Parteibüros begannen Briefe von Unzufriedenen einzugehen. Einige waren erschüttert, wütend und verängstigt, andere stellten – typischerweise – weniger die moralische Berechtigung dieser Tötungen in Frage als ihre legale Grundlage. Die Informationen erreichten auch die Kirchen, und mehrere hohe Würdenträger protestierten laut. (Einer von ihnen war der mutige Bischof von Württemberg, von dem Kurt Gerstein erfahren hatte, was vorging.) Das Regime war, wie gesagt, sensibel für gewisse Protestschreie, weshalb das Euthanasieprogramm im August 1941 abgebrochen wurde. Zu diesem Zeit-

* Die Idee war nicht neu. Sie findet sich unter anderem bei dem französisch-amerikanischen Chirurgen und Nobelpreisträger Alexis Carrel, der sich in einem berühmten Buch aus dem Jahre 1935 dafür aussprach, gewisse Kriminelle und geisteskranke Verbrecher mit Gas hinzurichten.

punkt hatten bereits etwa 100 000 minderwertige „Arier“ jeden Alters ihr Leben verloren.

In der Zwischenzeit hatte das ursprüngliche Programm jedoch unter der Codebezeichnung „14f13“ einen kleineren Ableger bekommen, der sich später als ausgesprochen wichtig erweisen sollte, da er einen Steg bildete, mit dessen Hilfe der Bogen vom quasiwissenschaftlichen Mord im weißen Kittel des Euthanasieprogramms hin zur industrialisierten Massenvernichtung der Endlösung geschlagen wurde. Der Schritt war nur logisch. Warum sollte man sich nur auf jene beschränken, die in Krankenhäusern und Kliniken saßen? Sollte man die Säuberungen nicht auch auf Gefängnisinsassen und andere Gefangene ausweiten? Gesagt, getan. Im Sommer 1940 begannen die medizinischen Experten von T4, die Runde in Gefängnissen und Konzentrationslagern zu machen, wo sie die Papiere ausgewählter Insassen durchgingen und mit ihren geübten Fingern die diskreten Plus- und Minuszeichen verteilten. Bei notorischen Kriminellen, politischen Gegnern sowie anderen ausgewählten Gefangenen, die zu kränklich oder zu schwach für harte Arbeit zu sein schienen, wurde dann die Diagnose unheilbar geisteskrank gestellt, woraufhin Busse sie in eines der sechs Institute brachten, damit sie dort unmittelbar vergast wurden. Warum aber sollte man sich auf das Gebiet innerhalb der Reichsgrenzen beschränken? 1941 erhielt Christian Wirth den Befehl, eine Art Filiale des Euthanasieprogramms in dem polnischen Dorf Kulmhof (Chelmno) einzurichten. Und genau dort, in Kulmhof, kreuzten sich die beiden Kreise, und das, was wir heute unter der Bezeichnung Holocaust kennen, nahm feste Formen an.

6.

Frauen und Mädchen mit grob geschnittenen Haaren verließen die Baracke und vereinten sich mit den Reihen wartender Männer und Jungen. Dann wurden sie alle von brüllenden Wachen wieder in Bewegung gesetzt.

An der Spitze ging eine bildschöne junge Frau, dann die anderen, alle nackt: Männer, dicke und schmale, kleine und große, junge und alte, Frauen, dicke und schmale, kleine und große, junge und alte, Mütter mit Säuglingen an der Brust, kleine Jungen, große Mädchen, humpelnde Krüppel. Mit Schlägen und Rufen wurden sie zu einem mehrere Meter breiten Korridor getrieben, der an einigen Birken vorbeilief. Dieser Korridor schien von etwas, das einer Hecke glich, begrenzt zu werden, die sich jedoch aus der Nähe betrachtet als ein dichter Stacheldrahtzaun entpuppte. Er war mit Hilfe von grünen Zweigen, die zwischen den Draht gesteckt worden waren, getarnt. An diesem Korridor waren Schilder zu sehen: *Zu den Inhalier- und Baderäumen*. Es war der sogenannte *Schlauch*. Am hinteren Ende der vier, fünf Personen breiten Kolonne ging ein Dutzend ukrainischer Wachen mit Gewehren und trieb die Menschen vor sich her. Während dieses dritten Schritts des Prozesses tritt die industrielle Form immer deutlicher in Erscheinung. Die Menschen waren jetzt im *Schlauch* gefangen, denn als der Druck von hinten sich im Gedränge nach vorn fortpflanzte, wurde der Effekt eines Fließbands erzeugt, bei dem die Menschen an der Spitze zwischen den hohen Stacheldrahtzäunen kontinuierlich vorangetrieben wurden, den sandigen Hügel hinauf.

Der *Schlauch* endete direkt an der Schmalseite eines Gebäudes. Christian Wirth hatte Gerstein und den zweiten SS-Mann in der Zwischenzeit zu einem Platz gleich daneben geführt.

Von außen sah das Gebäude tatsächlich aus wie eine gewöhnliche Entlausungsanlage. Es maß etwa 17 × 15 Meter und hatte ein mit Teerpappe gedecktes Dach, und auf jeder Längsseite befand sich eine etwa ein Meter hohe Plattform. Man hatte nicht eben wenig Mühe darauf verwandt, das Gebäude so unschuldig wie möglich aussehen zu lassen. Auf dem Dach war ein Davidsstern zu erkennen. Auf einem Schild unmittelbar vor dem Haus stand *Heckenholt-Stiftung* – was immer das bedeuten mochte. Das Gebäude war in hellen Farben gestrichen. Vor der Hauswand stand ein großer Blumentopf mit Pelargonien. Im Hintergrund hört man Musik.

Damit war der kritische Endpunkt des dritten Schritts erreicht: Nun galt es, die Menschen von der *Schlange* in das Gebäude zu bekommen. Der Druck von hinten reichte dazu allein nicht aus. Ein dicker SS-Mann stand mitten in der Flut aus nackten Gliedern und sprach mit sanfter Stimme zu den Menschen: „Es passiert Euch nicht das Geringste! Ihr müßt nur in den Kammern tief Atem holen, das weitet die Lungen, diese Inhalation ist notwendig wegen der Krankheiten und Seuchen.“ Diese Erklärung und der Anblick des schön gestrichenen Hauses mit dem Davidsstern auf dem Dach beruhigte jedoch nicht alle. Jemand fragte, was dann mit ihnen geschehen werde. Der dicke SS-Mann antwortete daraufhin beruhigend, daß den Männern Arbeit zugeteilt werde und sie Häuser und Straßen bauen würden, während die Frauen in der Küche helfen oder ähnliche Arbeiten verrichten könnten, aber nur, wenn sie selber es wollten.

Dann ging es weiter.

Eine kleine Holztreppe ohne Geländer hinauf, die aus drei ein Meter breiten Stufen bestand, hinein durch eine zweigeteilte Tür, hinter ihr ein Korridor. Dieser schmale Korridor war ungefähr 16 Meter lang. Die Decken waren seltsam niedrig, nur knapp zwei Meter hoch. An der rechten Wand gab es drei Holztüren. An der linken Wand gab es drei Holztüren. Neben diesen Türen kleine gläserne Gucklöcher, hinter jeder dieser sechs Türen ein Raum. Sechs identische Räume. Sie waren ungefähr 4 × 5 Meter groß. Als die Menschen hineingingen, sahen sie, daß die Räume elektrisches Licht hatten, aber fensterlos waren. In der Dunkelheit gegenüber der Eingangstür des Raums, an der äußeren Wand, befand sich eine weitere Tür. Sie sah anders aus als die Eingangstür. Sie war größer, zweigeteilt, und verlief auf Schienen. Sie glich am ehesten einem Garagentor und war sorgfältig verschlossen. An der hinteren Stirnwand erhob sich ein meterlanges Rohr aus dem Fußboden.

Nun begannen selbst die Hoffnungsvollsten zu verstehen, was hier vorging, nicht zuletzt aufgrund des Geruchs. Die Räume stanken nach Blut, Urin und Exkrementen, und draußen roch es nach Verwesung. Das ganze Lager stank zum Himmel. Der Geruch war so stark, daß er noch in mehreren Kilometern Entfernung wahrgenommen werden konnte. Sowohl in der Nähe ansässige Polen wie auch durchreisende Deutsche hatten sich empört bei den Behörden beschwert. Auch wenn man keinen einzigen toten Körper sah, konnte man doch erahnen, was geschah. Neben dem Bahnhof, hinter einem Lokomotivschuppen, lag ein riesiger Berg aus Kleidern, dann der durchdringende Gestank, und überall Fliegen: Millionen und Abermillionen Fliegen.

Manchmal konnte das Hineinschleusen der Menschen in das Gebäude und weiter in die sechs Räume Probleme bereiten. Menschen weinten, schrien und bekamen hysterische Anfälle. Die Männer der SS und die ukrainischen Wachen waren dann gezwungen, die nackten Menschen mit Peitschenhieben und Bajonettstichen vor sich herzutreiben. Dann war überall Blut.

Auch an diesem Augustmorgen mußten die Wachen mit ihren Lederpeitschen antreiben, um die Menschen in die kleinen Räume zu bekommen. Das Ganze lief jedoch ohne größere Probleme ab. Gerstein notierte nur einen einzigen Zwischenfall. Eine vierzigjährige Jüdin „mit flammenden Augen“ begann, ihre Mörder zu verfluchen. Wirth griff selber ein und gab ihr fünf oder sechs Schläge mit seiner Reitpeitsche ins Gesicht, woraufhin auch sie in dem Gebäude verschwand. Die meisten Juden aber blieben stumm. Ein paar sahen Gerstein, wie er dort neben der Treppe stand, und flehten ihn an: „Ach, Herr, helfen Sie uns, helfen Sie uns!“ Einige beteten.

Gerstein sah, wie ein Mädchen seine Korallenhalskette nur wenige Meter vor einer der Gaskammern verlor, sah, wie ein dreijähriger Junge sie aufhob und begann, damit zu spielen, sah, wie eine der Wachen den Jungen im Spiel unterbrach und durch die offene Tür in den Raum hineinführte, sah, daß dies ohne jede Brutalität geschah, die Wache dies vorsichtig, fast zärtlich tat, und Gerstein dachte, daß es hier immerhin noch einen gab, der so etwas wie Gefühle im Leib hatte.

Aber vielleicht ist dies gerade das Grauenhafteste: Es war kein abgestumpftes Monster, das den kleinen Jungen mit der Korallenhalskette in die Gaskammer schob, sondern offenbar ein Mann, der sich mit Kindern auskannte, sie mochte, es aber gleichwohl tat.

„Die Kammern füllen sich – gut vollpacken“, befahl Wirth kurz. Nun kam es darauf an, so viele wie möglich hineinzubekommen. Die SS-Männer schoben mit aller Kraft. An diesem Punkt schossen sie des öfteren Warnschüsse in die Luft und bugsierten zuletzt einige nackte Kinder über den Köpfen der Erwachsenen hinein. Dann waren die Räume voll. In den Kammern des Hauses befanden sich nun insgesamt 700 bis 800 Menschen, ungefähr sechs Menschen auf einem Quadratmeter. Sie standen sich gegenseitig auf den Füßen.

Sobald das Gebäude gefüllt war, wurde der Menschenstrom in der *Schlange* gestoppt. Dort mußten sie nun stehenbleiben, nackt, und darauf warten, daß sie an der Reihe waren.

Die Türen wurde geschlossen. Die Riegel vorgeschoben.

Der dritte Schritt des Prozesses war damit beendet. Nun wurde der vierte eingeleitet.

7.

Am 15. März 1941 wurde Kurt Gerstein in die SS aufgenommen. Die SS wußte, daß er mit dem Gesetz in Konflikt geraten war, sah in ihm aber offensichtlich einen Bekehrten, aus dem noch etwas werden konnte. Ein SS-Mann sagte zu ihm: „Mit Ihrem Idealismus müßten Sie ein fanatisches Mitglied unserer Partei sein." Die militärische Grundausbildung in Hamburg schaffte er gerade so – er kleidete sich, wie gesagt, nachlässig und marschierte schlecht. Das war aber nicht so schlimm, denn die Gruppe, zu der er gehörte, bestand ausschließlich aus Doktoren, Ingenieuren und anderen Akademikern, die alle für Schreibtischkarrieren in jenem unförmigen Staat im Staate vorgesehen waren, den die SS aufbaute, und in dem sich alles von Panzerdivisionen über Konzentrationslager bis hin zu Menschengestüten und Fabriken, in denen Mineralwasser abgefüllt wurde, finden ließ. (Einer seiner Kameraden war ein Österreicher mit narbigem Gesicht und gewelltem Haar: Ernst Kaltenbrunner, der zukünftige Chef des SD, des Sicherheitsdienstes der SS.) Die wichtigeren Teile der Ausbildung absolvierte der intelligente und selbstdisziplinierte Gerstein ohne Probleme, und seine Endnoten waren glänzend. Im Juni des gleichen Jahres wurde er an seinen neuen Arbeitsplatz versetzt: das Hygiene-Institut der Waffen-SS in Berlin.

In kürzester Zeit gelang es Gerstein, auf sich aufmerksam zu machen, unter anderem durch den Bau einer leicht transportierbaren Wasserreinigungsanlage, die an der Front benutzt werden konnte, und indem er die Prozeduren zur Entlausung von Uniformen verbesserte. Ihm eilte schon bald der Ruf des großen Problemlösers in der Entseuchungsabteilung voraus. Er wurde befördert und von einem Auftrag zum nächsten im besetzten Europa geschickt. Oberflächlich betrachtet, ging alles mehr als gut, aber im Frühjahr 1942 wurde er von Zweifeln und neuen moralischen Skrupeln erfaßt. Was hatte sein Eintritt in die SS eigentlich bewirkt? Er hatte zwar seine neue Position ausnutzen können, um von Zeit zu Zeit Essen zu den Gefangenen im Konzentrationslager Oranienburg hineinzuschmuggeln – er bestach die Wärter mit Hilfe von Schwarzmarktartikeln, die er sich auf seinen zahlreichen Reisen beschaffte –, hatte einige zögerliche Kontakte zu Widerstandskämpfern in Deutschland wie im Ausland aufgenommen und tatsächlich Beweise dafür aufgeschnappt, daß im Osten ein Massenmord an den Juden im Gange war. Aber darüber hinaus? Er war mit einem Dilemma konfrontiert, das für jeden *agent provocateur* eine Bedrohung darstellt, nämlich mehr Schaden in seiner offenen Rolle anzurichten als Nützliches in seiner verborgenen. Er war letzten Endes doch nur in ein kleines Rädchen jener Maschinerie verwandelt worden, die Berta ermordet hatte, die begonnen hatte, neue Gruppen Unschuldiger abzuschlachten, und nun offensichtlich auf dem besten Wege war, den Krieg zu gewinnen. Und Gersteins Arbeit in der Entseuchungsabteilung war für den Kriegseinsatz der Nationalsozialisten zweifellos von Wert gewesen.*

Im Juni 1942 spitzte sich die ganze Situation zu, als Gerstein den eigenartigen Befehl erhielt, 260 Kilogramm extrem giftigen Zyanwasserstoffs herbeizuschaffen und die ganze Ladung anschließend diskret an einen geheimen Ort zu transportieren. „Ich spüre darin den Geruch des Todes“, sagte er aufgewühlt zu einem

* So war die transportable Wasserreinigungsanlage in großer Stückzahl produziert worden und wurde von der Wehrmacht fleißig benutzt: Gersteins Erfindung hatte unter anderem großen Anteil daran, einer Typhusepidemie unter den deutschen Truppen an der Ostfront Einhalt zu gebieten.

Untergebenen. Schon vorher hatte er, der SS-Mann für transportfähige Anlagen, eine, gelinde gesagt, merkwürdige Anfrage bekommen, wie man am besten Abgase von Lastwagen in geschlossene Räume pumpen könne. Er hatte ihnen ein paar einfache Skizzen geliefert, und vielleicht versuchte er sich einzureden, daß es sich nur um eine Art Entlausungsversuch handelte, aber er muß schon damals Unrat gewittert haben. Jetzt aber hegte Gerstein keine Zweifel mehr. Gehorchte er dem Befehl, würde ihn dies zu einem Mitschuldigen am Massenmord machen, während er auf der anderen Seite nicht wußte, wie zum Teufel er aus diesem Auftrag wieder herauskommen sollte. Eine Zeitlang dachte er daran, sich das Leben zu nehmen. Gleichzeitig lockten hier jedoch eben jene Geheimnisse, deretwillen er sich einmal bei der SS beworben hatte. Gerstein beschloß, den Befehl zu befolgen.

Anfang August reiste er nach Kollin in der Nähe Prags, zu einer Fabrik, deren Eigentümer das private deutsche Chemieunternehmen *Deutsche Gesellschaft für Schädlingsbekämpfung GmbH* (DEGESCH) war. Dort nahm er eine Ladung Zyanwasserstoff in Kristallform in Empfang, vermarktet als Insektenvertilgungsmittel unter dem Warennamen „Zyklon B". Dann ging die Fahrt Richtung Osten, in das besetzte Polen, die Büchsen mit dem Zyanwasserstoff auf einem Lastwagen verstaut, Gerstein selbst in einem PKW, zusammen mit einem gewissen Doktor Wilhelm Pfannenstiel, Professor an der Universität Marburg, der die SS in Hygienefragen beriet. Am 17. August erreichten sie Lublin und trafen dort Gruppenführer Odilo Globocnik. Globocnik verschwendete keine Zeit, schärfte ihnen ein, daß alles, was sie jetzt zu Gesicht bekommen würden, eine geheime Reichssache sei, „die geheimste überhaupt, die es gibt. Jeder, der davon schwätzt, was er hier sieht, ist ein toter Mann", sagte er unheilverkündend. „Er wird erschossen. Gerade gestern haben wir zwei Schwätzer stillgemacht." Der Grund dafür, daß Gerstein dorthin kommandiert worden war, bestand darin, daß Globocnik Rat suchte, wie man die enormen Lager mit beschlagnahmten Kleidern, die man nun gesammelt hatte, am besten desinfizieren könnte. Außerdem suchten sie Hilfe bei der Suche nach einem giftigen und schnell wirkenden Gas, das bei Hinrichtungen verwendet werden sollte. Pfannenstiel sollte die Hygiene inspizieren.

Am nächsten Tag fuhren sie gemeinsam in südwestlicher Richtung weiter, ließen die Ebene hinter sich und kamen in eine Landschaft voller Birken- und Kiefernwälder und Moore. Am Nachmittag erreichten sie das sommerlich heiße Belzec.

8.

Nachher fanden sich die Mißverständnisse und Ausreden ein. Was geschehen war, erschien vielen als, wie Zygmunt Bauman schreibt, „eine Wunde oder eine Krankheit unserer Zivilisation und nicht ihr schreckliches, doch legitimes Produkt". Und dies, obwohl es *nur* im 20. Jahrhundert zum Holocaust kommen konnte, denn vorher fehlten sowohl die ideologischen Zerrbilder, die nötig waren, um so etwas wünschenswert erscheinen zu lassen, als auch die technischen und administrativen Mittel, die erforderlich waren, damit der Holocaust Wirklichkeit werden konnte. Aber nein, das Eingetroffene war nur ein einmaliges Unglück: Der fortwährende Aufstieg von Gutem zu Besserem war kurzzeitig entgleist, ein Mißgriff, ausgeführt von Menschen, die in gewisser Weise nicht im hellen 20. Jahrhundert zu Hause waren, sondern vielmehr Heimsuchungen aus dem vorgeblich so dunklen Mittelalter oder warum nicht direkt aus einer unbeschreiblich barbarischen Steinzeit waren und damit letzten Endes ein Beispiel dafür bildeten, was „uralter Haß" und „angeborene menschliche Aggressivität" anrichten können. So verschmelzen Genetik und Vorurteile, die zur Geschichte erhoben werden, zu neuen Pseudophilosophien.

Sicher kann der vormoderne Mensch einem grausam erscheinen. Hinrichtungen unter freiem Himmel gehörten zweifellos zu den großen Volksvergnügungen im vorindustriellen Europa. Was die Menschen dabei anlockte, war keineswegs nur der öffentliche Tod als Spektakel und moralisches Exempel. Man ging zu diesen Veranstaltungen auch wegen der Schmerzen, um zu sehen und zu hören.

Das Rädern und das Stäupen hatten jeweils eine ausgedehnte Marterung des Delinquenten zum Ziel. Die seltene Strafe des

Pfählens – bei der das Opfer bei lebendigem Leib wie ein Wurm beim Angeln auf einen groben Pfahl gesteckt wurde, der in den Enddarm getrieben wurde – funktionierte auf die gleiche Weise. Dasselbe gilt für die Vierteilung. Ein Beispiel dafür, wie es dabei zugehen konnte, finden wir in der bekannten und wohlbesuchten Hinrichtung des Mannes, der 1757 bei einem Attentat Ludwig XV. mit einem Messer verletzt hatte. Zuerst wurde er hier und da mit einer glühenden Zange angefaßt und seine Hand mit Schwefel verbrannt, woraufhin man geschmolzenes Blei und kochendes Öl in die Wunden goß. Anschließend sollte er von Pferden in Stücke gerissen werden, aber erst als man das ursprünglich aus vier Tieren bestehende Gespann auf sechs aufgestockt hatte und nachdem der Henker mit einem kleinen Messer die Muskelstränge und Sehnen an Arm- und Beingelenken gekappt hatte, gelang dies. Der Mann lebte bis zuletzt.

Daß diese öffentliche Tortur nicht nur Folge eines Rechtsdenkens war, das auf die Bestrafung des Körpers fixiert war, und daß es wirklich ein Theater des Schmerzes gab, zeigt ein anderes Phänomen im alten Europa: die Tierquälerei. Über das recht alltägliche Martern von Tieren in Form von Vergnügungsjagden, Tierhatzen oder kleineren Wettkämpfen im Abbeißen von Hühnerköpfen hinaus fand auch ein eher rituelles Morden in Verbindung mit verschiedenen hohen Festen statt. In Frankreich kam es von Zeit zu Zeit vor, daß der König selbst zugegen war und einen mit Füchsen und anderen lebenden Tieren geschmückten Scheiterhaufen anzündete; und am Fackelsonntag in Semur pflegten die Kinder Katzen an Stöcken festzubinden und über offenem Feuer zu grillen. Die Schreie der Tiere wurden dann vom Jubel und Gelächter der Zuschauer begleitet, denn dies betrachtete man wirklich als einen Spaß.

Man macht es sich etwas zu einfach, wenn man behauptet, daß dies Beispiele für Menschen sind, die noch nicht zivilisiert worden sind und deshalb gewalttätiger, grobschlächtiger und hartherziger waren als wir heutigen Menschen. Der holländische Historiker Johan Huizinga kam der Wahrheit wohl näher, als er von einem Menschen sprach, der aufgrund seines kontrastreichen Lebens in einem fast unablässigen Spannungszustand lebte, der sich „in der schwankenden Stimmung von roher Ausgelassenheit, heftiger Grausamkeit, inniger Rührung offenbart". Aber auch das ist nicht die ganze Wahrheit. Die Grausamkeit im Europa früherer Zeiten läßt sich wohl nur verstehen, wenn wir sie mit etwas anderem in Verbindung setzen: der damaligen Sicht des Schmerzes.

Lange Zeit war der Schmerz ein unausweichlicher Teil im Leben aller Menschen. Aufgrund der wenig entwickelten Heilkunst gab es keinen Weg, ihm zu entfliehen oder ihn auch nur zu lindern. Dies gilt ganz unabhängig davon, ob es um den ständig gegenwärtigen Zahnschmerz, all die unheilbaren Krankheiten oder die schlecht verheilten Knochenbrüche geht. Der Schmerz wurde hingenommen, und man lebte mit ihm auf die gleiche Weise, wie man tagtäglich mit dem Tod umging. Schmerzen einerseits zu ertragen und andererseits zu sehen, wie andere gequält werden, oder ihnen sogar selber Schmerzen zufügen – dies waren zwei Seiten derselben Medaille. Bei Männern wurde die Fähigkeit, Qualen auszuhalten oder auszuteilen, als ein Zeichen der Männlichkeit gesehen, und für Jungen scheint das Peinigen von Insekten und Kleintieren fast eine Art *rite de passage* gewesen zu sein, der sie in die Welt der erwachsenen Männer einführte.

Bereits im 18. Jahrhundert begann man, dieses Theater des Schmerzes in Frage zu stellen. Verantwortlich dafür waren eine Reihe unabhängiger, aber gleichgerichteter Impulse. So führte beispielsweise das mechanistische Weltbild – in dem der Mensch nicht länger als die selbstverständliche Krone der Schöpfung und ihr natürlicher Herrscher gesehen wurde – dazu, daß man anfing, die gewohnheitsmäßige Grausamkeit gegenüber Tieren anzuprangern. Philosophen wie Rousseau behaupteten nun, Stachelschweine hätten die gleichen Gefühle wie Menschen, und zur gleichen Zeit entwickelte sich bei den Juristen ein größeres Interesse daran, die Seele des Verbrechers zu reformieren als seinen Körper zu bestrafen. Die wirklich entscheidende Veränderung scheint sich jedoch erst Mitte des 19. Jahrhunderts eingestellt zu haben.

Eine radikal veränderte Sicht des Schmerzes hat dabei offensichtlich eine entscheidende Rolle gespielt. In den vierziger Jahren des letzten Jahrhunderts wurden eine Reihe von Mitteln eingeführt, die benutzt wurden, um Qualen zu betäuben oder zu stillen, vor allem das Lachgas – schon früher bekannt, aber ausschließlich als Jahrmarktsvergnügen Verwendung findend –, Äther und Chloroform. Es dauerte zwar noch ein ganze Zeit, bis diese Mittel allgemein gebräuchlich wurden, aber als sie einmal etabliert waren, hatte dies zur Folge, daß Schmerzen nicht mehr unausweichlich waren. Erst jetzt, da sich der Schmerz vermeiden läßt, scheinen die Menschen zu beginnen, den Schmerz wirklich zu fürchten. Und erst wenn man die Qualen fürchtet, wird *Grausamkeit* zu einem ernsthaften Fehler im menschlichen Charakter.

Es ist interessant, zu verfolgen, wie sich diese neue Sensibilität, so ehrlich empfunden sie gewesen sein mag, doch auch zu einer Ideologie entwickelte, die behilflich war, den industriellen Kapitalismus zu rechtfertigen. Das Foltern von Gefangenen, öffentliche Verstümmelungen und Unmenschlichkeit gegenüber Tieren wurden im 19. Jahrhundert oft als typische Merkmale der alten, vorindustriellen Ordnung hervorgehoben. Industrialisierung und Milde wurden so in einen Zusammenhang gebracht: Seht auf unser Zeitalter, seht, wie sensibel und vernünftig wir sind, hier werden keine Gefangenen mehr gerädert, und wir haben sogar Gesetze verabschiedet, die Tierquälerei verbieten! (Was man jedoch nicht sehen wollte, zum Beispiel, als man in viktorianischer Zeit sich die Köpfe heiß redete im Kampf für das Recht auf „Selbstverwirklichung" für Kühe, war die Tatsache, daß Tiere zeitweilig einen besseren gesetzlichen Schutz genossen als Arbeiter. Der deutsche Diktator, der später den Holocaust befehlen sollte, war bekanntermaßen ein ausgesprochener Hundeliebhaber.)

Aber das Verschwinden eines Theater des Schmerzes und die Verurteilung persönlicher Grausamkeit besagen noch nicht, daß die Geschichte der Grausamkeit ein Ende gefunden hat. Statt dessen haben wir eine moderne Variante der Grausamkeit bekommen, die unpersönlich ist und gerade deshalb um so herzloser, eine Tatsache, die spätestens durch Stanley Milgrams bekanntes psychologisches Experiment mit elektrischen Schlägen bestätigt worden ist.* Dabei wurde bewiesen, was wir bereits wissen: Die Bereitschaft des modernen Menschen, Grausamkeiten auszuführen, steht in umgekehrtem Verhältnis zur Nähe des Opfers. Die Grausamkeit entsteht nicht länger in erster Linie im Menschen, sondern in einem rational organisierten, jedoch bösartigen sozialen Arrangement, bei dem das Individuum von einer Macht manipuliert wird, die es mit schwärmerischem Humbug vollpumpt, die ihm die Verantwortung abnimmt und, sehr wichtig, es davor bewahrt, die direkten Folgen seines Tuns mitanzusehen. Denn wenn man weder sehen, noch hören *muß*, fällt es leicht.

Die Idee der Gaskammer entspringt dieser Erkenntnis.

9.

In den Räumen wurde das Licht gelöscht. Die Menschen verstummten.

Professor Pfannenstiel trat näher, beugte sich in die Knie gehend vor und schaute durch das kleine verglaste Guckloch hinein. Nach einer Weile beschlug das Glas von innen, und man konnte kaum noch etwas erkennen. Pfannenstiel legte daraufhin das Ohr an die Holztür, hörte das Geräusch von Stöhnen und Weinen. „Wie in einer Synagoge", sagte er.

Gerstein stand einige Meter weiter entfernt im Korridor, auf wackligen Beinen. Er berichtet:

---

* Das Experiment lief, kurz gesagt, darauf hinaus, daß eine Reihe von Testpersonen angewiesen wurde, gefesselten Menschen elektrische Schläge zu geben – die Gefesselten waren in Wirklichkeit Schauspieler, und die Elektroschocks wurden simuliert. Der Versuchsleiter gab den Testpersonen dann die Anweisung, den Opfern immer schmerzvollere und immer gefährlichere Schläge zu verabreichen. Es zeigte sich dabei unter anderem, daß der Anteil der Testpersonen, die bereit waren, wirklich schmerzvolle elektrische Schläge auszuteilen, sich von dreißig auf vierzig Prozent erhöhte, wenn sie die Opfer nicht berühren mußten, sondern das Ganze mit Hilfe einiger Hebel regeln konnten, und daß die Bereitschaft auf über sechzig Prozent stieg, wenn man die Opfer hinter einem Schirm verbarg. Das wichtigste Resultat ist aber wohl, daß die Versuchspersonen fortfuhren, grausame Handlungen zu begehen, „einzig und allein, weil ihnen dies von der Autorität, die sie anerkannten und auf die sie letztlich die Verantwortung für ihre Handlungen übertrugen, befohlen wurde".

> Jetzt endlich verstehe ich auch, warum die ganze Einrichtung „Heckenholt-Stiftung" heißt. Heckenholt ist der Chauffeur des Dieselmotors, ein kleiner Techniker, gleichzeitig der Erbauer der Anlage. Mit den Dieselauspuffgasen sollen die Menschen zu Tode gebracht werden. Aber der Diesel funktioniert nicht!

Wirth war es offensichtlich peinlich, daß dies gerade an einem Tag passieren mußte, an dem man Besuch aus dem fernen Berlin hatte. Rasend vor Wut eilte er auf einen Ukrainer zu, der Heckenholt mit dem Dieselmotor half, und schlug ihn mit der Peitsche. Gerstein sah zu, schielte auf seine Armbanduhr.

> Nach zwei Stunden 49 Minuten – die Stoppuhr hat alles wohl registriert – springt der Diesel an ... Von neuem verstreichen 25 Minuten. Richtig, viele sind jetzt tot. Man sieht das durch das kleine Fensterchen, in dem das Licht die Kammern einen Augenblick beleuchtet. Nach 28 Minuten leben nur noch wenige. Endlich, nach 32 Minuten ist alles tot!
> ...
> Wirth fragte mich in beflissenem Ton, ob ich es ratsam fände, die Leute im Dunkeln oder bei Licht sterben zu lassen. Er fragte mich das in einem Ton, als hätte er gefragt: „Trinken Sie den Kaffee lieber mit oder ohne Milch? Schlafen Sie lieber mit oder ohne Kopfkissen?"

Nun war es vollkommen still in den Kammern. Der vierte Schritt war abgeschlossen.

10.

Die deutsche Besetzung Polens war von der ersten Minute an eine unglaublich brutale Angelegenheit, was nicht weiter verwunderlich war, denn der Feind war ja rassisch minderwertig. In Massen wurden Polen, Juden und Zigeuner vertrieben, mißhandelt, gedemütigt und zu Tausenden ermordet, entweder in kümmerlich motivierten Vergeltungsmaßnahmen oder ganz einfach, weil einzelne deutsche Soldaten Lust dazu hatten und es ohne größeres Risiko, dafür bestraft zu werden, tun konnten. Als Deutschland 1941 die Sowjetunion überfiel, drehte sich die Spirale der Gewalt noch ein

Stück weiter. Denn jetzt bestand der Feind nicht nur aus Untermenschen, sondern außerdem noch aus ideologischen Erzfeinden. Bereits im März 1941 hatte Hitler zu seinen Generälen gesagt, daß die kommende Offensive im Osten „ein Vernichtungskrieg" sein würde.

Als der Angriff begann, folgten den vorrückenden Truppen vier Einsatzgruppen der SS mit einer Stärke von insgesamt 3000 Mann dicht auf den Fersen. Sie hatte, in militärischen Begriffen ausgedrückt, die Aufgabe, durch die Eliminierung aller Widerstandskämpfer, wirklicher, eingebildeter oder nur denkbarer, bei der Sicherung der eingenommenen Gebiete zu helfen. Hinter diesen Worten steckten in Wirklichkeit jedoch die rassenutopischen Ideen vom Lebensraum, die nun mit einer ganz neuen Handgreiflichkeit verwirklicht werden sollten: Während die Einnahme Polens zur Folge hatte, daß die Verfolgung der Juden und Zigeuner deutlich brutalisiert wurde, kann man den Angriff auf die Sowjetunion als den Punkt bezeichnen, an dem rücksichtlose Verfolgung in systematischen Massenmord überging. Polen und Russen sollten versklavt, Juden und Zigeuner ausgerottet werden. In den ersten *fünf Wochen* nach dem Einmarsch wurden mehr Juden getötet als in den vorhergehenden *acht Jahren* der Verfolgung. Dabei kam den Deutschen der im Osten weitverbreitete Antisemitismus zugute, den sie in der Sache wohlwollend betrachteten und zu dem sie mit ihren eigenen Handlungen ermunterten. Die SS-Männer stellten oft genug fest, daß die örtliche Bevölkerung die Juden der Umgebung bereits angegriffen hatte, noch bevor sie selber überhaupt eingetroffen waren.

Überall führten die *Einsatzgruppen* und Banden Freiwilliger aus der Umgebung Massenerschießungen von Juden durch. Den Tätern und ihren Auftraggebern wurde jedoch schon bald klar, daß diese Methode nicht unproblematisch war, denn es war praktisch unmöglich, die Hinrichtungen im Geheimen durchzuführen. Die Gerüchte verbreiteten sich wie ein Lauffeuer, und in der Regel kamen sowohl deutsche Militärs als auch örtliche Zuschauer hinzu, um zuzuschauen, um mit dem Finger zu zeigen – manchmal aber auch, um sich ein Gewehr zu leihen und selbst den einen oder anderen Juden zu erschießen. Es lagen Berichte vor, nach denen „Hinrichtungstouristen“ dichtgedrängt dabeigestanden und Eis gegessen hatten, während sie Szenen verfolgten, die am ehesten einer mittelalterlichen Höllenvision von Hieronymus Bosch entnommen zu sein schienen.

Trotz strenger Regeln war es nicht ungewöhnlich, daß die Täter oder Zuschauer ihre Kameras dabei hatten und photographierten, und einige dieser Bilder gerieten schnell in Umlauf. Zu ihnen gehört eine Sequenz aus acht Bildern, die von einem namentlich nicht bekannten Augenzeugen irgendwann zwischen dem 15. und 17. Dezember 1941 in Skeden, etwas nördlich von Libau (Liepaja) in Lettland aufgenommen wurde* – zu dieser Zeit war die *Einsatzgruppe A* gemeinsam mit örtlichen Freiwilligen dabei, „die Judenfrage im Baltikum zu lösen“.

Auf dem ersten Bild ist eine Gruppe von Frauen und Kindern am Ort der Hinrichtung eingetroffen. Sie haben gerade den Befehl erhalten, sich hinzusetzen und zu warten. Dünen. Ein Strand. Der Wind kommt vom Meer. Das Meer ist die Ostsee. Gotland liegt etwas mehr als einhundertfünfzig Kilometer weit entfernt. Es ist windig, kalt, die Rockschöße flattern. Sowohl die Wachen – mit Karabinern, Armbinden und Stöcken – als auch die Frauen sind warm angezogen. Kopftücher, Schals, heruntergeklappte Ohrenschützer. Auf den Kleidern der Frauen sind Flecken zu erkennen, die wahrscheinlich gelbe Stoffstücke sind: Zeichen dafür, daß die Trägerin eine Jüdin ist. Im Vordergrund der Gruppe sitzt eine Frau in einem hellen (hellbraunen?) Rock. Im Arm hält sie einen Säugling. Der Säugling ist in eine Decke gehüllt. Die Frau wirft

* Am 31. Dezember 1941 berichtete Wolfgang Kügler, *Teilkommandoführer Einsatzkommando 2* (im bürgerlichen Leben Polizist) seinem Chef, *Polizeistandortführer* Fritz Dietrich (im bürgerlichen Leben Doktor der Philosophie), man habe 2 731 Juden und 23 Kommunisten hingerichtet. In einem Gerichtsverfahren am Landgericht in Hannover im Oktober 1971 wurde festgestellt, daß diese „Dezember-Aktion“ in der Nähe von Libau (Liepaja) in enger Zusammenarbeit von einer deutschen und einer lettischen Polizeieinheit durchgeführt wurde.

einen Blick schräg nach links, horcht. Ist dort etwas, das sie sieht oder etwas, das sie hört?

Auf dem zweiten Bild ist der Befehl zum Ausziehen gegeben worden. Dem unebenen bunten Teppich aus Kleidungsstücken nach zu urteilen, von denen die Frauen umgeben sind, geschieht das Entkleiden in Etappen. Schicht für Schicht aus Pullovern und Blusen fallen herab. Ganz rechts steht eine dunkel gekleidete, korpulente Frau. Der scharfe Wind zerrt an ihren halblangen Haaren. Sie geht ein wenig in die Hocke, während sie sich den Rock über die Hüften hinabzieht. Sie scheint in Richtung einer entfernten Gruppe von Wachen zu schauen, die links steht, neben etwas, das ein breiter Graben zu sein scheint, der mit irgend etwas gefüllt ist.

Auf dem dritten Bild ist der Prozeß des Entkleidens weiter fortgeschritten. Fünf Frauen stehen dicht zusammen, tragen nur noch ihre Unterwäsche: Schlüpfer, Unterhemden. Es könnte eine Familie sein. Die Mutter, vielleicht in den Vierzigern, hat sich mit einer älteren Frau untergehakt, vielleicht der Großmutter. Neben ihnen sind zwei dunkelhaarige, junge Frauen zu erkennen. Schräg hinter der Frau mittleren Alters verbirgt sich ein Mädchen, zehn, elf Jahre alt, mit nackten Beinen, in einem dünnen, gestreiften Kleid. Eine Person hinter den beiden älteren Frauen spricht mit dem Mädchen. Das kleine Mädchen friert, sie kauert mit hochgezogenen Schultern im Windschutz hinter den vier vor ihr stehenden Personen. Das kleine Mädchen ist barfuß, aber um nicht auf dem kalten Sand stehen zu müssen, hat es sich auf seine Strümpfe gestellt.

Auf dem vierten Bild sehen wir die letzten Schritte des Entkleidens. Die Person im Vordergrund hat gerade ihre langen Unterhosen aufgeknöpft, unter denen ein weiteres Paar zu erkennen ist. Sie sieht die Umherstehenden an, wie man dies tut, wenn man sich unsicher ist, wie man sich eigentlich verhalten soll und ein wenig unschlüssig Rat sucht, indem man auf die anderen schaut. Überall stehen kleine Gruppen von Wachen. Alles geschieht ohne Hast und scheinbar auch ohne Wut oder Haß. Es ist Routine. Die Wachen scheinen an dem Geschehen herzlich wenig interessiert zu sein. Sie haben ihre Karabiner über die Schultern geworfen, be-

I.

Void/Leere, von Paul Nash, 1918.

II.

We are making a New World / Wir schaffen eine neue Welt, von Paul Nash, 1918.

III.
Flandern,
von Otto Dix, 1934–36.

IV.

Das Mittelstück aus dem Triptychon *Der Krieg*, von Otto Dix, 1932.

V.

Die Moskauer Universität.

VI.

Boris Iofans siegreicher Vorschlag für den Palast der Sowjets.

VII.

Venus und Adonis, von Arthur Kampf, 1939.

VIII.

Kirov nimmt die Sportparade ab, von A. Samokwalow, 1935.

quem am Gewehrriemen hängend, ein paar haben die Hände in die Hosentaschen gesteckt. Sie stehen in kleinen Gruppen zusammen und unterhalten sich. Sie stehen mit dem Rücken zu den Frauen, die dabei sind, sich auszuziehen. Eine der Frauen ist jetzt vollkommen nackt, sie wollte der Photograph offenbar auf dem Bild haben. Sie ist nämlich jung, dunkelhaarig, mit ausdrucksstarken Gesichtszügen, die einen ihre Schönheit ahnen lassen. Sie sitzt in der Hocke, die Arme über den Brüsten verschränkt. Dies könnte eine Folge der Kälte sein, aber aller Wahrscheinlichkeit nach hat sie sich gerade erst in dieser Stellung hingehockt, weil sie gesehen hat, wie jemand den Photoapparat gehoben hat. Diese junge Frau hat nur noch wenige Minuten zu leben, zeigt aber dennoch eine so schlichte, menschliche Reaktion, wie sich seiner Nacktheit zu schämen, und sie begegnet mit finsterer Miene dem Blick des Kameraauges.

Auf dem fünften Bild eilen einige Menschen nackt über den Sand, fort von dem Flickenteppich aus Pullovern und Röcken und Socken und Unterhemden, vorbei an einer Reihe dick vermummter Wachen, einen Bogen machend um etwas, das die Kante eines tiefen Grabens zu sein scheint. Es könnten die Personen vom vorhergehenden Bild sein: Eine Gruppe von drei jungen Frauen – dicht aneinander gedrängt, gleichsam miteinander verflochten, weil sie Schutz vor dem Wind suchen oder Angst haben oder sich schämen – läuft hinter einer etwas älteren Person. Sie machen kurze, trippelnde Schritte wie immer, wenn man über etwas Kaltes läuft. Eine der drei schaut zu Boden, so als wolle sie sich vergewissern, daß sie nicht in etwas Scharfes tritt, die zweite wirft einen Blick direkt in die Kamera, die dritte starrt, ebenso wie die ältere Frau, unablässig vor sich hin, auf den Punkt, zu dem sie alle unterwegs sind. Wieviele Schritte sind es noch? Hundert? Hundertfünfzig?

Auf dem sechsten Bild steht eine Gruppe von neun Frauen in einer Reihe auf einem Absatz am hinteren Rand eines tiefen, frisch ausgehobenen Grabens. Sie durften ihre Unterwäsche anbehalten. Sie haben sich an den Armen untergehakt – was in einer solchen Situation einer Umarmung am nächsten kommt. Ihre Rücken sind der Kamera abgewandt, weisen in Richtung der Männer, die sie gerade erschießen wollen. Die dritte Person von links klammert sich fest an die Frau, die rechts von ihr steht. Sucht sie körperliche Wärme? Will sie ihr etwas zuflüstern? Oder fällt sie gerade in Ohnmacht? Die anderen stehen still, starren steif und aufrecht stehend geradeaus. Was sehen sie? Den Strand? Das Meer? Den Himmel? Den Himmel.

Auf dem siebten Bild ist eine neue Gruppe eingetroffen. Vielleicht nur zehn bis fünfzehn Meter von der Stelle entfernt, an der das vorhergegangene Häufchen stand. Die Methode ist leicht erkennbar. Kleine Gruppen, etwa zehn Personen, werden jeweils bis an die Kante des Grabs getrieben, müssen an den Körpern vorbeigehen – was man daran erkennen kann, daß der Pfad auf der rechten Seite der Aufgestellten deutlich ausgetrampelt ist, links von ihnen jedoch fast unberührt – und werden in einer Reihe aufgestellt. Man schießt so lange an der gleichen Stelle, bis das Grab bis auf Höhe des Absatzes aufgefüllt worden ist. Dann bewegen sich die Schützen einige Meter weiter nach links. Ein Mann hat die Aufgabe, den Absatz von Körpern frei zu halten. Die Neuen müssen vorbeikommen können. Er ist in der hinteren rechten Ecke der Photographie zu erkennen. Er trägt einen Stock in der Hand, einen Stock, den er, wie es aussieht, benutzt, um damit die Leichen zur Seite zu schieben – irgendein einfaches Werkzeug zu benutzen macht es ihm möglich, sich nicht unnötig schmutzig zu machen.

Jetzt beugt er sich herab, sich dabei mit einem Bein abstützend, um nicht die nachgebende Sandkante herabzurutschen, und tippt einen Körper an, vielleicht, um zu sehen, ob in ihm noch ist, was wir gemeinhin Leben nennen. Unter ihm ein Wirrwarr aus Gliedern, Arme, Beine, Köpfe, Körper wie dünne Seesterne. Gleich vorne am Absatz, unmittelbar neben den aufgereihten Frauen, ist etwas zu erkennen, das offenbar der Körper eines Kindes ist. Zwei Arme oder vielleicht auch zwei Beine hängen schwer über etwas anderem, wahrscheinlich über der Leiche eines Erwachsenen.

Mitten in der Gruppe, die mit dem Rücken zu den Schützen wartet, ist ebenfalls ein Kind zu sehen. Ein Mädchen in einem Rock, vielleicht acht, zehn Jahre alt. Während alle anderen um sie herum den Blick in die Ferne gerichtet haben, dreht sie sich um, nicht nur mit dem Kopf, sondern mit dem ganzen Oberkörper. Sie dreht sich, streckt sich, aber was versucht sie zu sehen? Ist es der Mann mit dem Stock? Sind es die Schützen? Ist es vielleicht so, daß sie in der Woge der Körper jemanden wiedererkannt hat? Die Schüsse können nur wenige Augenblicke entfernt sein. Vielleicht hat sie noch nicht verstanden?

Was ist es für ein Gefühl, erschossen zu werden?

Mit den folgenden Worten beschrieb George Orwell, was geschah, als er 1937 in Spanien von einem faschistischen Heckenschützen schwer verwundet wurde:

> Plötzlich, mitten im Satz, spürte ich – nun, es ist sehr schwer zu beschreiben, was ich spürte, obwohl ich mich mit äußerster Anschaulichkeit daran erinnere. Grob gesprochen, hatte ich das Gefühl, mich im Zentrum einer Explosion zu befinden. Es war wie ein lauter Knall und ein blendender Lichtblitz, der mich ganz umschloß, zugleich fühlte ich einen gewaltigen Stoß – keinen Schmerz, nur einen heftigen Schock, wie man ihn bei einem elektrischen Schlag bekommt. Dabei hatte ich ein Gefühl äußerster Schwäche, als ob ich zerschlagen werde und zu einem Nichts einschrumpfte ... Alles ereignete sich in einem Zeitraum von weniger als einer Sekunde. Im nächsten Augenblick wurden meine Knie weich, und ich fiel, dabei schlug mein Kopf mit einem heftigen Schlag auf den Boden, was ich zu meiner Erleichterung aber nicht spürte.

Das achte Bild ist nur Sekunden nach den Schüssen aufgenommen worden, nur Sekunden nach dem vorhergehenden Bild. Der mit einer Uniform bekleidete Mann hat sich umgedreht und geht am Absatz entlang zurück, hin zu den zusammengesunkenen Gestalten. Er geht etwas schwerfällig, gleichsam vorgebeugt, wobei er sich auf den Stock stützt. (Es läßt sich erahnen, wie der Sand bei jedem seiner Schritte ein wenig nachgibt.) Einige der Erschossenen liegen noch oben auf dem Absatz. Ein paar sind in den Graben hinabgerutscht. Im losen Sand haben sie längliche Spuren hinterlassen. Eine Frau liegt ausgestreckt auf dem Grund des Grabens. Ihre Beine sind krampfhaft gestreckt und zeigen zum Absatz hinauf. Ihr linker Arm ist nach hinten gebeugt, über ihren Kopf gehoben. Sie lebt wahrscheinlich noch. Das kleine Mädchen läßt sich kaum erkennen, aber sie liegt noch oben auf dem Absatz, den Körper im gleichen Winkel gedreht wie einen Moment zuvor, aber jetzt liegend, offenbar festgeklemmt.

Es war eine Methode, die nicht taugte, nicht mehr, nicht in diesem Umfang – im ersten Halbjahr wurden auf diese Weise ungefähr 500 000 Menschen umgebracht, die meisten von ihnen Juden, aber auch Zigeuner sowie politisch verdächtige Balten und Russen. Zum einen war es, wie gesagt, schwer, die nötige Geheimhaltung um diese Ereignisse aufrechtzuerhalten. Zum anderen war die Hinrichtungsmethode sowohl abstoßend als auch wenig effektiv. Viele Opfer wurden nur verletzt, und es kam vor, daß Verletzte sich durch die in Schichten übereinander gestapelten Körper nach oben gruben, sich von Händen losrissen, die nach ihnen griffen, Mündern, die bissen, und ans Tageslicht krochen, bedeckt mit Blut und Exkrementen, worauf man sie erneut erschießen und wieder zurückwerfen mußte. Auf die Dauer entwickelte sich dies zu einer psychischen Belastung für die Henker.

Man muß dabei wissen, daß ein großer Teil der Männer, die dort tagaus, tagein standen und schossen, in der Regel, wie Christopher Browning aufgezeigt hat, keine grausamen und psychopathischen Fanatiker waren, die einen „althergebrachten Haß" auf die Juden hegten und nun ihren wilden und primitiven Gefühlen freien Lauf lassen konnten. Diese Männer gehörten nicht einmal zur SS, sondern waren ganz gewöhnliche Männer, die für den Dienst in den sogenannten Polizeibataillonen eingezogen worden waren, da sie Erfahrungen aus der regulären, deutschen Ordnungsmacht mitbrachten und außerdem etwas zu alt für den Dienst an der Front waren. Sie schossen, weil sie den *Befehl* dazu bekamen, aber nicht, weil sie dies tun *mußten*. Wer nicht wollte, konnte jederzeit nein sagen, die Waffe niederlegen und weggehen, ohne mit einer härteren Strafe als ein paar Flüchen vom Vorgesetzten, Hänseleien von den Kameraden und möglicherweise ausbleibenden Beförderungen rechnen zu müssen.

Daß nicht mehr als jeder Zehnte diese Chance ergriff und sich entzog, mag einem deshalb überraschend vorkommen, zumal fast alle mit Ekel und Entsetzen reagierten, wenn sie das erste Mal zu einem Erschießungskommando abkommandiert waren. Browning zufolge waren es vor allem der Druck durch die Kameraden und die Angst davor, aus der Gruppe ausgestoßen zu werden, die sie zu Mördern machte: Für den einzelnen war es einfacher, zu schießen, als es zu lassen. Einige wenige lernten das Schlachten lieben und meldeten sich gerne freiwillig, wenn wieder einmal unbewaffnete Männer, Frauen und Kinder erschossen werden sollten, aber der Großteil tat nur, was ihnen gesagt wurde, nicht mehr und nicht weniger.

Die psychischen Belastungen waren, wie gesagt, für alle Täter groß, besonders, da ein großer Teil der Opfer Frauen und Kinder waren. Manche betäubten sich mit Alkohol, andere weinten oft oder wurden impotent, wieder andere begingen Selbstmord oder erlitten regelrechte Nervenzusammenbrüche.

Eine bessere Methode mußte herbei. Am besten eine, bei der man weder sehen noch hören mußte: denn dann war es leicht. In dieser Situation erinnerte sich jemand an das Euthanasieprogramm.

Christian Wirth und einige seiner abgebrühtesten Handlanger bekamen den Befehl, sich mit all ihrem Spezialwissen über Massenvergasungen von Menschen in den Osten zu begeben. In Kulmhof wurde zunächst das in Deutschland erprobte System mit Bussen angewandt, die durch die Gegend fuhren, während die eingeschlossenen Passagiere allmählich von den Abgasen des Motors erstickt wurden. Sicher, verglichen mit den Erschießungen war dies eine Verbesserung, aber die Kapazität der Busse wurde als unzureichend empfunden, und außerdem dauerte es viel zu lange, bis die Eingesperrten starben.

In Belzec machten Wirth und seine Leute dann die ersten Versuche, fortlaufende Massenvergasungen in eigens dafür gebauten, festen Anlagen durchzuführen. Sie wurden von zwei weiteren gefolgt: Treblinka und Sobibor, aber Belzec war der Prototyp, oder „das Labor“, wie ein SS-Mann das Lager später nannte. Verteilt in ganz Deutschland und im besetzten Europa, errichteten die Nationalsozialisten mehr als 500 größere Lager. Einige bildeten eine Art improvisierter Gefängnisse, andere funktionierten als Durchgangslager, nicht wenige waren Ableger anderer Anlagen, die meisten waren nach 1941 Orte, an denen Zwangsarbeit betrieben wurde, alle waren Schauplätze für Hunger, Erniedrigung, Übergriffe und Mord. Die vier Anlagen Kulmhof (Chelmno), Belzec, Treblinka und Sobibor bilden jedoch eine Klasse für sich, denn bei ihnen handelte es sich um Vernichtungslager, Todesfabriken, deren einzige Aufgabe es war, Menschen abzuschlachten, und die alle nur eine relativ kurze Zeit in Betrieb waren. In ein paar weiteren Lagern, wie Auschwitz-Birkenau und Majdanek, wurden ebenfalls unfaßbar viele Menschen nach dem Fließbandprinzip umgebracht, aber wenn man in eines von ihnen transportiert wurde, hatte man zumindest eine kleine Überlebenschance. Diese Möglichkeit hatten die Menschen, die in eines dieser vier Vernichtungslager geschickt wurden, nicht. Alle, die dorthin kamen, waren zum Tode verurteilt.*

Christian Wirth war ein Mann mittleren Alters mit einem Stiernacken, einem breiten Gesicht mit markanten Zügen, einer kleinen, runden Drahtbrille und einem kleinen Hitler-Schnurrbart. Viele der Kommandanten in diesem Typ von Lagern – zum Beispiel Franz Stangl in Treblinka oder Rudolf Höß in Auschwitz-Birkenau – waren geborene Bürokraten, sanfte Familienväter, die gerne Hunde kraulten, Rosen züchteten, an ihren Schreibtischen hart arbeiteten, um das Uhrwerk so fehlerfrei wie möglich ticken zu lassen, es aber vermieden, in die Nähe der Drecksarbeit zu kommen und sich die Kleider schmutzig zu machen. Wirth war anders. Wenn die anderen kühle Technokraten waren, dann war er ein cholerischer Mechaniker. Er zögerte nicht, im wahrsten Sinne des Wortes die Ärmel hochzukrempeln und selbst Hand anzulegen. So hatte er persönlich in eben jenem Lager Belzec Versuche

* Nur 84 Überlebende sind heute aus diesen Lagern bekannt. Die meisten von ihnen entkamen bei den beiden Gefangenenrevolten, zu denen es in Treblinka und Sobibor kam.

geleitet, bei denen eine Gruppe von SS-Männern selbst die Leichen in ein Massengrab legen mußten, um herauszufinden, wieviel Platz *exakt* eine bestimmte Zahl von Toten einnahm. Wirth und seine Männer hatten im Frühjahr 1942 zwei Versuchsreihen in Belzec durchgeführt. In diesem Lager wollte man Menschen in industrieller Stückzahl und mit Hilfe industrieller Methoden töten, etwas, das noch nie zuvor versucht worden war, nirgendwo, nie. Vieles war Neuland. Mit Hilfe von Tests wollte man die verschiedenen technischen Probleme lösen, die sich in diesem Prozeß verbargen, sowie sich eine Vorstellung von der endgültigen Kapazität des Lagers verschaffen. Eine Vergasungsanlage mit blechverkleideten Wänden, Rohren im Fußboden und mit Gummi abgedichteten Türen war in einem Gebäude in der Nähe der Eisenbahngleise eingerichtet worden. Darin vergasten die SS-Männer kleinere Gruppen von Juden, die ihnen als Versuchskaninchen geschickt wurden.

Diese Tests führten dazu, daß man im Sommer die Vergasungsmethode änderte: In der ersten Testreihe hatte man reines Kohlenmonoxid in Druckbehältern benutzt, in der zweiten Testreihe ging man dazu über, Abgase von gewöhnlichen Motoren zu verwenden. Das ursprüngliche, kleine Haus mit drei Gaskammern wurde abgerissen und durch ein Steingebäude mit einer erheblich größeren Kapazität ersetzt. Unter Wirths Führung erarbeitete man zudem einen Prozeß zur Massentötung in sechs Schritten. Im Juli 1942 war das Lager voll funktionsfähig.

Als Anerkennung für seine Verdienste und seine Sachkundigkeit erhielt Wirth die übergeordnete Verantwortung für die drei Vernichtungslager im östlichen Polen: Treblinka, Sobibor und Belzec. Nicht ohne Stolz zeigte er nun seinen beiden Gästen sein „Labor".

11.

Der fünfte Schritt des Prozesses begann, als ukrainische Wachen auf die Rampen stiegen, die entlang der Längsseiten des Gebäudes verliefen, die Tore entriegelten und sie rumpelnd zur Seite zogen. Ihnen folgte unmittelbar das jüdische Arbeitskommando. Diese Männer sollten die Kammern leeren, damit die nächste

Gruppe hineingetrieben werden konnte. Das Tageslicht fiel nun in die kleinen Räume. In ihnen befand sich das Produkt der Fabrik: tote Menschen.

In den engen Räumen waren sie so eng zusammengepreßt worden, daß sie noch aufrecht standen. Es war einfach kein Platz, um zu fallen. Gerstein fand, daß sie „Basaltsäulen" glichen. Die Gesichter waren leicht aufgedunsen. In den dicht zusammengepackten Schichten aus aufrecht stehenden Körpern ließen sich noch einige Familien ausmachen: Eltern und Kinder hatten sich im Todeskampf mit solcher Kraft aneinandergeklammert, daß die Männer vom Arbeitskommando zunächst Probleme hatten, sie voneinander zu trennen.

Aber sie waren mit Haken ausgerüstet, die sie in die Münder der toten Menschen schoben, woraufhin sie fest zogen. Dann begannen die Männer, die nackten und noch warmen Leichen durch die großen Türen hinauszuzerren. Sie fielen mit flatternden Gliedern über die Rampe hinab. Die bläulich verfärbten Körper glänzten feucht von Schweiß und Urin, die Beine waren mit Kot und Menstruationsblut verschmiert. Kleine Kinderkörper flogen durch die Luft.

Die Ukrainer gingen umher und schlugen rechts und links mit ihren Peitschen. Die Zeit war jetzt knapp. Der Ärger mit dem Motor hatte zu Verspätungen geführt: Der *Schlauch* war mit nackten Menschen gefüllt, die darauf warteten, daß sie an der Reihe waren. Durch den mit Zweigen verkleideten Zaun drang das Kreischen von Waggons: Ein neuer vollbeladener Transport war auf dem Weg zur Rampe.

Die Männer des Arbeitskommandos arbeiteten fieberhaft. Die Handgriffe waren routiniert, und jeder einzelne hatte seine genau festgelegte Funktion in diesem vorletzten Schritt des Prozesses – wir fühlen uns erneut an ein Fließband erinnert. Eine spezielle Sortiermannschaft von etwa 20 Mann ging zwischen den Toten umher und brach mit Haken ihre Münder auf. Sie schauten in die aufgesperrten Münder. Die Leichen mit Goldzähnen wurden nach links geschickt, die Leichen ohne Goldzähne nach rechts. Links stand ein weiterer Arbeitstrupp mit „Zahnärzten". Mit Hammern und Zangen schlugen sie Goldzähne und Kronen heraus und warfen sie in leere Konservendosen. In dieser Gruppe gab es auch einen speziellen „Juwelier“, der sich aller gefundenen Wertsachen annahm. Wirth, der nun unter den Arbeitern umherging, rief Gerstein zu sich und zeigte ihm diesen Juwelier, zeigte auf eine Konservendose voller Zähne und berichtete zufrieden, wie sie jeden Tag „Gold, Brillanten und Dollars“ einsammelten.

Anschließend übernahmen wieder andere Arbeiter. Sie spreizten die Beine der Leichen, weiteten den Analmuskel und suchten im untersten Teil des Darms; bei den Frauen wühlten sie in ihren Scheiden, um zu kontrollieren, daß sich dort kein verstecktes Gold, keine Edelsteine oder andere Wertsachen befanden.

Als die Kammern vollkommen leer waren, wurden die großen Tore wieder zugezogen, die Eingangstür geöffnet und die zusammengepferchte Menge, die wartend im „Schlauch“ stand, strömte in das Gebäude, in die wartenden Räume.

Die ganze Zeit über hörte man fröhliche Musik. Denn neben dem Gebäude mit den Pelargonien stand das kleine Orchester des Lagers und spielte unablässig. Der Lagerälteste des jüdischen Arbeitskommandos war ein Männlein, das während des Ersten Weltkriegs Hauptmann in der österreichischen k.u.k.-Armee gewesen war und damals das Eiserne Kreuz erster Klasse verliehen bekommen hatte. Er konnte Geige spielen.

Die durchsuchten Körper wurden auf einen großen Haufen geworfen. Danach war es Zeit für den sechsten und letzten Schritt des Prozesses.

12.

Im Lager gab es 500 jüdische Arbeiter, die die meisten groben Arbeiten erledigten, sich um den laufenden Betrieb des Lagers kümmerten, die Besitztümer der Neuankömmlinge sortierten und sich um die Leichen kümmerten. Es gab ein paar Frauen unter ihnen, aber die meisten waren Männer. Jedesmal, wenn ein Transport eintraf, wählten die SS-Männer einige aus, die diese Belegschaft wieder auffüllen sollten, denn der Verbrauch an jüdischen Zwangsarbeitern war enorm. Die Todesstrafe konnte wegen der trivialsten

Vergehen ausgesprochen werden. Außerdem bekamen sie laufend Schläge von den SS-Männern und den ukrainischen Wachen, und jede Woche wurden einige erschlagen. Wer krank wurde oder mit dem hohen Arbeitstempo nicht mehr Schritt halten konnte, wurde ohne großes Federlesen umgebracht. Es war Teil der täglichen Lagerroutine, daß ein Arzt eine Liste der Schwächsten erstellte. In der Mittagspause wurden sie gesammelt und zu einem offenen Grab in der Nähe geführt, wo sie erschossen wurden. Auf diese Weise konnten bis zu 40 Männer pro Tag getötet werden. Für das jüdische Arbeitskommando ausgewählt zu werden war mit anderen Worten nicht mehr als eine kurz bemessene Galgenfrist. Von den Männern, die im Frühjahr im Lager gearbeitet hatten, war im August keiner mehr übriggeblieben, und wenn es Menschen gab, die die Deutschen um jeden Preis umbringen wollten, waren es jene, die alles gesehen und getan hatten.

Die vielleicht Unglücklichsten von allen Juden, die nach Belzec gesandt wurden, die Toten eingerechnet, waren wohl sie, denn ihnen wurde eine Art Mitverantwortung aufgezwungen. Ohne ihre Arbeit hätte die Maschinerie niemals funktioniert. In jedem der Vernichtungslager Belzec, Sobibor und Treblinka befanden sich nur zwischen 20 und 35 Deutsche, denen eine Hundertschaft Ukrainer zur Seite stand. Mehr waren nicht nötig. Nur etwa 150 Menschen gelang es in Belzec, in den zehn Monaten, die das Lager in Betrieb war, ungefähr 600 000 Menschen zu töten.*

---

* Wie hat man diese Zahl ermittelt? Die Deutschen führten natürlich keine Statistik und vernichteten sorgfältig alle Transportdokumente. Die Summe ergibt sich aus Informationen, die man von Angestellten der polnischen Eisenbahn erhalten hat, unter andere vom Bahnhofsvorsteher in Belzec, Alois Berezowski. Der Betrieb des Lagers beschränkte sich auf drei Zeiträume des Jahres 1942. Der erste Zeitraum ging vom 17. März bis Anfang Mai, der zweite von Anfang Juli bis Ende September: Während dieser beiden Zeiträume variierte die Zahl der Transporte zwischen einem und drei täglich. Der dritte Zeitraum erstreckte sich von Oktober bis Mitte Dezember: In dieser Zeit erreichten durchschnittlich zwei Transporte in der Woche das Lager. Man ist von niedrig angesetzten Zahlen ausgegangen: Ein Transport täglich während der ersten beiden Zeiträume ergibt

Primo Levi schreibt in seinem Buch *Die Untergegangenen und die Geretteten*: „Die Vermutung, ein abgefeimtes System, wie es der Nationalsozialismus war, spreche seine Opfer heilig, ist naiv, absurd und historisch falsch; im Gegenteil: Es degradiert sie und verleibt sie sich ein…“ Manchmal geschieht dies auch in einem äußerlichen, körperlichen Sinn.

Es waren keine lebenden Skelette in gestreifter Lagerkleidung, die sich durch Belzec bewegten – dort wurde niemandem erlaubt, auch nur annähernd in einen solchen Zustand der Schwäche zu geraten. Die Arbeiter waren stark und gesund, und die Vorarbeiter, die *Kapos*, sowie jene, die mit besonders gut einsehbaren Tätigkeiten befaßt waren, waren häufig gut gekleidet – die Toten hinterließen enorme Mengen von Kleidungsstücken. Ein Gefangener, der an der Rampe im Schwesterlager Treblinka arbeitete, hat später berichtet, daß er im allgemeinen Reithosen, einen Samtrock, Hemd, Seidenkrawatte und blankgewichste Stiefel trug, daß er nie länger als zwei Nächte im gleichen Schlafanzug schlief und viel Zeit darauf verwandte, schick und gepflegt auszusehen: Er hatte immer einen kleinen Spiegel dabei und rasierte sich bis zu siebenmal am Tag. (Sein Verhalten war schlicht eine Überlebensstrategie. Es ging darum, sich den Respekt oder das Wohlwollen der Deutschen im Lager zu sichern, und ein Weg, sich diesen Respekt zu verschaffen, war zu versuchen, so auszusehen wie sie.) Den Männern des jüdischen Arbeitskommandos in Belzec wurde be-

---

rund 130 Transporte, zwei jede Woche während der dritten Periode ergibt rund 20 Transporte. Man ist bei der Berechnung davon ausgegangen, daß jeder Transport im Durchschnitt aus 40 Waggons bestand – den Zeugen zufolge variierte die Zahl der Waggons zwischen 15 und 60; für jeden Waggon hat man 100 Personen veranschlagt – was wieder bewußt niedrig geschätzt ist – so daß sich 4000 Personen für jeden Transport ergeben. Macht 600 000. Nur zwei der dorthin Deportierten überlebten: zum einen der bereits erwähnte Rudolf Reder aus Lubau (Lvov), der nach dem Krieg nach Kanada emigrierte, zum anderen Chaim Hertzmann, der im März 1946 von antisemitischen Ukrainern am Tage seiner Zeugenaussage über seine Zeit im Lager ermordet wurde.

fohlen, eine eigene Fußballmannschaft zu bilden, und jeden Sonntag spielten sie gegen ihre Peiniger, was in „gewöhnlichen" Konzentrationslagern völlig undenkbar gewesen wäre. Wenn die SS-Männer verloren, gehörte es zu den Spielregeln, daß sie sich darüber nicht beklagten. Das Schlimmste war jedoch, daß dieses System die Arbeiter im Lager dazu brachte, den Tätern auch in innerer, seelischer Hinsicht zu gleichen: Die jüdischen Zwangsarbeiter wurden schnell egoistisch und stumpften ab, nicht aus freien Stücken, sondern weil man egoistisch sein mußte, um zu überleben und abgestumpft, um nicht verrückt zu werden.

Ungefähr 450 Männer des jüdischen Arbeitskommandos im Lager mußten sich um die Leichen kümmern. Von diesen 450 machten etwa 250 nichts anderes, als Leichen zu schleppen und Massengräber zu schaufeln. Alle Gräber befanden sich innerhalb der Lagerumzäunung, in der nordöstlichen Ecke des Lagers, und sie nahmen ungefähr ein Fünftel der Gesamtfläche ein. Anfangs waren die Leichen in einige große Panzergräben geworfen worden, aber diese waren längst gefüllt, so daß inzwischen von den Männern eines Arbeitstrupps neue gegraben wurden, von Hand und mit Hilfe eines Baggers. Jedes dieser Massengräber maß ungefähr 100 × 20 × 12 Meter, und es dauerte etwa eine Woche, es auszuheben.

Zu einem solchen Massengrab in unmittelbarer Nähe wurden die Toten nun geschleppt. Einer von denen, die vor Gersteins und Pfannenstiels Augen mit dieser Arbeit beschäftigt waren, war der bereits erwähnte Rudolf Reder. Er berichtet über seine Arbeit:

> Der Boden war sandig. Eine Leiche wurde von zwei Männern gezogen. Wir hatten Lederriemen, die wir um die Handgelenke der Toten wickelten. Wenn wir die Leiche zogen, kam es oft vor, daß der Kopf im Sand steckenblieb. Kinderleichen trugen wir immer zwei auf einmal, eine über jeder Schulter – das war ein Befehl.

Dann wurden die Toten über die Kante in das Massengrab hinabgeworfen. Der Prozeß war abgeschlossen – und an der Rampe bereitete man sich auf das Entladen eines weiteren Transports vor.

ABB. 11

Dieses Photo aus dem Archiv der Gestapo zeigt ein Massengrab bei Lubau.

13.

Kurt Gerstein sollte nie darüber hinwegkommen, was er an diesem Tag sah. Er alterte vorzeitig, sein Haar wurde weiß und sein Blick eigentümlich leer.

Es stand außer Zweifel, daß er versuchen mußte, dem Unerhörten, das hier vorging, Einhalt zu gebieten. Als erstes mußte er die Ladung mit Zyklon B loswerden, damit sie nicht verwendet werden konnte. Das war noch das kleinste Problem. Gerstein gab vor, aus den Zylindern würde Gas entweichen, und ließ daraufhin die ganze Ladung vergraben. Auch der nächste Schritt lag auf der Hand. Die Welt mußte in Kenntnis gesetzt werden.

Er begann unverzüglich. Im Nachtzug zurück nach Berlin ließ ein glücklicher Zufall ihn einen schwedischen Diplomaten namens Göran von Otter treffen, und Gerstein erzählte ihm – im dunklen Gang des Zuges sitzend, kettenrauchend, von Zeit zu Zeit in Tränen ausbrechend – von den Dingen, die er am Vormittag gesehen hatte. Unmittelbar nach seiner Ankunft in Berlin erzählte er einer Reihe von ausgewählten Freunden und Kollegen von Belzec. Er suchte einen Kontaktmann in der holländischen Widerstandsbewegung auf, und es gelang ihm, mit dessen Hilfe einen Bericht über das Geschehene über Funk nach London zu senden. Angesichts seines tiefen Glaubens setzte Gerstein seine größte Hoffnung jedoch auf die Kirche: Es gelang ihm durch Bestechung, eine Audienz beim Gesandten des Papstes in Deutschland, Kardinal Orsenigo, zu bekommen, aber dieser lauschte nur desinteressiert seiner Schilderung und schmiß ihn anschließend wütend hinaus.

Nichts geschah. Nichts. Dem Diplomaten von Otter hatte Gerstein vorgeschlagen, daß die Alliierten auf jeden Fall Flugblätter über Deutschland abwerfen sollten, Flugblätter, die enthüllten, was in den Lagern im Osten vorging. Nicht einmal das geschah, und Weihnachten 1942 stand Gerstein am Rande eines Nervenzusammenbruchs. Auf einer Feier mußten Freunde ihn daran hindern, sich zu erschießen. Es war nicht nur die ständige Furcht, entlarvt zu werden, die an ihm nagte – seine Angst hatte ihn dazu veranlaßt, die Kleiderbürste im Pistolenhalfter mit einer geladenen Pistole zu vertauschen. Die emsigen Vernichtungsbürokraten in der SS hörten vielmehr nicht auf, ihn als Handlanger bei der Beschaffung von Zyklon B zu benutzen, was bedeutete, daß seine Mitschuld gleichzeitig wuchs. Er komplizierte die Abläufe, schuf Probleme und war umständlich, aber die Requisitionen kamen auch weiterhin. Es wäre sicher einfacher für ihn gewesen, wenn er es niemals selber zu Gesicht bekommen hätte, aber jetzt wußte er, wieviel Blut sich aus einer einzigen Unterschrift pressen ließ.

Sein Auftreten wurde im folgenden Jahr immer exzentrischer und unvorsichtiger, seine Pläne immer desperater. In seiner Verzweiflung griff er einmal ein paar Ausländer auf der Straße auf, lud sie zum Essen zu sich nach Hause ein und erzählte ihnen *alles*. Er traf erneut von Otter, bemühte sich um einen Schweizer Diplomaten, und suchte darüber hinaus den direkten Kontakt zu Personen in Schweden. Zu diesem Zweck plante er, nach Helsinki zu fliegen, in einem Flugzeug, das er mit Hilfe gefälschter Papiere im Namen Himmlers bestellt hatte. Aufgrund eines Getriebeschadens war das Flugzeug jedoch gezwungen, in Riga zu landen, und bei dieser Gelegenheit wurde Gerstein herausgeholt und nach Berlin zurückbefördert, wo Himmler ihm persönlich einen Rüffel erteilte. Gerstein kam allerdings mit einem blauen Auge davon, dank eines unglaublichen Glücks und dadurch, daß sich Mrugowsky, sein Chef, schützend vor ihn stellte.

Später begann er, einen noch verrückteren Plan auszuarbeiten: Er würde Himmler und die gesamte SS-Spitze töten, indem er sie in einer Berliner Fabrik versammelte, angeblich um ihnen eine neue Entlausungsmaschine vorzuführen, aber wenn sie dann einmal alle da waren, würde er den ganzen Abschaum in die Luft jagen. Auch daraus wurde nichts. Er bewegte sich im Umkreis der Verschwörer, die am 20. Juli 1944 den Versuch machten, Hitler zu ermorden, aber nur widerwillig, denn er glaubte nicht an die Idee, die dem Attentat zugrunde lag. Die Putschisten wollten Hitler töten und auf diese Weise Deutschland vor der Niederlage bewahren. Gerstein hoffte dagegen auf einen Zusammenbruch, der total und apokalyptisch sein mußte. Nur dadurch konnte die Fäulnis in Deutschland hinweggefegt werden. Dies allein konnte Buße für die monströsen Verbrechen sein.

Seine Enthüllungen zeitigten auch weiterhin keine Resultate. Aus dem Himmel über Berlin fielen keine Flugblätter herab, dafür aber immer mehr Bomben. Seine Nachbarn trafen ihn häufig unten im gemeinsamen Luftschutzkeller, wo er in seiner SS-Uniform saß, Radio hörte und Süßigkeiten aß. Er schien nicht schlafen zu können.

Was aber war mit seinem Bericht und allen anderen Berichten über den Holocaust geschehen?

Man kann wie der Historiker Yehuda Bauer sagen, daß es ganz gewiß zahlreiche Informationen über den Holocaust gab, diese Informationen aber nie die Chance hatten, zu Erkenntnissen zu werden, das heißt verbreitet, geglaubt und verstanden zu werden. Manches war in den Mühlen der Bürokratie versickert, anderes von ängstlichen Diplomaten zurückgehalten worden – wie von Otters Bericht über sein Treffen mit Gerstein – oder von geheimnisliebenden Mitgliedern des Geheimdienstes unter Verschluß gelegt worden. In manchen Fällen waren die Berichte absichtlich entschärft worden, entweder von Journalisten – die sich nach dem Propagandafiasko des Ersten Weltkrieges gerne ihrer gut entwikkelten Skepsis rühmten – oder von antisemitisch Angehauchten – besonders in den USA erreichte der Antisemitismus ausgerechnet in den Kriegsjahren einen Höhepunkt.

Ganz sicher lassen sich Trägheit, Gleichgültigkeit und Widerwille als Grund für die Langsamkeit der Reaktionen ausmachen. Der wichtigste Aspekt unter allen möglichen Erklärungen hängt jedoch mit etwas ganz anderem zusammen, nämlich mit der Tatsache, daß die Wirklichkeit so monströs war, daß sie jeglicher Logik und Vernunft trotzte.

Heute haben wir die Fakten, heute haben wir die Bilder und Berichte, und wir können die Dinge berühren und die Orte besuchen, aber es stellt sich dennoch die Frage, ob wir, im eigentlichen Sinne des Wortes, jemals den Holocaust „verstehen“ werden. Sicher nicht. Man kann sich sogar wie Barbara Foley fragen, ob dieses Ereignis nicht einfach „nicht wißbar“ ist, weil das Geschehene in solch entscheidender Weise unseren eigenen mentalen und ideologischen Wertevorstellungen widerspricht, und dies immerhin, *nachdem* es geschehen ist, nachdem wir gesehen haben, daß es tatsächlich geschehen kann.

Als der Zweite Weltkrieg begann, hatte es einen solchen „Holocaust“ in Europa noch nie gegeben. Völkermord war natürlich nichts Unbekanntes, sondern etwas, das von europäischen wie außereuropäischen Kulturen verübt worden war, von der Zerstörung Babylons durch die Assyrier und der Zerstörung Karthagos durch die Römer über Dschinghis Khans Abschlachten der Mesopotamier und Timurs Mord an den Türken bis hin zum Massenmord der Spanier an den Azteken und dem Massenmord der Amerikaner an den Sioux. Aber es steckte immer eine Logik hinter diesen Übergriffen. Das Töten war ein Weg, um ein bestimmtes Ziel zu erreichen, die Opfer zur Unterwerfung zu zwingen, sie zu versklaven. Einen Völkermord konnten sich die Zuschauer vorstellen, und dies war bis zu einem bestimmten Punkt auch eine zutreffende Bezeichnung: Gegen Russen und Polen betrieben die Deutschen eine deutliche Völkermordpolitik. Millionen wurden getötet, ihre Führer und Intellektuellen wie die Tiere gejagt. Die Slawen sollten Sklaven werden. Daß man aber noch einen Schritt weiter gehen konnte und das Töten von einem bloßen Mittel zum eigentlichen Ziel werden lassen konnte, das lag allerdings jenseits des Vorstellungsvermögens der neutralen Diplomaten, der alliierten Militärbefehlshaber und, nicht zuletzt, der jüdischen Opfer.

Über die Passivität der Juden ist einiges gesagt worden. Aller Wahrscheinlichkeit nach hätte Hitlers Massenmord – ebenso wie Stalins und Pol Pots – bei weitem nicht ein solches Ausmaß angenommen, wenn die Opfer mehr Widerstand geleistet hätten. Mit nachträglicher Klugheit macht man es sich aber etwas zu leicht. Europas Juden lebten wie die meisten anderen noch im alten Europa. Dort war es immer wieder einmal zu Pogromen und Judenverfolgungen gekommen, aber man hatte immer ausgeharrt, immer überlebt, indem man sich die Decke über den Kopf gezogen und geduldig abgewartet hatte, bis der Sturm vorbeigezogen war. So versuchten die Juden es auch mit den Nationalsozialisten zu halten, verstanden dabei aber nicht, daß die Geschichte wieder einmal einen Sprung gemacht und die Menschen hinter sich gelassen hatte.

Aber schon bald begannen erste Gerüchte zu kursieren: Überlebende fanden den Weg zurück in die Ghettos mit düsteren und verwirrten Geschichten über Stacheldraht und Giftgas, aber zu Anfang glaubte man ihnen nicht. Auch die Juden wiesen vollkommen der Wahrheit entsprechende Berichte als übertrieben und unzuverlässig zurück. Die Wahrheit, daß die Deutschen einen industrialisierten Massenmord betrieben, schien völlig widersinnig zu sein. Auch die Juden unterzogen die Situation einer geradlinigen rationalen Analyse und kamen dabei zu dem Schluß, daß es gar nicht so sein *konnte* – abgesehen von allem anderen wäre es wirtschaftlicher Wahnsinn von den Deutschen.

Das stimmte, es *war* wirtschaftlicher Wahnsinn, nicht zuletzt die Tatsache, daß man Menschen abschlachten ließ, die als Zwangsarbeiter von weitaus größerem Nutzen gewesen wären, aber das war den Mördern völlig egal. (Zu allem Überfluß war der Holocaust auch militärisch eine Idiotie: Während die deutschen Truppen im Osten wie im Westen zeitweilig große Probleme mit dem Nachschub hatten, wurde ein nicht unbedeutender Teil der Ressourcen der deutschen Eisenbahn dazu benutzt, Millionen von Juden kreuz und quer durch Europa zu verfrachten.)

Die Opfer konnten sich einfach nicht in das pathologische Weltbild ihrer Verfolger hineinversetzen, und in gewisser Weise kann man sagen, daß es ihre unschuldige Denkweise war, die ihnen zum Verhängnis wurde. Denn die Lügen und die Maskerade der Nationalsozialisten, der Wille der Juden, das Beste zu hoffen und die Monumentalität des Verbrechens trugen gemeinsam dazu bei, eine Atmosphäre der Leugnung und der trügerischen Hoffnungen zu schaffen, in der Menschen sich in Viehwaggons und abgedunkelte Busse treiben ließen, um „umgesiedelt" zu werden. Wenn die Information dann zu einer Erkenntnis gereift war, war es bereits zu spät.

Dieses schwarze Loch der Ungläubigkeit hatte Gersteins Enthüllungen geschluckt. Ein Priester, dem sich Gerstein anvertraut hatte, war der Meinung, er sei verrückt. Seine Kontaktpersonen in der holländischen Widerstandsbewegung waren auch nicht gerade begeistert über seinen detaillierten Bericht über das Lager in Belzec,* den sie für übertrieben hielten. Sie ermahnten ihn streng, keine weiteren Greuel zu „erfinden", sondern sich statt dessen „genau an die Wahrheit zu halten".

14.

Eine Woche bevor die sowjetische Schlußoffensive auf Berlin eingeleitet wurde, zog Kurt Gerstein Zivilkleidung an und verließ heimlich die Stadt. Er reiste nach Westen, durch ein rasch zerfallendes Drittes Reich: Die Apokalypse war schließlich doch gekommen. Am 22. April trieb er ein Motorrad auf, und auf diesem kreuzte er bei Reutlingen in Süddeutschland die Front. Er ergab sich dem ersten alliierten Soldaten, den er sah, was zufällig ein französischer Fremdenlegionär war. Er trug Dokumente bei sich: Rechnungen über Lieferungen von Zyanwasserstoff, seinen Haftbefehl aus dem Jahre 1938 und anderes. Denn jetzt, da der Himmel brannte, die Städte einstürzten und der Erde endlich erlaubt wurde, ihre Toten wieder freizugeben, war die Zeit der Abrech-

---

* Zu diesem Zeitpunkt war die Anlage bereits verschwunden. Die Massenvergasungen dauerten nur bis Dezember 1942 an. In den darauffolgenden Monaten war die Belegschaft des Lagers mit einem Projekt beschäftigt, das bereits im Herbst begonnen worden war, nämlich die Leichen aus den überfüllten Massengräbern wieder auszugraben und sie auf riesigen Gittern aus Eisenbahnschienen zu verbrennen. Im Juni 1943 wurde das Lager geschlossen und die überlebenden jüdischen Zwangsarbeiter in einen Zug gesetzt, der sie in das Schwesterlager Sobibor brachte. Pläne für eine Revolte der Gefangenen im Lager waren aufgedeckt worden, weshalb man erst gar kein Risiko mit ihnen einging: Sie wurden in Zehnergruppen aus den Güterwaggons geführt und auf der Stelle erschossen. Alle Papiere wurden vernichtet, das Lager abgerissen und die Überreste fortgeschafft. Eine Sondereinheit des Sicherheitsdienstes SD traf anschließend ein und inspizierte minutiös das Gelände, sammelte alle vergessenen Gegenstände ein und verbrannte sie sorgfältig. (Einer der wenigen Gegenstände, die überlebt haben, ist ein Schild, das über der Durchreiche in der großen Barakke hing, wo das Geld und alle Wertgegenstände abgeliefert werden sollten.) Als letzte Maßnahme wurden auf dem gesamten ehemaligen Lagergelände Kiefern gepflanzt. Heute ist Belzec ein dichter Wald, aber wer in dem eigenartig fruchtbaren Sandboden harkt, stößt augenblicklich auf Knochenreste.

nung gekommen, und Kurt Gerstein hatte vor, dabei zu sein, Zahlen zu zeigen, Zeitpunkte anzugeben, Namen zu nennen.

Aber dann ging etwas schief.

Gerstein war nicht in bester Verfassung. Die ständige Anspannung, Probleme mit der Verdauung und chronischer Schlafmangel hatten ihm körperlich wie seelisch zugesetzt. Er war abgemagert, blaß und litt an Tics. Als er anfing, seine Geschichte über Belzec und die Fliegen und das Gas und Wirth und das Kind mit der Korallenhalskette herunterzuleiern, waren seine Worte nicht immer zusammenhängend. Anfangs waren die Franzosen nicht besonders interessiert an Gerstein und seinen Geschichten, aber als sie sich dann schließlich die Zeit nahmen, ihm zuzuhören, geschah dies mit einer gewissen Feindseligkeit. Sie begriffen anhand seiner in ungeschliffenem Französisch vorgebrachten Zeugenaussage, daß der hochgewachsene Mann vor ihnen tatsächlich etwas Unerhörtes gesehen hatte, und sie ahnten, daß er in kommenden Gerichtsverfahren von Nutzen sein konnte, aber ebensosehr waren sie sich bezüglich seiner eigenen Rolle in diesem Geschehen unsicher.

Man kann sie verstehen. Drehte man im Frühjahr 1945 in Deutschland einen Stein um, sausten die Kellerasseln kreuz und quer und versicherten alle mit Fistelstimme, daß sie niemals Nationalsozialisten gewesen waren, und wenn sie Nationalsozialisten gewesen waren, dann hatten sie jedenfalls niemals etwas gewußt, und wenn sie etwas gewußt hatten, dann hatten sie jedenfalls niemals etwas getan, und wenn sie etwas getan hatten, dann hatten sie jedenfalls nur ihre Befehle befolgt. Wer sagte ihnen eigentlich, daß Gerstein nicht bloß noch einer aus dieser Brut war? Immerhin war er seiner eigenen Aussage zufolge sowohl Mitglied in der Partei als auch in der SS.

Im Frühsommer wurde Gerstein zur weiteren Ermittlung und zu Verhören nach Paris gebracht. Er machte einen immer deprimierteren und gequälteren Eindruck. Das Gefängnis war vollgepackt mit überzeugten Nationalsozialisten, die die Hacken zusammenschlugen, auch wenn sie nur ihr Essenstablett bekamen. Gerstein saß die meiste Zeit nackt in seiner warmen Zelle und knackte Läuse. Soweit er feststellen konnte, geschah nach wie vor nichts. Nichts. Alles, was er zu Gesicht bekam, waren französische Ermittler, die ihm Fragen und schiefe Blicke zuwarfen.

Mitte Juni kam dann der Bescheid.

Kurt Gerstein wurde vor Gericht geladen, jedoch nicht als Zeuge, sondern als Verbrecher. In erster Linie wurde er dafür angeklagt, „daß er gewaltige Mengen von Blausäure dem RSHA mit dem Ziel der Vergiftung von Millionen Menschen zur Verfügung gestellt und damit die Mittel zur Ausführung einer ungeheuerlichen verbrecherischen Aktion geliefert hat, daß er wissentlich den Urhebern der Vernichtung in den Gaskammern geholfen oder beigestanden hat, und zwar in Belzec ..." Gersteins Entsetzen steigerte sich noch, als er darüber hinaus begriff, daß eine Reihe von Kollegen und Amtspersonen, die er, der doch nur die besten Absichten hatte, als heimliche Mithelfer erwähnt hatte, ebenfalls zur Prüfung bei Gericht vorgeladen worden waren. Damit hatte man ihn auch noch zum Denunzianten gemacht ... Wahrscheinlich lag dieser Maßnahme der gleiche Zweck zugrunde wie dem Beschluß, Gerstein vorzuladen: Sie waren alle dabei gewesen, auf die eine oder andere Art, und nun sollten sie gewogen werden. Als er in das Militärgefängnis in der Rue du Cherche-Midi überführt wurde – jene Anstalt, in der Dreyfus einst eingesperrt saß –, hörte man ihn mit erstaunter Stimme sagen, so als müsse er sich selber davon überzeugen: „Ich bin ein Gefangener!"

In Gersteins Augen hatte sein früheres Scheitern nun zu einer persönlichen Katastrophe geführt. Er wurde in einem Atemzug mit Eichmann, mit Globocnik und Wirth genannt* – es wurde

* Christian Wirth lebte zu diesem Zeitpunkt bereits nicht mehr, er war in Triest getötet worden (wahrscheinlich von einem Untergebenen), wo er und seine Männer stationiert worden waren, nachdem man das Vernichtungslager Belzec geschlossen hatte. Im August 1963 wurden acht der überlebenden Wachen aus Belzec in München vor Gericht gestellt und der Mithilfe zum Mord angeklagt: Josef Oberhauser in 450 000 Fällen, Werner Dubois, Robert Jührs, Heinrich Unverhau, Ernst Zierke und Schluch in 360 000 Fällen, Heinrich Gley in 170 000 Fällen und Erich Fuchs in 90 000 Fällen. Keiner von ihnen bestritt, in die Massenmorde verwickelt

sogar angedeutet, daß *er* möglicherweise der Erfinder der Gaskammern gewesen sei. *France-Soir* schrieb auf der Titelseite über ihn: „Ein Henker der Nazilager gesteht", „Ich habe bis zu 11 000 Menschen täglich ausgelöscht". Er muß sich die ganze Zeit über gefragt haben, ob die Dienste, die er der Vernichtungsmaschinerie als offizieller Beamter erwiesen hatte, jemals von all den Dingen aufgewogen werden konnten, die er im Verborgenen getan hatte, er muß sich gefragt haben, ob mehr gestorben waren, entweder aufgrund dessen, was er als SS-Mann *tat*, oder aufgrund dessen, was er als Widerstandskämpfer *nicht tat*? Je mehr Zeit verstrichen war, in der aufgrund seiner gewagten Enthüllungen, der geheimen Berichte und seiner nächtlichen Gespräche mit Fremden nicht das geringste zu passieren schien, desto dringender stellte sich ihm diese Frage natürlich. Vielleicht empfand er die Anprangerung seiner Person doch nicht nur als eine ungeheure Ungerechtigkeit? Vielleicht überzeugte sie Gerstein davon, daß er wirklich mitschuldig war?

Dennoch hatte er mehr getan als die meisten, obwohl dies bedeutet hatte, daß er sein Leben aufs Spiel setzte. Jetzt, da alles vorbei war, standen Millionen von Opfern und Zuschauern als Überlebende da, weil sie in der unmöglichen Wahl zwischen dem moralisch Gerechtfertigten und dem eigenen Überleben ganz einfach der unwiderstehlichen Logik des Selbsterhaltungstriebs gefolgt waren. Wer kann sie dafür schon tadeln? Gleichzeitig empfand wahrscheinlich ein Großteil dieser Menschen, daß sie eine Wahl getroffen hatten, die sie in gewisser Weise befleckt hatte –

---

gewesen zu sein – alle Revisionisten sollten sich dies getrost vor Augen führen –, rechtfertigten sich aber damit, daß sie nur ihre Befehle befolgt und keine Wahl gehabt hätten. Das Amtsgericht in Hamburg zeigt Verständnis für diese Entschuldigung und ließ die Anklage gegen sieben der Angeklagten fallen. Der achte, Oberhauser, Wirths nächster Mitarbeiter und aller Wahrscheinlichkeit nach zur gleichen Zeit wie Gerstein bei der Gaskammer anwesend, war jedoch ein ungewöhnlich starrsinniger Zeitgenosse, der während der Verhöre tatsächlich sein Verständnis für die Ausrottung der Juden zum Ausdruck brachte. Er wurde für schuldig befunden und zu viereinhalb Jahren Gefängnis verurteilt, was gut fünf Minuten für jeden Mord entspricht.

und daß die Täter den Gestank ihrer eigenen moralischen Verkommenheit auf Unschuldige übertrugen, ist kein geringes Verbrechen. Ein wenig davon wird wohl auch für alle Zeit uns selber anhaften, die wir nicht wählen mußten. Auch die Lehre ist geblieben, und die Bedrohung. Denn einen Teil der Mechanik gibt es noch, ebenso glänzend und gut geölt wie im August 1942, nur schlummernd und bereit für eine Wiederholung. Denn heute wissen wir leider, daß Zygmunt Bauman recht hat, wenn er schreibt:

> Das Böse braucht keine fanatisierten Anhänger und auch kein begeistertes Publikum. Allein der Selbsterhaltungstrieb genügt, wenn er von dem tröstlichen Gedanken genährt wird, selbst noch nicht an der Reihe zu sein und sich durch Passivität womöglich retten zu können.

Gleichzeitig zeigten Menschen wie Kurt Gerstein, daß der Ausgang der Wahl zwischen dem moralisch richtigen Handeln und dem eigenen Überleben niemals von vornherein gegeben ist, daß es letztlich trotz allem eine Wahl ist.

Primo Levi hat davon gesprochen, daß sich die Opfer des Holocausts auf ungezwungene Weise in zwei Gruppen einteilen lassen: in die Untergegangenen und die Geretteten, in jene, die sich mit verschiedenen Tricks über Wasser hielten, und jene, die nur versanken. Vielleicht ist es falsch, den SS-Mann Gerstein zur Schar der Opfer zu zählen, aber Tatsache bleibt, daß er seine Enthüllungen nicht überlebte. Im Sommer 1945 war der Holocaust Vergangenheit, aber das Geschehene war so ungeheuerlich, daß es wie ein sinkendes Schiff einen Sog entwickelte, der Menschen hinabzog, noch lange nachdem das Schiff selber aus dem Blickfeld verschwunden war. Einer der Menschen, die in diesem Strudel ertranken, war Kurt Gerstein. Ein weniger moralisch veranlagter Mensch hätte es vielleicht ertragen, sich von einem Zeugen in einen Angeklagten verwandelt zu sehen, aber für Gerstein war dies mehr, als er verkraften konnte. Am Nachmittag des 25. Juli 1945 erhängte er sich in seiner Zelle.

Wir werden wohl nie erfahren, ob dies aus Enttäuschung oder aus Scham geschah.

WER MIT UNGEHEUERN KÄMPFT

1.

Während des Krieges fuhr er immer Sportwagen, und er fuhr schnell.

Eines späten Abends, als er wie gewöhnlich mit seinem schwarzen Bentley vom Luftfahrtministerium in Richtung Hauptquartier in High Wycombe unterwegs war, gelang es einem Polizisten auf einem Motorrad, das vorbeisausende Gespann zu stoppen. Der Schutzmann war vorwurfsvoll: „Sie hätten jemanden umbringen können, Sir." „Junger Mann", unterbrach ihn der brillentragende Sportwagenpilot irritiert, „ich töte jede Nacht Tausende von Menschen!"

Der Mann im Sportwagen war Arthur Harris, Feldmarschall und während des Zweiten Weltkriegs Oberkommandierender des britischen Bomberkommandos. Der Öffentlichkeit war er unter dem Namen „Bomber" Harris bekannt, seine engsten Mitarbeiter und Vorgesetzten nannten ihn „Bert", aber seine Untergebenen nannten ihn niemals anders als „Butch", was eine Abkürzung für *Butcher* war, Schlächter. Es ist sicherlich ein recht passender Kosename für einen Mann, der die Verantwortung für den Tod von rund 600 000 Menschen trägt.

All die Flieger, die ihn Butch nannten, taten dies jedoch mit durchaus gemischten Gefühlen. Sie mochten zwar das Gefühl haben, daß er sie in einen vorzeitigen Tod trieb, so als wären sie Schlachtvieh, aber zweifellos mischte sich auch ein gewisses Gefühl von Respekt und sogar Bewunderung in diesen Namen: Er war rücksichtslos, stur, mürrisch – er litt den ganzen Krieg über an Magengeschwüren –, kraftvoll und direkt, um nicht zu sagen grob, und dies flößte einem in gewisser Weise Vertrauen ein. Die Anekdoten über seine Fahrten mit dem Sportwagen und seinen brutalen Humor kamen bei den jungen Männern aus der Mittelklasse an, die in diesen Jahren das Rückgrat des Bomberkommandos bildeten. Für seine engsten Mitarbeiter war es allerdings nicht immer so lustig. Einer von ihnen, sein Stellvertreter Robert Saundby, schickte ihm einmal ein PM, in dem er mit großer Mühe und Akribie zehn alternative Methoden entwickelt hatte, um ein bestimmtes Ziel anzugreifen. Als er sein PM zurückbekam, hatte ein ungeduldiger Harris nur einen kurzen Kommentar darauf gekritzelt: „Versuchen Sie es mit Wieseln!"

Im Spätsommer 1943 stand Harris auf dem Höhepunkt seiner Macht. Als er den Befehl über das Bomberkommando im Februar des vorhergegangenen Jahres übernommen hatte, war Pessimismus die vorherrschende Stimmung gewesen: Die Luftoffensive gegen Deutschland verlief schleppend und hatte mehr Enttäuschungen als nennenswerte Erfolge gezeitigt. Im August 1943 herrschte dagegen eine Stimmung von aggressivem Optimismus unter den Verantwortlichen. Churchill drängte darauf, die Angriffe zu verstärken. Harris, der den Premierminister oft besuchte, wenn dieser sich auf seinem Landsitz Chequers aufhielt, war mehr als willens, ihm diesen Gefallen zu tun. Harris war nämlich davon überzeugt, daß eine Entscheidung in Reichweite lag. Über das Ziel gab es keinen Zweifel. In diesem Herbst schrieb er in einem Brief an Churchill: „Wir können Berlin von einem Ende zum anderen zerstören, wenn die amerikanische Luftwaffe mit von der Partie ist. Wir werden dabei schätzungsweise vierhundert bis fünfhundert Flugzeuge verlieren. Deutschland wird dabei den Krieg verlieren."

Die Deutschen ahnten, was ihnen bevorstand, und die britischen Zeitungen verkündeten es in fettgedruckten Schlagzeilen: „Als nächstes Berlin."

Es gab einen einfachen Grund für diese selbstzufriedene Zuversicht: Hamburg.

2.

In einigen mondhellen Nächten zum Monatswechsel Juli-August 1943 war Harris' gesamte Bomberflotte auf Hamburg losgegangen, Deutschlands zweitgrößte Stadt. Als die durch Rauch und

ABB. 12

Arthur Harris – mit der Hand auf der Karte – und Untergebene überdenken die Auswirkungen des Bombenkrieges.

Staub verzögerte Morgendämmerung nach der letzten Nacht der Angriffe heranbrach und es mit etwas Mühe möglich wurde, das ganze Ausmaß der Katastrophe zu erkennen und ihren unglaublichen Umfang zu ermessen, hatte es den Anschein, als könnten all die überoptimistischen Bomberpropheten aus der Vorkriegszeit doch recht behalten und der Krieg schnell, vielleicht schon innerhalb weniger Monate ein vorzeitiges Ende finden. Die Angriffe hatten zwar insgesamt nur vier Stunden gedauert, aber dies hatte ausgereicht, die Stadt in eine rauchende, ausgebrannte Schale und ihre Einwohner in eine Mischung aus lebenden Gespenstern und toten Bürgern zu verwandeln. So sehr hatte die Zerstörungskraft zugenommen, so wenig war von den Hemmungen geblieben.

Es hatte den Anschein, als wäre es schließlich doch noch zur Apokalypse des Jahres 1914 gekommen.

Die größten Schäden und Verluste wurden in Hamburg durch einen Feuersturm, den ersten in der Weltgeschichte, verursacht, der nach dem Bombardement in der Nacht zum 28. Juli entfacht wurde. Bei einem Feuersturm vereinigen sich eine Reihe kleinerer Brände und werden zu einer einzigen, zusammenhängenden Fläche aus Flammen. Haben sich ausreichend viele Feuer in dem brennenden Gebiet vereint – in Hamburg wurde es bis zu 20 Quadratkilometer groß und sein ursprüngliches Zentrum scheint in einem großen Holzlager am Mittelkanal gelegen zu haben –, dann fängt alles, was brennbar ist, Feuer, die Temperatur steigt schnell, und die erhitzte Luft steigt in einer riesigen Säule empor, was dazu führt, daß Kaltluft von außen angesogen wird und ein Blasebalgeffekt entsteht: Das Feuer bekommt neue Nahrung, die Temperatur steigt weiter, mehr Kaltluft wird angesogen und so weiter. In Bodenhöhe bewegt sich die Luft mit Orkanstärke und reißt Menschen, entwurzelte Bäume und umgestürzte Autos mit sich. Der Wind ist voller aufsteigender Funken – ein Augenzeuge in Hamburg fand, der Anblick gleiche „einem Schneesturm mit roten Flocken“. Zu diesem Zeitpunkt liegt die Temperatur deutlich höher als 1000 Grad. In einer solchen Hitze ist Holz seit langem explodiert und Blei, Asphalt und sogar Glas sind flüssig geworden.

Auch noch in einiger Entfernung von einer solchen Hitze wird das Atmen schmerzhaft. Alle Menschen in der nächsten Umgebung des Brandes sterben, entweder an Sauerstoffmangel oder einfach aufgrund der Hitze. In Hamburg waren Tausende in Kellern und Schutzräumen gefangen und erstickten einfach: Die frische Luft wurde durch die Hitze hinausgesogen, und an ihre Stelle traten Rauch und Kohlenmonoxid. Als das Rettungspersonal sich Zugang zu manchen Kellern verschaffte, wurden sie mit Szenen konfrontiert, die bizarrerweise an jene erinnerten, denen zu dieser Zeit die jüdischen Arbeitskommandos im Osten begegneten, wenn sie die Gaskammern öffneten: verschlungene Trauben aus von Abgasen getöteten Menschen, die an Luftlöcher und blokkierte Türöffnungen gedrückt lagen.

In anderen Schutzräumen fand man nur noch zahlreiche Knochen, verstreut in einer klebrigen, schwarzen Masse. Das Körperfett der Toten war von der Hitze geschmolzen und anschließend koaguliert. Diejenigen, die auf die Straße hinausgelaufen waren und aus Mangel an Sauerstoff starben, waren in vielen Fällen vollkommen wiedererkennbar, auch wenn ihre Körper in einem hellbraunen Farbton gebacken worden waren. Manche waren im geschmolzenen Asphalt der Straßen steckengeblieben und zu Tode geröstet worden. Um wieder andere zu beschreiben, war man gezwungen, ein neues Wort des 20. Jahrhunderts zu erfinden: *Bombenbrandschrumpfleichen*. Die geschrumpften Körper einer ganzen Familie paßten manchmal in einen Wäschekorb, ein Mensch in eine Seifenkiste. Ein Augenzeuge berichtet von einigen Toten, die er gesehen hat:

> An den geplatzten Schläfen quoll das Gehirn heraus, das Gedärm hing unter den Rippen heraus. Wie entsetzlich müssen diese Menschen gestorben sein. Die kleinsten Kinder lagen wie gebratene Aale auf dem Pflaster, im Tode noch zeigten die Züge, wie sie gelitten haben. Die Hände vorgestreckt, um sich vor der erbarmungslosen Hitze zu schützen.

Viel Zeit zum Trauern oder für Aufräumarbeiten blieb nicht. Allen war klar, daß Harris' Bomber zurückkehren würden, und in weniger als zwölf Stunden verließ ein Flüchtlingsstrom aus 1 200 000 Menschen die Stadt. Hamburg hörte auf zu funktionieren. Den Überlebenden war schmerzhaft deutlich gemacht worden, daß sie in einem so modernen und technologisch so mächtigen Zeitalter erwacht waren, daß es in der Lage war, sowohl Modernität als auch Technologie aufzuheben.

Geschockt, vielfach nur in verrußten Nachtgewändern, manche mit Verbrennungen, einige buchstäblich verrückt, strömten die Menschen aufs Land hinaus und in Sicherheit. Eine Frau hat beschrieben, wie ihr Blick zwischen den vorbeiströmenden Menschen auf eine Frau mit versengtem Haar fiel, die am Wegrand saß und ihr Kind stillte, während eine andere Frau etwas weiter weg auf dem Bürgersteig lag und ein Kind bekam. Eine weitere Überlebende, Anne-Käte Seifarth, die mit ihrem Mann und ihrem Sohn zu Fuß unterwegs war, berichtet: „Die meisten haben nichts, sind nur in Nachtkleidung. Feuerwehr, Militär, Lastwagen – alles durcheinander und doch alles ruhig, stumpf, den Irrsinn im Gesicht. Warum? Warum? Und wofür das alles?“ Ihre Fragen resultierten nicht nur aus dem Unverständnis, das der Anblick moderner Zerstörungskraft immer hervorrief. Sie verstanden nicht, warum gerade sie so hart getroffen wurden.

Der britische Kulturhistoriker Christopher Coker vertritt die Auffassung, daß die Menschen in Hamburg tatsächlich selber einen Teil der Verantwortung für das Schicksal trugen, das sie getroffen hatte. Unter den Toten, meint Coker, waren die kleinen Bürokraten, die den Befehl über den Zwangsverkauf von Kunst in jüdischem Besitz umsetzten, waren all jene, die ihre Rundfunkgeräte konfiszierten, die ihre Telefonleitungen sperrten, die sie daran hinderten, öffentliche Bibliotheken zu benutzen, die alle über sechs Jahre zwangen, den gelben Stern zu tragen, die sie im Herbst 1941 unter Hausarrest stellten und dann dafür sorgten, daß sie auf Güterzüge verfrachtet wurden, sowie all jene, die in eine der 7812 Wohnungen einzogen, die leer standen, nachdem die Transporte in Richtung Polen verschwunden waren. (Das Reserve-Polizeibataillon 101, jener Verband, der durch die Forschung Christopher Brownings zu einer Art Symbol für all die „ganz normalen

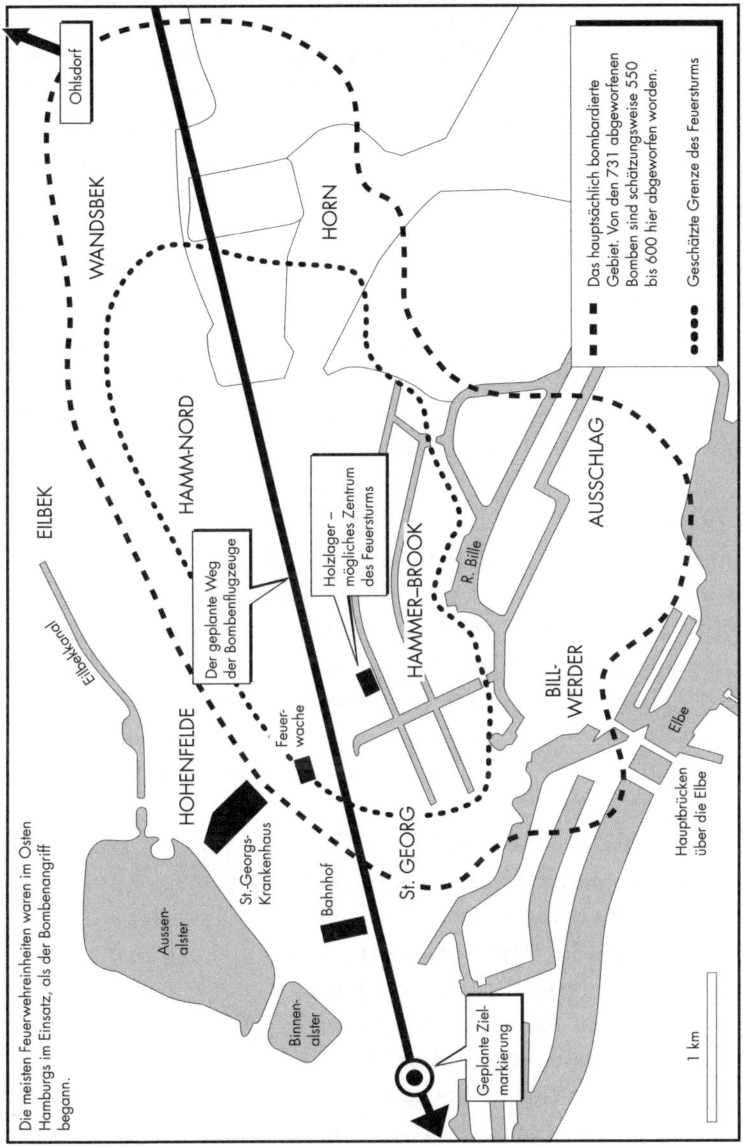

KARTE 4

Der Feuersturm in Hamburg, 27. – 28. Juli 1943.

Männer" geworden ist, die in den Holocaust verwickelt waren, wurde ausgerechnet in Hamburg zusammengestellt.) „Kein anderes Volk zahlte einen so hohen Preis für sein gesellschaftliches Stillschweigen, dafür, daß man nicht rechtzeitig widersprach."*

Man kann sich fragen, ob es wirklich sinnvoll ist, die Kollektivschuld auf diese Weise mit der Erbsünde zu verknüpfen, was logischerweise die einzige Erklärung für die eingeschrumpften Kinderleichen auf dem Bürgersteig sein kann. Hamburg war nämlich eine der Städte in Deutschland, in denen die Arbeiterbewegung vor 1933 am stärksten und die Nationalsozialisten am wenigsten verankert waren. Außerdem waren die Bombenteppiche nicht über den vornehmen Stadtteilen ausgerollt worden, in denen die örtlichen Parteibonzen wohnten – diese Teile Hamburgs blieben praktisch unbeschädigt –, sondern über den dichtbevölkerten Arbeitervierteln. (Daß die britischen Flieger die Zivilbevölkerung ins Visier nahmen, zeigt sich auch daran, daß die kriegswichtigen Industrien, insbesondere die U-Boot-Werft, paradoxerweise keine größeren Schäden davontrugen.) Im Feuersturm kamen ganz sicher eine Menge überzeugter Nationalsozialisten ums Leben, an deren Händen Blut klebte. In ihm starben aber ebenso sicher viele überzeugte Sozialdemokraten, Menschen, die Juden versteckten, und andere, die auf unterschiedliche Art das Regime bekämpften.

Das Töten geschah nämlich vollkommen wahllos. Die Opfer waren nur deshalb Opfer, weil sie zufällig an einem bestimmten Ort zu einem bestimmten Zeitpunkt lebten. Es gab mit Sicherheit nicht wenige, die 1943 in Hamburg lebten und der Meinung waren, das Regime in Berlin sei ein Übel und müsse bekämpft werden, aber nicht nachvollziehen konnten, daß dies mit Methoden geschehen mußte, die in ihrer Brutalität das meiste übertrafen, was die Weltgeschichte gesehen hat, und denen es ganz einfach schwerfiel, den moralischen Wert darin zu sehen, den Barbaren mit Hilfe barbarischer Mittel zu bekämpfen.

---

* Vgl. hierzu Christopher Cokers ein wenig ausschweifendes, aber ausgesprochen intelligentes Buch *War and the 20th Century. A Study of War and Modern Consciousness. London: Brassey's 1994.*

Aber es gibt solche und solche Opfer.

Eines der klügsten Bücher, die je über den modernen Krieg geschrieben wurden – vergleichbar solchen Meisterwerken wie Curzio Malapartes *Kaputt*, Henri Barbusses *Das Feuer. Tagebuch einer Korporalschaft* und Michael Herrs *An die Hölle verraten* –, ist Frederick Mannings *The Middle Parts of Fortune.** Der Autor, ein gelehrter Dichter, der 1916 als einfacher Soldat an der Schlacht an der Somme beteiligt gewesen war, hat über die Rolle des Kanonenfutters bei diesen Ereignissen einiges zu sagen. Manning ist nicht der Meinung, daß die einfachen Soldaten im Grunde gut und *nur* getäuschte Opfer sind. Nein, der Krieg entsteht zu einem Teil aus ihren eigenen Wunschvorstellungen, ihren eigenen Träumen, ihren eigenen Mißverständnissen. Die Tragödie des Krieges begründet sich eher aus seinem unkontrollierbaren Wesen:

> Es gibt nichts im Krieg, was es nicht auch in der menschlichen Natur gäbe; aber die Passionen und die Gewalttätigkeit der Menschen werden zusammen genommen zu einer unpersönlichen und unvorhersehbaren Kraft, zur blinden und irrationalen Bewegung des kollektiven Willens, die man nicht kontrollieren kann, die man nicht verstehen kann, die man nur durchstehen kann.

Die Menschen spüren, daß sie von einer für sie unergründlichen Macht benutzt werden, einer Macht, der sie als Individuen gleichgültig sind, so daß sie sich nicht vollkommen mit dem Geschehen identifizieren können, sich aber auf der anderen Seite auch nicht von ihm loslösen, denn, so Manning – und dies ist eine Wahrheit, die in ihrer Schaurigkeit unerhört ist –, „ein Mensch mag sich gegen den Krieg erheben; aber der Krieg mit seiner Unzahl von

---

* Das Buch trug ursprünglich den Titel *Her Privates We*, aber in dieser Ausgabe war alles ausgelassen, was man dem Lesepublikum nicht glaubte zumuten zu können; Manning veröffentlichte sie denn auch unter dem Pseudonym „Gemeiner Soldat 19022". Erst 1977 wurde das Buch in ungekürzter, unzensierter Form herausgegeben und erhielt den oben angegebenen Titel. In deutscher Sprache ist nur die erste Ausgabe des Buches erschienen. Vgl. Frederick Manning: *Soldat Nr. 19022. Tübingen 1966.*

Gesichtern konnte ihm immer eins zuwenden, das sein eigenes war".

Zweifelsohne genoß das totalitäre Regime in Deutschland eine breite Unterstützung in der Bevölkerung. Diese Unterstützung war am größten in dem knappen Jahr, das vom Triumph im Westen 1940 bis zum Überfall im Osten 1941 verging. Die wirtschaftlichen und politischen Krisen der Depression waren zu dieser Zeit nur noch böse Erinnerungen, Arbeitslosigkeit ein bloßes Wort, unglaublich große militärische Triumphe waren zu einem unerwartet niedrigen Preis errungen worden, und ein lukrativer und ehrenhafter Frieden schien am Horizont in Sicht.

Für viele platzten diese Illusionen erst nach 1941. Mit flüsternden Stimmen erzählten da von der Ostfront heimkehrende Soldaten von Massengräbern und Erschießungen von Kleinkindern, verbreiteten sich Gerüchte, daß psychisch Kranke und geistig Behinderte in verschiedenen Spezialeinrichtungen aus der Welt geschafft wurden. Gleichzeitig begannen die einfachen Bürger zum ersten Mal, die Kriegsanstrengungen und die ganze Härte des Polizeistaats zu spüren zu bekommen.

Die Bombardierung der Städte, mit der in größerem Umfang 1942 begonnen wurde, war ein unerhörter Schock für die deutsche Zivilbevölkerung. Die Verluste und die Zerstörung erschütterten, aber mindestens ebenso aufwühlend war für viele die Erkenntnis, daß die eigene Luftwaffe nicht in der Lage war, angemessen Vergeltung zu üben. So wurde beispielsweise – nach Informationen des ständig lauschenden deutschen Sicherheitsdienstes – vom gewöhnlichen Volk mit Beifall aufgenommen, als Hitler in einer Rede im April dieses Jahres versprach, die letzten Luftangriffe zu rächen, ein Beifall, der sich später in Enttäuschung verkehrte, als die Nachricht kam, die Luftwaffe habe unter anderem Bath attackiert: Nur ein paar „Badeorte" anzugreifen erschien den Menschen nicht ausreichend. Danach wurde der Luftkrieg nur immer schlimmer. Einige Wirrköpfe forderten in dieser Situation, daß die Behörden mit der Hinrichtung von Juden antworten sollten – ein Antragsteller wollte gar, daß man sie auf dem Scheiterhaufen verbrannte. Eine durchaus weitverbreitete Auffassung in der Bevölkerung scheint gewesen zu sein, daß man entweder mit aller Härte zurückschlagen müsse, am liebsten mit einer der geheimen Waffen, von denen das Regime unermüdlich tuschelte, oder dafür sorge, daß dieser Krieg bald vorbei war.

Für die Toten kam das jedoch alles zu spät.

Rund 45 000 Männer, Frauen und Kinder verloren während der Angriffe auf Hamburg ihr Leben, die meisten während des Feuersturms am 27. Juli, so daß in einer einzigen Nacht in dieser Stadt mehr Menschen getötet wurden, als während der gesamten Luftschlacht um England. Ein Großteil der Arbeit, die Leichen einzusammeln und zu begraben, wurde ironischerweise von Gefangenen aus dem nahegelegenen Konzentrationslager Neuengamme übernommen. Die sterblichen Überreste wurden auf Lastwagen geladen, die zu Hamburgs Hauptfriedhof Ohlsdorf im Norden der Stadt hinausfuhren.

Zu diesem Zeitpunkt hatten sich feste Abläufe für die Handhabung der großen Mengen von Toten nach Bombenangriffen herausgebildet. Den Männern, die mit den Leichen befaßt waren, wurde empfohlen, Overalls, Gummihandschuhe und Schutzbrillen zu tragen. Man sollte unter anderem sorgfältig vermeiden, abgesprengte Körperteile mehrerer Personen miteinander zu vertauschen, da dies leicht zu Fehlern beim Zählen der Toten führte. Alle Leichen sollten möglichst zu einem zentralen Sammelplatz gebracht werden, an dem man Angehörige und Zeugen versammelte und wo zudem Personen mit vorbereiteten Totenscheinen, Formularen für Personenbeschreibungen, kleinen Pappschildern, die an den einzelnen Körpern befestigt werden konnten, Bleistiften – Tinte verlief bei Regen – sowie kräftigen Kneifzangen warteten. Letztere wurden verwandt, um den Toten Schmuck und Ringe abzunehmen. Eheringe waren manchmal das einzige, womit man verbrannte Leichen noch identifizieren konnte, und später sollte man sie eimerweise einsammeln.

Dieses geordnete und durchdachte Regelsystem brach allerdings in Hamburg aus dem einfachen Grund zusammen, daß die Zahl der Toten so ungeheuer groß war. Es kam deshalb nicht in Frage, auch nur den Versuch zu unternehmen, einzelne Tote zu identifizieren. Als die Lastwagen mit den Körpern den Friedhof von Ohlsdorf erreichten, mußte der Fahrer nur angeben, wie viele Tote er ungefähr auf seiner Ladefläche hatte. Die Summe wurde dann von einem Protokollführer notiert. Daraufhin wurden die Körper ohne Beerdigungszeremonie in eines der vier langgestreckten Riesengräber gekippt, die man dort ausgehoben hatte.

Der schattige Friedhof, der diese Massengräber aus dem Jahre 1943 beherbergt, liegt am nördlichen Stadtrand. Die Gräber gibt es noch, heute in Form von vier gewölbten Grasflächen, 130 Meter lang und 16 Meter breit, eingefaßt mit Begonien und geschmückt mit grobgehauenen Holzbalken, die die Namen der Stadtteile tragen, aus denen die Toten geholt worden waren.

Ein weiteres Grab.

3.

Als die Nachricht von Hamburgs Schicksal sich in Deutschland verbreitete, reagierte die Bevölkerung mit Wut, aber auch mit Angst, und viele in der Führungsspitze des Reichs waren erschüttert. Hitler war einer der archetypischen Bunkergeneräle des 20. Jahrhunderts, der sehr genau darauf bedacht war, jeden Kontakt mit dem Werk seiner Hände zu vermeiden. (Ein Jahr zuvor war sein luxuriös ausgerüsteter Zug gleichzeitig mit einem Transport in einem Bahnhof eingetroffen, der erschöpfte und verwundete Soldaten von der Ostfront zurückbrachte. Der Diktator vermied jede Geste in Richtung der Männer auf der anderen Seite der Fensterscheibe und gab statt dessen den Befehl, daß die Vorhänge zugezogen werden sollten, woraufhin er fortfuhr, sein streng vegetarisches Abendessen zu verspeisen.) Als nun verschiedene Personen Hitler den Vorschlag machten, er solle Hamburg besuchen, lehnte er dies nur kurz angebunden ab und weigerte sich sogar, eine Abordnung aus der Stadt zu empfangen, die nach Berlin gereist war. Rüstungsminister Speer konnte ihn jedoch nicht in seiner selbstgewählten Unwissenheit belassen. Er teilte Hitler mit, daß man den Krieg wohl nicht fortsetzen können würde, falls Deutschland von sechs weiteren Angriffen dieser Art getroffen würde.

In Großbritannien rieb sich Harris die Hände. Er hatte recht behalten oder jedenfalls fast recht.

Schon kurz nach 1918 waren Vordenker in Europa aufgetaucht, die verkündeten, der nächste Krieg werde ein Bombenkrieg sein. Das Gefühl einer Katastrophe, in dem der Erste Weltkrieg geendet hatte, ließ auch manche Militärbefehlshaber „nie wieder" sagen, zumindest zu den Schützengräben. Statt dessen sagten sie Konflikte voraus, die schnell und schmerzfrei mit Hilfe raffinierter Technik gewonnen werden konnten. Das Ganze würde aufgrund von tagelangen massiven Luftangriffen auf die wehrlosen Städte des Gegners und seine ebenso wehrlosen Industrieanlagen entschieden werden, dann wäre alles vorbei. Diese Idee, besonders wenn sie mit einem eingeplanten großzügigen Gebrauch von Giftgas verknüpft wurde, stand für eine eigenartige Mischung aus blauäugigem Glauben an die Möglichkeiten der Technik und schwarzer Apokalyptik, die manchen Militärbefehlshabern verlokkend erschien und für gewisse Medien eine unwiderstehliche Anziehungskraft hatte: Das Resultat waren eine Reihe von Höllenvisionen, die unter anderem in Filmen und Büchern verbreitet wurden, wie zum Beispiel *Invasion from the Air* und H. G. Wells *The Shape of Things to Come*. (Will man die Beschwichtigungspolitik der dreißiger Jahre gegenüber Hitler verstehen, muß man in der Tat diese weitverbreiteten Untergangsvisionen berücksichtigen, die alle erschreckten und das meiste verlockender erschienen ließen als einen Krieg.)

Dann begann der Krieg. Die Dystopiker schienen widerlegt zu werden. Es kam zu keinen Massenbombardierungen, wie sie alle gefürchtet hatten. Dafür gab es zwei Gründe. Zum einen gab es tatsächlich so etwas wie den ehrlichen Willen, eine solche Barbarei zu vermeiden. Die Verantwortlichen in Frankreich und in Großbritannien hofften auf einen kurzen, sauberen Krieg und verkündeten öffentlich, daß sie sich dieses unwürdigen Mittels, Krieg aus der Luft gegen die Zivilbevölkerung des Gegners zu führen, enthalten würden, und auch Hitler versprach in einem Augenblick der Schwäche, keinen Krieg gegen Frauen und Kinder zu führen. Zum anderen hatten die Luftfahrttheoretiker die Möglichkeiten des Bombenflugzeugs weit überschätzt. Die großen und langsamen Flugzeuge hatten es schwer, bei Tageslicht zu überleben, und wurden in Massen abgeschossen. Außerdem zeigte sich schon recht bald, daß es den Piloten außerordentliche Probleme bereitete, entlegenere Ziele zu finden. Dies ging von Anfang an schief. Den ersten Bombenangriff flog die Royal Air Force am 4. September 1939, an einem verregneten Montagnachmittag, fast genau 24 Stunden nachdem Chamberlains traurige Altherrenstimme im Radio verkündet hatte, daß die Deutschen auf Englands Ultimatum nicht geantwortet hatten und sich das Land folglich im Krieg mit Deutschland befand. Obwohl es heller Tag war, fand nur knapp die Hälfte der 29 Flugzeuge das Ziel Wilhelmshaven. Etwa zehn kehrten sofort um, drei verirrte Flugzeuge und hätten um ein Haar ein paar britische Kriegsschiffe angegriffen, und ein Flugzeug erreichte nach einigen Problemen eine Stadt, die von der Besatzung auch prompt bombardiert wurde – wie sich herausstellte, handelte es sich um Esbjerg im neutralen Dänemark.

Im August 1940 war die Luftschlacht um England im vollen Gange. Chamberlain war inzwischen durch Churchill ersetzt worden, der im Gegensatz zu seinem Vorgänger an die Möglichkeiten des Bombenkriegs glaubte. Außerdem hatten sich die Versprechungen, Angriffe auf Zivilisten vermeiden zu wollen, durch die Ereignisse des letzten Jahres gefährlich abgenutzt. Das Tabu, das es gegen solche Angriffe gegeben hatte, war bereits während des Spanischen Bürgerkriegs von deutschen und italienischen Luftstreitkräften gebrochen worden. Tatsächlich „erfunden" wurden solche Terrorbombardierungen jedoch von japanischen Befehlshabern: Bereits 1932 war Shanghai das Opfer wahlloser Bombardierungen durch japanische Flugzeuge geworden, und als das spanische Guernica zerstört wurde, fielen im gleichen Jahr eine Reihe chinesischer Großstädte Angriffen aus der Luft zum Opfer.

Als der Weltkrieg mit Hitlers Überfall auf Polen begann, agierte seine Luftwaffe ausgesprochen skrupellos, und im Mai des folgenden Jahres wurde Rotterdam das Ziel eines heftigen deutschen Bombenangriffs. Sicher, der Angriff war ein Versuch, die holländischen Befehlshaber in der Stadt zur Aufgabe zu zwingen, und ebenso sicher entsprach die Zahl der tatsächlichen Opfer einem Dreißigstel der Zahl, die in der Presse angegeben wurde, aber an einer Tatsache war nicht zu rütteln: Eine große Stadt war angegriffen worden, was eine große Zahl von Opfern in der Zivilbevölkerung zur Folge hatte. Als die Deutschen ihre Flugoffensive gegen Großbritannien begannen, waren die Ziele eindeutig militärisch. Es ging darum, die britische Luftverteidigung vor einer gedachten Invasion über den Ärmelkanal auszuschalten. (Hitler hatte Angriffe gegen London und andere Städte ausdrücklich verboten.) Eine steigende Zahl von Verlusten während des Tages ließ die deutsche Luftwaffe immer mehr Angriffe während der Nachtstunden fliegen.

Die deutschen Piloten machten dabei die gleiche Entdeckung, die ihre britischen Gegner bereits hinter sich hatten. Sobald die Flugzeuge nachts flogen, war ihre Navigation nicht sehr präzise und die Bombenabwürfe noch weniger. Kleinere Ziele wie Fabriken und Kasernen waren praktisch nicht zu treffen. Die britischen Flieger, die trotz allem in die Nähe des Ziels gelangten, mußten sich zumeist damit begnügen, ihre Bomben über den Scheinwerferstrahlen und dem Feuer der Flugabwehr abzuwerfen. Nicht selten fielen die meisten Bomben auf Äcker und Weiden: „Wir flogen einen grandiosen Angriff auf die deutsche Landwirtschaft", wie ein Bomberpilot es später ausdrückte.

Am Abend des 24. August 1940 flog etwa ein Dutzend deutscher Bombenflugzeuge London an. Sie hatten den Auftrag, eine Reihe großer Öltanks am Rande der Stadt anzugreifen, aber sie nahmen natürlich einen falschen Kurs und warfen ihre Bomben über dem Zentrum ab. Churchill antwortete damit, daß er zum ersten Mal seiner Luftwaffe den Befehl gab, Berlin anzugreifen. Das Ziel waren einige Industrieanlagen und die Schäden nicht besonders groß, aber Hitler wurde rasend vor Wut und versprach bei einer Massenkundgebung, daß man ihre Städte auslöschen werde, wenn sie deutsche Städte angriffen. Der Führer gab deshalb Göring als Oberbefehlshaber der Luftwaffe den Befehl, die Offensive gegen die Luftverteidigung des Gegners auszusetzen und statt dessen auf seine Städte loszugehen.

Es war ein Wendepunkt, und zwar in mehrfacher Hinsicht. Denn an diesem Punkt begann die Reise nach Hiroshima und Nagasaki.

Militärisch war die Bomberoffensive gegen die britischen Städte, „The Blitz“, wie die Engländer sie nannten, glatter Wahnsinn, da sie den arg in Bedrängnis geratenen, britischen Jagdgeschwadern eine Atempause verschaffte. Aber auch für die Briten war dies eine Art Wendepunkt. Nachher war alles ganz einfach. Im Spätsommer 1940 hatten sie Hitler allein gegenübergestanden, aber sie zweifelten nie, sondern verstanden es, mit Hilfe einer Kombination von niemals wankender Einigkeit, Kaltblütigkeit, guter Laune und einem Glauben an die gerechte Sache auszuharren. So hieß es. In Wirklichkeit gab es in Großbritannien bis zu diesem Punkt eine nicht unbedeutende Opposition gegen den Krieg. Noch im Jahr zuvor gelang es den britischen Faschisten, Zehntausende zu ihren Massenkundgebungen zu mobilisieren, und pazifistische und kommunistische Gruppierungen verzeichneten eine wachsende Unterstützung. Rund 60 000 Männer verweigerten den Wehrdienst. Einige der etwas Privilegierteren verließen ganz einfach die bedrohte Insel und machten sich auf den Weg in ein etwas angenehmeres Klima, wie beispielsweise Christopher Isherwood – der Autor des Buchs *Leb' wohl, Berlin*, der Vorlage des Musicals *Cabaret* – sowie der bekannte linksgerichtete Lyriker W. H. Auden, die sich beide 1939 in Richtung der garantiert bombenfreien USA aus dem Staub machten. Zurück blieben, worauf der englische Literat Peter Vansittart hingewiesen hat, unter anderen all jene, die Auden lange Zeit lächerlich gemacht hatte, „Oberste, die zurückgebliebenen Schüler von Privatschulen, Vorstadtgolfer, belanglos daherredende Durchschnittstypen, romantische, aber lächerliche Snobs“, und viele von ihnen ließen binnen kurzem ihr Leben für etwas, wovon Auden gerne in der Theorie sprach, was er aber in der Praxis etwas zu anstrengend fand: den Kampf gegen den Nationalsozialismus.

Später, als der Krieg ernsthaft begann, tauchten des öfteren antisemitische Schmierereien in London auf, und Geschäfte, die sich im Besitz von Ausländern befanden, wurden geplündert. Wenn

Churchill und die königliche Familie schwer getroffene Areale besuchten, konnte es vorkommen, daß sie ausgebuht wurden. Während der Luftschlacht im Spätsommer 1940 konnte man zahlreiche wirkliche Heldentaten und unfaßbar aufopfernde Handlungen bewundern, aber gleichzeitig gab es auch viel Resignation, Panik und Feigheit. Auf manchen Flugbasen weigerte sich das Bodenpersonal trotz der lautstarken Befehle ihrer Offiziere, die Schutzräume zu verlassen, um das Feuer zu erwidern, es kam vor, daß Jagdgeschwader kehrtmachten, wenn die Gefahr bestand, daß sie auf etwas anderes als deutsche Bomber trafen, und manch eine Zivilperson schreckte nicht davor zurück, zerstörte Gebäude der Royal Air Force auf der Suche nach begehrten Werkzeugen und Reserveteilen zu plündern.

Die Toryregierung hatte sich seit dem Kriegsausbruch in rhetorischen Phrasen über die Schicksalsgemeinschaft der Menschen etc. geübt, aber viele der Menschen, die auf der Schattenseite der britischen Klassengesellschaft lebten und sich noch des verlogenen und aufgesetzten Patriotismus des Ersten Weltkriegs entsinnen konnten, hatten beschlossen, ihre Zweifel anzumelden. Die wahllos fallenden Bomben machten diesen Punkt jedoch deutlicher, als staatliche Propaganda es je vermocht hätte. (Die Linken wie die Rechten hießen die neugewonnene Gemeinschaft über die Klassengrenzen hinweg denn auch willkommen, und jeder sponn, während die Glasscherben noch in den Rinnsteinen knirschten, sich seine eigenen Mythen daraus. Für die Tories ging es darum, Unterstützung für einen Krieg zu gewinnen, der das britische Empire bewahren sollte, aber paradoxerweise zu seinem völligen Ruin führte. Für die englische Linke war der „Blitz" und die Auflockerung der Klassengrenzen im Gegensatz dazu der Anfang von etwas Neuem, von einer positiven Veränderung der Gesellschaft. Politiker der Labourpartei haben später in der Regel den Ausgangspunkt des britischen Wohlfahrtsstaates in den Ereignissen des Jahres 1940 gesehen.)

Das interessanteste an den Bombenangriffen auf die britischen Städte – die in mehreren Wellen bis Mitte Mai 1941 fortgesetzt wurden – war die Tatsache, daß das Resultat nicht im geringsten den Erwartungen entsprach. Zwar hatten rund 40 000 Menschen ihr Leben verloren, aber der paukenschlagartige Kollaps von Staat und Gesellschaft, den die Theoretiker des Bombenkrieges in den zwanziger und dreißiger Jahren prophezeit hatten, war nicht eingetreten. Der Kampfwille der Menschen war durch die Hammerschläge aus dem Himmel nicht gebrochen, sondern gestärkt worden.

Diese technischen wie tatsächlichen Unzulänglichkeiten hätten zu dem Schluß führen können, daß strategische Bombardierungen ein Ding der Unmöglichkeit waren. Nach dem Fall Frankreichs waren sie jedoch das einzig wirklich wirkungsvolle Mittel, das dem angeschlagenen Großbritannien noch zur Verfügung stand, falls man weiterhin Krieg gegen Deutschland führen wollte. Dann aber blieben nur noch große Ziele, am besten so große, daß sie leicht zu finden und schwer zu verpassen waren. Ende 1941 erkannte man, daß eigentlich nur eine einzige Kategorie von Zielen in Frage kam: Städte, große Städte, Großstädte.

4.

Bis zum Spätsommer 1943 hatte man vor allem die Technik kontinuierlich verbessert. Mit Hilfe eines Zustroms finanzieller Mittel, wie er in Kriegszeiten immer fließt, hatten britische Wissenschaftler und Ingenieure Hilfsmittel ausgebrütet, die immer raffinierter geworden waren – wie jene dünnen Streifen aus Aluminiumfolie, Deckname *Window*, die während der Angriffe in Millionen abgeworfen wurden und die deutschen Radarsysteme störten –, Instrumente, die immer besser wurden – wie das Funksystem *Oboe*, das eine genauere Zielerfassung erlaubte –, Flugzeuge, die immer größer wurden – wie die viermotorige Lancaster, die eine Bombenladung von 3000 Kilo bis zu 4000 Kilometer weit befördern konnte – sowie Bomben, die immer zerstörerischer wurden – wie jene riesigen Brutalitäten, die den Spitznamen Wohnblockknacker trugen, zwei Tonnen schwere, mit Sprengstoff beladene Stahlzylinder, die von den Deutschen Luftminen genannt wurden.

Mindestens ebensowichtig war jedoch, daß der Krieg wie vorhersehbar seiner ihm eigenen idiotischen Logik gefolgt und weiter eskaliert war. Vergessen waren die Tage, in denen die Angst, privates Eigentum zu beschädigen, die Royal Air Force davon abhielt, etwas anderes als Flugblätter über Deutschland abzuwerfen, Flugblätter, auf denen die Deutschen mit einem gewissen didaktischen Übereifer darüber aufgeklärt wurden, daß Krieg keine besonders gute Idee sei und sie wohl am besten darüber nachdenken würden, damit aufzuhören. Hinzu kamen die rücksichtslosen deutschen Bombenangriffe auf Rotterdam, London und Coventry sowie die unabweisliche und schreckenerregende Angst, die Nationalsozialisten könnten tatsächlich auf dem besten Wege sein, den Krieg zu gewinnen, eine Angst, die zudem noch von Rachgier durchsetzt war.

Wie immer in solchen Situationen hatte es sich gezeigt, wie verblüffend leicht es war, alle Hemmungen zu verlieren. Den Menschen dort, den anderen, hatte man aus den Augen verloren, und an seine Stelle waren gesichtslose Zerrbilder und Monster getreten, die selber schuld waren. Die Deutschen hatten, wie Harris es ausdrückte, „Wind gesät und sollten nun Sturm ernten".

Diese Eskalation ging außerdem einher mit einer Industrialisierung des Kriegsprozesses. Der wichtigste Akteur war nicht länger der einzelne Kampfpilot, der romantische Ritter der Lüfte, der den Sieg dank seines Muts und seiner Geschicklichkeit davontrug, was nicht bedeutete, daß Mut und Geschicklichkeit jetzt keine Rolle mehr spielten, ganz im Gegenteil, nur daß der individuelle Einsatz immer bedeutungsloser wurde. Statt dessen waren es solche Banalitäten wie Muskelkraft und das schiere industrielle Gewicht, die letztlich den Ausschlag gaben.

Ein Bericht des Flugstabs aus dem Jahre 1944 zeigt, wie weit dieses rein wirtschaftliche Denken im Bewußtsein jener verinnerlicht worden war, die den Bombenkrieg führten:

> Wenn man diese Verluste [der Deutschen] anders ausdrücken möchte, dann sind ihnen 2 400 000 000 Arbeitsstunden zu einem Preis von 116 500 Tonnen abgeworfener Bomben verloren gegangen, was bedeutet, daß der Gegenwert jeder abgeworfenen Tonne Bomben 20 500 verlorenen Arbeitsstunden entspricht, oder etwas mehr als dem Viertel der

Zeit, die benötigt wird, um ein Lancasterflugzeug zu bauen … Dies bedeutet, daß eine Lancaster nur ein einziges Mal eine deutsche Stadt erreichen muß, um die eigenen Produktionskosten zu erwirtschaften, so daß jeder weitere Flug reinen Gewinn abwirft.

Daß der Krieg auf diese Weise zu einem Wettbewerb zwischen einer Reihe großer industrialisierter Volkswirtschaften entartet war, trug eindeutig dazu bei, daß die Grenze zwischen Soldaten und Zivilbevölkerung im Zweiten Weltkrieg ausradiert wurde.

Das war etwas Neues, auch wenn die Zivilbevölkerung vor 1939 keineswegs Schutz genossen hatte. Massensterben, Massaker und Übergriffe hatte es in allen Kriegen gegeben. Zu Verlusten unter der Zivilbevölkerung war es in den vergangenen Jahrhunderten in der Regel immer dann gekommen, wenn gewöhnliche Menschen auf irgendeine Weise den Armeen in die Quere gekommen waren. Dagegen waren sie selten oder nie das Ziel der Kriegsführenden. Genau das wurden sie nun. Dahinter verbarg sich größtenteils eine kalte, aber einfache Wahrheit: Wollte man das Dritte Reich besiegen, mußte man sein industrielles Rückgrat brechen. Diese Aufgabe war schwer, nicht zuletzt aufgrund der Schwierigkeiten, die die Flugzeuge hatten, ihre Ladung einigermaßen gezielt zu verteilen. Aber wenn es einem nun einmal nicht gelang, Herrn Schmidt in die Luft zu jagen, während er bei Alkett am Band stand und Panzer montierte, warum konnte man ihn dann nicht genauso gut in die Luft jagen, während er zu Hause im Bett lag? Harris und die anderen Bombenstrategen – einschließlich ihres Antreibers Churchill – begannen ein neues Wort zu verwenden, einen der vielen furchtbaren Euphemismen des 20. Jahrhunderts: *dehousing*, nannte man dies, so als attackiere man nur die Häuser.

Im Zuge der Industrialisierung des Krieges wurde er zunehmend, wie wir dem oben angeführten Zitat entnehmen können, von Wirtschaftsexperten, Buchhaltern und Statistikern geführt. In ihren Augen war der Sieg etwas, was sich in Gleichungen ausdrükken ließ, in denen der Mensch unmerklich von seiner Position als Herr der Maschinen zu ihrem bloßen Rohstoff herabgesunken war. So schrieb Harris' ranghöchster Untergebener, Sir Charles

Portal, Anfang November 1942 ein fürchterliches PM, in dem er in einem trockenen, bürokratischen Ton die Ziele für die kommenden zwei Jahre absteckte. Er war der Meinung, daß es Harris und seinen Männern gelingen sollte, 1,5 Millionen Tonnen Bomben über Deutschland abzuwerfen, was dazu führen würde, daß sechs Millionen Häuser zerstört wurden, wodurch wiederum 25 Millionen Deutsche obdachlos, 900 000 getötet und eine Million schwer verletzt würden.

Das Erschreckende an dieser Aktennotiz ist – abgesehen davon, daß sie der Wahrheit recht nahekam – nicht zuletzt die Situation selbst: Ein kleiner grauer Mann sitzt still irgendwo in einem kleinen grauen Büro und rechnet und addiert und wendet Blätter und geht zum Mittagessen und geht ans Telefon und nimmt seine kleine Aktentasche und fährt heim zu seiner kleinen Frau und kehrt am nächsten Tag ruhig wieder zurück und rechnet wieder ein wenig und so weiter, so als entsprächen die Ziffern in seinen Papieren der Berechnung über die Produktion von Butterkeksen in einer Fabrik und nicht einer Formel für das Massakrieren Hunderttausender Männer, Frauen und Kinder. Die adrenalingesättigte Aggressivität, die wir von jeher mit dem Krieg verbunden haben, ist hier endgültig verschwunden. Statt dessen ahnen wir das ausdruckslose Gesicht eines Buchhalters, der in der Manier des 20. Jahrhunderts mit Hilfe von Aktenordnern und Rechenschiebern mordet.

Ein bedeutender Teil der jungen Männer, die jede Nacht auf den Weg nach Deutschland geschickt wurden, um Mensch und Tier um ihr Obdach zu bringen, waren bemerkenswerte Krieger in der ältesten und ursprünglichsten Bedeutung des Wortes. Sie hatten sich freiwillig zu einer der gefährlichsten und schwierigsten Aufgaben gemeldet, die überhaupt zur Auswahl standen. Jene aber, die Pläne erstellten und diesen Fliegern ihre Befehle gaben, waren in den meisten Fällen Bürokraten mit Tintenflecken, und es ist bezeichnend, wie langweilig, ja, ganz einfach unauffällig sie waren. Wie der schüchterne Portal, der an den Wochenenden zum Fliegenfischen ging oder der Stellvertreter Saundby, der Mann, den Harris aufgefordert hatte, es einmal mit Wieseln zu versuchen.

Saundby war der Techniker, der kühle Handwerker, der die geknurrten Beschlüsse des kettenrauchenden Harris („OK, dann schicken wir heute abend 800 schwere Bomber nach Köln") in anwendbare Pläne in Form von Einflugschneisen, Ablenkungsmanövern und Richtpunkten verwandelte. In seiner Freizeit verlor sich dieser Mann, der für seine sanfte Art bekannt war, im Bau einer riesigen Modelleisenbahn, die er in einem Speicherzimmer über der Messe aufgestellt hatte.

Auch Harris war ein Bürokrat. Mehrere Filme zeigen ihn hinter seinem papierbeladenen Schreibtisch in High Wycombe, ebenso viereckig wie die Dinge um ihn herum, mit eingezogenem Kopf und einer Lesebrille, die auf der Nasenwurzel balancierte, ein wenig steif und zugeknöpft, mit einer seltsam monotonen, aber dennoch klaren Stimme sprechend, wobei wichtige Punkte eher durch autoritär heruntergezogene Mundwinkel oder kleine Schlenker mit der Schulter als durch Veränderungen in der Stimmlage betont wurden. Er war der Sohn eines Bürokraten, sein Vater war Beamter in der indischen Kolonialverwaltung.

Nach dem Besuch einer Privatschule in England hatte sich Harris jedoch mit seinen Eltern überworfen, woraufhin er wie so viele andere unzufriedene junge Gentlemen im Edwardianischen England fortgegangen war, um sein Glück in den Kolonien zu suchen. Erst 16 Jahre alt und mit einem Vermögen von fünf Pfund kam er in Rhodesien an, wo er sich von einem Job zum nächsten hangelte. Er schaffte es, sich als Goldgräber, in der Landwirtschaft und bei der Arbeit mit Pferden zu versuchen, ehe der Kriegsausbruch 1914 ihn als Trompeter in einem der Verbände landen ließ, die in Deutsch-Südwestafrika einmarschierten.

Bereits ein Jahr darauf kehrte Harris nach England zurück. Er war von Natur aus faul, und die Zeit als Infanterist hatte ihn das Marschieren schnell satt werden lassen, weshalb er sich bei der Luftwaffe bewarb – ein hochgestellter Onkel half ihm an der Schlange besser qualifizierter Bewerber vorbei. Nach Kriegsende 1918 durfte er, zu seinem eigenen Erstaunen, in der Luftwaffe bleiben. Nur langsam stieg Harris im Rang, und er wurde auf die entlegensten Außenposten des Imperiums abkommandiert, wo seine gottvergessenen und schlecht ausgerüsteten Schwadronen eingesetzt wurden, um 10-Kilo-Bomben auf aufrührerische Emire und widerspenstige Bergstämme abzuwerfen. Ein Mann mit Zukunft war er nicht. Dazu waren seine Manieren zu ungehobelt und sein Intellekt zu schwerfällig. Der Krieg war seine Rettung. Eigenschaften, die in Friedenszeiten Fehler gewesen waren, verwandelten sich nun in Tugenden. Nachdem er sich einen Namen als kraftvoller, zuverlässiger und, nicht zuletzt, rücksichtsloser Kommandant gemacht hatte, wurde er, knapp 50 Jahre alt, im Februar 1942 zum Oberkommandierenden des britischen Bomberkommandos ernannt.

Harris genoß zwar den wohlverdienten Ruf, ein skrupelloser und unwirscher Hitzkopf zu sein, aber auch er war privat kein Monster. Er war in zweiter Ehe glücklich verheiratet – seine zweite Frau war jung, hübsch, scheu und größer als er – und mochte es, selbst in der Küche zu wirtschaften. Dagegen kennzeichnete ihn eine düstere Hingabe, die seinen Untergebenen Respekt und seinen Vorgesetzten Vertrauen einflößte. Er glaubte an seine Aufgabe. Er war überzeugt, daß „seine" Bombenflugzeuge den Krieg gewinnen konnten.

Harris' Problem war, daß er wie alle wahren Bürokraten so damit beschäftigt war, die eigene Organisation zu verteidigen und auszubauen, daß er das übergeordnete Ziel leicht aus den Augen verlor. Die enormen Bomberoffensiven gegen die deutschen Städte waren bis in das letzte Detail geplant, aber sie basierten auf einer Anzahl loser Vermutungen, zu denen die Kommandierenden nach einigermaßen zerstreuten Überlegungen gekommen waren. Harris und alle anderen, die für diese Beschlüsse standen, hatten die Bombentheoretiker der zwanziger Jahre gelesen, ihnen waren die Horrorvisionen aus der Vorkriegszeit über die zu erwartende Wirkung vertraut, aber das war auch alles. Aufgrund dieser Quellen zogen sie den Schluß, daß man nur ausreichende Mengen von Bomben über Deutschland herabregnen lassen mußte, damit am Ende etwas zusammenbrechen würde. Aber wieviele Bomben erforderlich sein würden, um diesen Punkt zu erreichen oder was ihren Erwartungen zufolge eigentlich nachgeben würde, ja, darüber gab es nur vage Vorstellungen.

Aber diese Tatsache lag verborgen unter Stapeln von Graphiken mit Vorausberechnungen der großen Erfolge, die zu erwarten waren. Es galt immerhin, sich von den anderen Waffengattungen so große Mittel wie irgend möglich unter den Nagel zu reißen. Harris hatte keine sonderlich gute Meinung von der Armee, und er verachtete die Marine – er pflegte zu sagen, daß man drei Dinge nicht mit an Bord einer Yacht nehmen dürfe, „eine Schubkarre, einen Regenschirm und einen Marineoffizier". Nein, wenn er bekam, was er verlangte, würde am Ende alles wieder in Ordnung kommen. Er wußte es. Er konnte es. Deshalb wischte er auch von Zeit zu Zeit Hilferufe von Armee und Flotte beiseite, deshalb konnte er des öfteren stillschweigend auf Direktiven von oben pfeifen, deshalb konnte er brummend all jene abblitzen lassen, die andere Strategien ausprobieren wollten, wie zum Beispiel den Versuch zu machen, gewisse Schlüsselindustrien der deutschen Wirtschaft auszuschalten.

Hamburg war sein Triumph. Es war der Beweis dafür, daß er recht hatte, und Hamburg war genau als ein solcher Beweis gedacht, etwas, was man den Zweiflern um die Ohren hauen konnte. Oft wurden die Beschlüsse darüber, welches Ziel als nächstes angegriffen werden sollte, mit bemerkenswerter Sorglosigkeit gefaßt. Es wäre sicher kein Trost für die Opfer gewesen, eher das Gegenteil, wenn sie gewußt hätten, daß keine größeren Überlegungen der Katastrophe zugrunde lagen, deren Opfer sie geworden waren, sondern daß es meistens nur ein Zufall war, der Harris an diesem Tag mit seinem rechten Zeigefinger auf ihre Stadt zeigen ließ. Im Falle Hamburgs lagen die Dinge jedoch etwas anders. In seinen Memoiren schrieb Harris später, daß er schon lange vorgehabt hatte, diese Stadt anzugreifen: „Ich wollte ein grandioses Schauspiel liefern."* Bereits Ende des Frühjahrs 1943 hatte Harris eigenhändig die ersten Pläne dafür skizziert, was er „die Schlacht um Hamburg" nannte.

Die Benutzung des Wortes „Schlacht" für das wahllose Zerbomben einer modernen Großstadt bildet ein weiteres Beispiel für die

* Seine genauen Worte waren: „I wanted to make a tremendous show".

beschönigenden Umschreibungen, die diese Bürokraten so gerne gebrauchten. Es ging darum, Distanz zu erzeugen. Diese Distanz zeigte sich nicht nur in ihren Worten, sondern auch in ihrem Handeln. Harris focht seinen Krieg hinter einem Schreibtisch aus, vergraben in Stapeln aus Statistiken. Die Bomberverbände besuchte er nie. Er arbeitete zu ganz normalen Bürozeiten, ging täglich gegen sechs Uhr nach Hause und schlief in der Regel, wenn die nächtlichen Operationen eingeleitet wurden. Max Hastings hat darauf hingewiesen, daß sich hier eine der vielen Ironien der Bomberoffensive erkennen läßt: Während sich Harris' erschöpfte Flugzeugbesatzungen durch die Dunkelheit der Nacht über Deutschland kämpften und während wachende Millionenstädte voller Angst das Erklingen der Sirenen, das Feuer der Luftabwehr und die Detonationen hörten, lag der Mann, der das Ganze veranlaßt hatte, zu Hause in seinem warmen Bett, in traumloses Vergessen versunken.

Wir sehen uns mit einem Paradoxon konfrontiert. Denn nicht obwohl, sondern *gerade weil* die wilde, aber blinde Aggressivität der Horde vom kühlen Blick des modernen Bürokraten ersetzt wurde, kann das Morden ein solches Ausmaß annehmen. In den bürokratischen Prozessen werden die Objekte leicht in technische Details verwandelt, was dazu führt, daß die Bürokraten Distanz zu ihren Handlungen und deren Folgen entwickeln, was fatale Auswirkungen hat. Kein einzelner Mensch könnte persönlich 10 000 Menschen töten, ganz unabhängig davon, wie verblendet und voller Haß er oder sie auch sein mag. Abgesehen davon, daß es schon rein praktisch unmöglich wäre, würde die Aggressivität schnell abklingen und durch Ekel ersetzt werden. Dagegen ist es leicht, 100 000 mit einem Federstrich zu töten. Harris, Saundby und Portal waren in der Tat Todesbürokraten, die niemals auch nur ein einziges ihrer Opfer zu Gesicht bekamen. Einmalig ist jedoch, daß nicht einmal jene, die den Auftrag erhielten, das Töten auszuführen, die Menschen sahen, die sie ermordeten, aus dem einfachen Grund, daß sie sich als Bomberpiloten einige Kilometer hoch in der Luft befanden. Oder wie Randall Jarrell in seinem Gedicht „Losses" schreibt:

In bombers named for girls, we burned
The cities that we had learned about in school –
Till our lives wore out; our bodies lay among
The people we had killed and never seen.

Die moderne Bürokratie und die moderne Technologie vereinten sich, um eine doppelte Distanzierung von den Opfern zu ermöglichen – ohne sie wäre ein Töten in dieser Größenordnung nicht möglich gewesen.

Es gibt demnach erschreckenderweise etwas, das die Toten in Belzecs sandigem Boden und die Toten in den Massengräbern auf dem Ohlsdorfer Friedhof gemeinsam haben – und, nicht zu vergessen, auch die Bombenopfer, die in Shanghai, Guernica, Warschau, Coventry und Tokio beerdigt liegen. In allen Fällen handelt es sich um ein von höchster Stelle sanktioniertes massenhaftes Abschlachten von Menschen, durchgeführt gegen internationales Gesetz – im wahrsten Sinne des Wortes „Verbrechen gegen die Menschlichkeit".

Gleichzeitig geschah die Wanderung in den Abgrund in diesen Fällen auf eine Art, die man als schleichend und unberechenbar bezeichnen kann, denn auch wenn die Ereignisse von höherem Ort vorangetrieben wurden, so nahmen sie doch ebensosehr aus der ihnen innewohnenden Logik wie aus einem übergeordneten Plan heraus Form an. Immer basierte die Tat an sich auch auf einem entmenschlichenden Abstand von den Opfern, einem Abstand, der in Belzec natürlich am größten war, der aber auch im Spiel war, als der Feuersturm über Deutschland entfacht wurde. Die Beteiligten konnten sich jeweils hinter der Idee einer schöpferischen Zerstörung verbergen: Wir stehen einer ungeheuren Bedrohung gegenüber, und wenn wir überleben wollen, müssen wir die radikalsten denkbaren Maßnahmen ergreifen. So gesehen, ist die Zerstörung letzten Endes ein Aufbauen, das Vernichten im Grunde ein Erschaffen, führt der Weg in die Zukunft über ein Schlachtfeld. In den beschriebenen Fällen war es, wie gesagt, die moderne Bürokratie, die das massenhafte Töten erst ermöglichte, und diese Fälle waren charakteristisch für die Moderne: In keinem anderen Jahrhundert als dem zwanzigsten hätte es zu ihnen kommen können, im brutalsten aller Jahrhunderte.

Aber gleichzeitig gibt es auch wichtige, um nicht zu sagen entscheidende Unterschiede, wie ein direkter Vergleich zwischen dem Holocaust und dem Bombenkrieg gegen Deutschland zeigt. Die Männer, die Säuglinge mit Mausergewehren erschossen oder unheilbar Kranke mit Hilfe von Giftgas ermordeten, taten dies, ohne selber ein Risiko einzugehen. Ihre Opfer waren entsetzlich wehrlos. Die Männer, die Brandbomben über Hamburg, Darmstadt oder Dresden abwarfen, nahmen hingegen ein großes persönliches Risiko auf sich. Ihre Opfer waren alles andere als wehrlos, wie eine Berechnung der amerikanischen Luftwaffe aus dem Jahre 1944 zeigt, in der man zu dem Ergebnis kam, daß von 1000 Männern, die Dienst im Bomberkommando leisteten, in aller Regel nicht mehr als gut 200 die festgelegte Quote von 25 Kampfeinsätzen erfüllen können würde, was durch die 56000 Gräber umgekommener britischer Bomberpiloten bestätigt wird, die man heute verteilt in allen europäischen Ländern finden kann. Die Opfer des Holocausts hatten niemals eine Bedrohung für Deutschland oder für die nationalen deutschen Interessen gebildet, während die Bomberoffensive gegen die deutschen Städte trotz allem eine Antwort war, wenn auch eine abwegige, auf eine nur allzu wirkliche militärische Aggression.

Darüber hinaus gab es bedeutende Unterschiede in den angestrebten Zielen und den verwendeten Mitteln. Nach 1941 strebten die Nationalsozialisten an, alle Behinderten, alle Zigeuner, alle Juden zu ermorden, unabhängig davon, was sie taten, unabhängig von den Umständen, unabhängig davon, ob das Projekt militärischer Wahnsinn und wirtschaftlich eine Idiotie war. Alle waren verurteilt, alle sollten fort. Im Gegensatz hierzu sahen die Planer der alliierten Luftoffensive das wahllose Bomben als ein Mittel, die deutschen Machthaber zu zwingen, den Kampf verloren zu geben. Es bestand zu keinem Zeitpunkt die Absicht, alle Deutschen zu töten. Während die Ermordung der Juden erst wirklich in Angriff genommen wurde, als die Menschen in den osteuropäischen Ghettos praktisch aufgegeben und sich in verängstigtem Gehorsam der Besatzungsmacht unterworfen hatten, wurden die Bombenangriffe gegen Deutschland unmittelbar nach der Kapitulation der deutschen Streitkräfte im Mai 1945 eingestellt.

5.

Am 23. August 1943 gegen halb acht Uhr abends hoben die ersten Flugzeuge von ihren Stützpunkten ab. Alles in allem setzte Harris 719 schwere Bomber in Bewegung bei diesem ersten Angriff auf „Die große Stadt“, wie die Piloten Berlin mit einem gewissen ängstlichen Respekt nannten. Die Maschinen trugen eine Bombenlast von insgesamt 1812 Tonnen. Es war ein imponierender Beginn. Man muß sich in Erinnerung rufen, daß man für die Vernichtung Hamburgs bloß vier Nächte und ungefähr 8000 Tonnen Bomben benötigt hatte. Harris' Optimismus war mit anderen Worten nicht unbegründet. In den folgenden Monaten flog die Royal Air Force weitere 18 Großangriffe, die in Umfang und Ziel mehr oder weniger Kopien des ersten Angriffs waren.* Berlin sollte zerstört werden.

Die menschliche Art ist extrem anpassungsfähig. Diese Fähigkeit zur Anpassung hat jedoch gute wie schlechte Seiten. Sie ist nämlich behilflich dabei, einen Weg in die Katastrophe zu ebnen. Seine Anpassungsfähigkeit verlockt den Menschen dazu, sein „Nein“ herunterzuschlucken, läßt ihn sich langsam an alles gewöhnen, so daß am Ende auch das Unerträgliche erträglich und das Absurde Alltag wird. Paradoxerweise ist es aber gleichzeitig auch diese Anpassungsfähigkeit, die den Weg aus der Asche und Schlakke des Nullpunkts ebnet, denn sie bringt den Menschen dazu, die

* Bei mindestens einem Angriff nahm die britische Bomberflotte ganz planmäßig eine Flugroute, die über Schonen führte. Dies geschah offensichtlich mit dem Einverständnis der schwedischen Behörden, denn bereits vor dem Angriff erfuhren die englischen Piloten, daß die schwedische Luftabwehr nicht höher als fünfzehnhundert Meter schießen würde. Als die Flugzeuge später den Luftraum über dem schwedischen Festland wieder verließen, leuchteten ihnen schwedische Scheinwerfer den Weg in Richtung Meer. Die britischen Piloten waren begeistert über diese „freundliche Geste“.

ABB. 13

Getötete, zur Identifizierung aufgereihte Berliner im Dezember 1943.

Möglichkeiten eines Weiterlebens zu erwägen, auch nachdem das Unmögliche eingetroffen ist. Die Geschichte des 20. Jahrhunderts ist in hohem Maße auch die Geschichte von Hunderten Millionen einfacher Menschen, denen es gelang, sich zu gewöhnen, zu überleben, ja recht oft sogar, zu leben. Das, was in Berlin im Herbst 1943 geschah, war folglich nichts Ungewöhnliches, sondern im Gegenteil recht typisch für unsere Zeit. Alle, die in der Millionenstadt lebten, gaben ihr Bestes, um ihr alltägliches Leben weiterzuführen, trotz der Bomberoffensive, und alles um die Bombenangriffe entwickelte sich im Laufe der Zeit zu einer Art Routine.

Das Muster war Nacht für Nacht gleich, die Erlebnisse ebenso.

Eine erste Andeutung davon, daß ein Angriff zu erwarten stand, erhielten die Berliner aus dem Radio, wo eine weibliche Stimme in sachlichem Tonfall aktuelle Informationen zur Luftabwehr verlas: ob sich feindliche Verbände im Luftraum befanden, wo sie sich in diesem Fall zur Zeit bewegten und in welche Richtung sie flogen. Ein Blick in den Himmel konnte ebenfalls Anhaltspunkte liefern. Bombenflugzeuge konnten bei wirklich schlechtem Wetter nicht fliegen und vermieden im allgemeinen Vollmondnächte, in denen der Himmel ein wenig zu hell beleuchtet war. Die Bevölkerung war gut vorbereitet. Jede Familie hatte eine Schutzraumtasche: Sobald die Menschen begriffen, daß Berlin wieder einmal das Ziel war, suchten sie ihre Wertsachen zusammen und stopften sie zusammen mit Essen, Getränken, Decken sowie Büchern, Strickzeug und anderen Zerstreuungsmöglichkeiten in die Tasche. Dann hieß es warten. Wenn dann die Sirenen über den Dächern aufheulten, drehte man sorgfältig das Gas ab, verschloß eventuelle Notausgänge und ging anschließend in den Schutzraum oder in den Keller hinunter, wo die Menschen oft ihre eigenen Plätze hatten.

Einmal unter der Erde angekommen, konnte man den Angriff verfolgen, indem man auf Kurzwelle den Funkverkehr der örtlichen Luftabwehrverbände abhörte. Dort wurde die Nummer des Quadranten von Berlin ausgerufen, der von Flugabwehrfeuer gedeckt wurde, und wer eine der speziellen Luftabwehrkarten besaß, konnte mit ihrer Hilfe feststellen, über welchem Teil der Stadt sich die Bombenflugzeuge befanden. Bestenfalls ahnte man die Angriffe nur in Form von Bodenerschütterungen und durch das dumpfe Wummern der Bombeneinschläge. Wurde aber das eigene Stadtviertel angegriffen, begriffen die Menschen dies unmittelbar: Die Detonationen kamen immer näher, wurden immer durchdringender; die Erschütterungen warfen schließlich alles durcheinander, während die Druckwellen der Bombeneinschläge Staub und Sand in die Schutzräume preßten.

Wer den Luftschutzbestimmungen und dem gesunden Menschenverstand trotzte und über der Erde blieb, konnte den Angriff Schritt für Schritt verfolgen. Auf den Flugalarm folgte in der Regel eine Phase der Stille. Dann war das angsteinflößende Geräusch von Hunderten anfliegender Bombenflugzeuge zu hören. Ein Augenzeuge hat es als „ein langgezogenes, langsames, düsteres, pulsierendes Geräusch, das dem Crescendo einer Orgel glich", beschrieben.

Dann kamen die Zielmarkierungsbomben. Sie bestanden aus einer Art Lichtbomben, die von der ersten Welle der Flugzeuge abgeworfen wurden und zu Feuerwerkskörpern ähnlichen Trauben aus zischenden, langsam herabsinkenden, kleinen, roten, gelben oder grünen Lichtern zerplatzten, die Wolken färbten und Straßen und Häuser in einen kalten Lichtschein tauchten. Die Deutschen nannten sie *Christbäume*, und sie verhießen nichts Gutes, denn alle nachfolgenden Flugzeuge nahmen sie ins Visier.

Jede Bombenart hatte ihr eigenes Geräusch. Die gewöhnlichen Sprengbomben fielen mit einem Pfeifen zur Erde herab. Die riesigen Häuserblockknacker gaben einen dumpf klagenden Ton von sich. Die wichtigste Waffe der Royal Air Force war jedoch kaum zu hören: Gemeint sind die kleinen, knapp zwei Kilogramm schweren Brandbomben, die bei jedem Angriff zu Hunderttausenden abgeworfen wurden. (Während der Bomberoffensive warfen die Briten mindestens fünf Millionen von ihnen ab.) Keine Stadt der Welt ließ sich in die Luft sprengen. Die Städte mußten niedergebrannt werden. Die vordringliche Aufgabe der Sprengbomben war es, die Dächer von den Häusern zu sprengen, so daß die in Scharen herabregnenden, kleinen Miniaturbomben den Weg in das Innere der Häuser fanden. Wenn sie landeten, hörte man ein klapperndes Geräusch, woraufhin etwas, das wie Funken sprühende, rot aufleuchtende Kugeln aussah, vorbeihüpfte. Am meisten verabscheute die deutsche Zivilbevölkerung jedoch die größeren, 15 Kilogramm schweren Phosphorbomben, die tief in die Häuser eindrangen, woraufhin man sehen konnte, wie der brennende, intensiv weißleuchtende Phosphor in Ästen hing und an den Dächern und Wänden hinabfloß; Phosphor ließ sich nicht mit Wasser löschen und verursachte außerdem Brandwunden, die sich praktisch nicht behandeln ließen.

Die Angriffe dauerten meistens nicht sehr lange, selten mehr als eine halbe Stunde. Dann konnten die Menschen in den Schutzräumen in den beißenden Rauch hinaufklettern, auf Straßen hinaustreten, die vom Feuerschein der Brände erhellt waren, in denen seltsame, plötzliche Winde aus heißer Luft und voller Funken an ihren Kleidern zerrte. Vielleicht lagen einige Tote auf der Straße, deren Lungen von der ungeheuren Druckwelle der Häuserblockknacker zerfetzt worden waren. Überall brannte es: Das Tosen der Flammen vermischte sich mit dem unaufhörlichen Klirren von Glasscheiben, die von der Hitze gesprengt wurden. Die Rettungsarbeiten konnten längere Zeit auf sich warten lassen. Die Feuerwehr wurde vor allem eingesetzt, um Industrieanlagen zu retten und Gebäude, die Staat und Partei gehörten. Die Hauptverantwortung für die Löscharbeiten lag dadurch bei den Menschen selbst, aber die Bereitschaft, Nachbarn und anderen zu helfen, war groß. Deshalb kamen die Arbeiterviertel oft glimpflicher davon als die Wohnviertel der Oberschicht: In den erstgenannten gab es einfach viel mehr Menschen, die bei den Löscharbeiten helfen konnten.

Allmählich kam dann die Morgendämmerung mit dem alles durchdringenden Brandgeruch. Die Straßen wurden geräumt. Die Menschen gingen zur Arbeit.

Aus der Perspektive des Bomberpiloten betrachtet, war ein Angriff nicht weniger erschreckend, im Gegenteil. Der Flug nach Berlin war kalt, lang und monoton. Die Flugzeuge flogen nicht in Formation, sondern jedes für sich, allein in der Dunkelheit. Die

ABB. 14

Der Tag danach in einer deutschen Großstadt.

große Stadt ließ sich jedoch bereits aus ziemlich großer Entfernung erkennen. Keine andere deutsche Stadt war so gut mit Scheinwerfern und Luftabwehrgeschützen ausgerüstet, und es schwirrten immer Nachtjäger durch die Luft. Einer der Bomberpiloten, Sergeant Ferris Newton, beschrieb die Szenerie in seinem Tagebuch:

> Das erste, was wir zu tun haben, ist duch eine Wand aus Suchscheinwerfern zu fliegen – hunderte von ihnen in Kegeln und Trauben. Hinter dieser massiven Wand folgt ein noch unerbittlicheres Licht, das rot und blau und grün glüht … Man kann sich mit einem trösten, und ich habe mich immer, bei jedem Flug, damit getröstet, daß es nämlich einigermaßen lautlos ist. Das Donnern deiner Motoren übertönt alles andere. Es ist, als würde man geradewegs in die größte Feuerwerksvorstellung der Welt fahren.

Durch diese Kakophonie aus Licht, Explosionen, Blitzen und vorbeieilenden Schatten von Wolken, flog dann der ganze langgestreckte Strom aus Bombern und warf seine Bombenlast ab, immer in einem Takt von rund 30 Flugzeugen in der Minute. Für die Piloten war dies der kritischste Moment. Um die Bomben so zielgenau wie möglich abwerfen zu können, war es wichtig, daß man keine Ausweichmanöver mehr durchführte. Einer der Bombenschützen, Leutnant R. B. Leigh, hat dies später mit den folgenden Worten beschrieben:

> Während eines Bombenangriffs auf Berlin im Bug einer Lancaster zu liegen ist das wohl furchteinflößendste Erlebnis meines Lebens gewesen … Der Anflug schien endlos zu sein, die Minuten, in denen wir „auf einer Höhe und geradeaus“ flogen, kamen einem wie Stunden vor, und jede Sekunde glaubte ich, in tausend Stücke gesprengt zu werden. Die Angst ließ mich schwitzen, und die Schweißperlen schienen auf meinem Körper zu gefrieren.

Anschließend galt es, den langen Weg wieder zurückzufliegen. Oft genug mußte dies in beschädigten, windschiefen Flugzeugen geschehen, während schwer bewaffnete deutsche Jagdflugzeuge in der Dunkelheit ihre Kreise zogen und alles beschossen, was ihnen zu Gesicht kam. Selbst wenn das Flugzeug bei einem Angriff nicht sofort explodierte, war es schwer, herauszukommen, wenn es in Richtung Erdboden trudelte. Die Lancaster genoß den Ruf, sicherer als andere Typen zu sein, da sie höher und schneller fliegen konnte als andere Flugzeuge, aber wenn das Flugzeug doch abgeschossen wurde, waren die Überlebenschancen schlechter. Man ging von einer Chance eins zu fünf aus: Die Evakuierungsluken waren nämlich ungünstig plaziert. Zu allem Überfluß war die Gefahr auch noch nicht vorbei, wenn es einem gelungen war, mit seinem Fallschirm abzuspringen. Es kam durchaus vor, daß abgeschossene britische Piloten von erregten Deutschen gelyncht wurden, die den Piloten nicht ohne Grund den Spitznamen *Terrorflieger* verliehen hatten.*

All das wußten die britischen Bomberpiloten, so waren die Spielregeln. Sie alle waren jung, das Durchschnittsalter lag bei 20 Jahren. Auf einer Tonbandaufzeichnung, aufgenommen in einem Lancasterbomber über Berlin, irgendwann zwischen Viertel nach elf und halb zwölf am Abend des 3. September, hört man vor einem Hintergrund aus monotonen Motorengeräuschen eine Reihe seltsam jugendlicher Stimmen. Die Dialekte sind gepflegt und haben eine Spur von Oxbridge-geschulter Mittelklasse, der Ton ist eigentümlich ruhig – der Pilot dankt höflich, als der Navigator ihm mitteilt, daß „es in einer Minute soweit ist". Erst als der Heckschütze Leuchtspurgeschosse hinter dem Flugzeug entdeckt und die Maschinengewehre anfangen zu rattern, bricht die Erregung sich Bahn, und einige von ihnen schreien im Falsett. Der Pilot beruhigt sie jedoch schnell wieder, so als wäre er ein Schullehrer, der nach einer Prügelei vor einem Haufen erregter Schuljungen steht: „Schreit nicht alle durcheinander!" (Hört man sich Aufnahmen der deutschen Luftverteidigungsinformation aus etwa der gleichen

* Das war nichts Neues. Vorher, während der Luftschlacht um England 1940, kam es vor, daß abgeschossene deutsche Piloten von verbitterten Zivilisten erschlagen wurden.

Zeit an, fallen einem tatsächlich einige Parallelen auf: Die Frau, die die monotone Reihe böser Vorboten verliest – „ein kleiner Bomberpulk im Raum von Rheydt" – klingt ebenso jung, und auch sie führt ihre Tätigkeit mit eigenartig ruhiger Routine aus.) Die jungen Männer in den Bombenflugzeugen hatte es oft aufgrund der nicht unbedeutenden Faszination zur Royal Air Force gezogen, die von dieser Waffengattung ausging. Außerdem teilten die meisten von ihnen die hohe Meinung, die ihr Oberkommandierender Harris von der Luftwaffe hatte: Sie waren die Elite, die vorderste Spitze des Schwertes, mit dem das Dritte Reich zu Boden gerungen werden würde. Sie waren zu Opfern bereit.

Anfang Dezember, nach neun Großangriffen auf Berlin, begannen jedoch alle, nicht zuletzt die jungen Männer in den Bombenflugzeugen, einzusehen, daß etwas schieflief.

6.

Sicher, „Die große Stadt" war schwer beschädigt. Manchmal war der Feuerschein von den Bränden noch in dreihundert Kilometer Entfernung zu sehen, und Berlin wurde in der Presse zum meistgebombten Ort der Welt ernannt. Überall waren verrußte Fassaden zu sehen, es roch ständig nach Rauch, und müde, gebeugte Menschen mit Taschentüchern vor den Mündern trotteten durch die Glassplitter und den seltsam rotbraunen Matsch aus Ziegeldamm und Asche auf den Straßen, vorbei an Gruppen von Ausgebombten, an Möbeln, die auf die Straße getragen worden waren. Die Stadt war jedoch immer noch intakt.

Berlin war kein zweites Hamburg geworden.

Dies läßt sich zum Teil damit erklären, daß Berlin eine modernere Stadt war. Im Gegensatz zu Hamburg waren die Straßen in der deutschen Hauptstadt breiter, es gab mehr offene Plätze, und die Gebäude waren oft stabiler gebaut, was es dem Feuer schwer machte, sich zwischen den Häusern schnell in alle Richtungen auszubreiten. Außerdem hatten die Bomberpiloten ihre große Chance zu Beginn der Bomberoffensive gehabt, als die Stadt noch relativ unbeschädigt war. Seitdem hatte eine schon bald zweistellige Zahl von Angriffen ihre Spuren hinterlassen. Schneisen aus rußiger Zerstörung durchschnitten kreuz und quer die Stadt, Schneisen, die als Brandgassen dienten. Dadurch wurde es immer unwahrscheinlicher, daß die Bombenflugzeuge einen richtigen Feuersturm erzeugen würden.

Probleme ergaben sich zudem aus der Tatsache, daß die Royal Air Force viel von ihrer technischen Überlegenheit eingebüßt hatte, in deren Genuß sie noch im Spätsommer 1943 gekommen war. Damals hatte man bis zum Zielgebiet mit Hilfe des genauen *Oboe*-Systems navigieren können. (Hamburg war außerdem wegen seiner Lage an der Küste für die Flugzeuge leicht zu finden.) Aufgrund der Krümmung der Erdoberfläche erreichten die Radiowellen Berlin jedoch nicht, und die Briten waren statt dessen gezwungen, ihr Ziel mit Hilfe des in jedes Flugzeug eingebauten H_2S-Radargeräts zu finden, dessen Möglichkeiten im Vergleich zu *Oboe* jedoch eher eingeschränkt waren. Dadurch hatten die Angreifer Berlins große Mühe, ihre Zielgebiete zu finden, und die Bomben wurden oft über der ganzen Stadt verteilt. Hinzu kam ein eigenartiges Phänomen, das die Briten *bomb creep* tauften. Es war, wie gesagt, für die Besatzungen nervenaufreibend, auf geradem Kurs über dem Ziel zu fliegen. Aus verständlichen Gründen wollten die Bombenschützen ihre Last so schnell wie möglich abwerfen, oft schon einige Sekunden bevor der *Christbaum* in Sicht war. Nachfolgende Angriffswellen warfen dann in Richtung der zuletzt abgeworfenen Bomben ab, wiederum so schnell wie möglich, mit anderen Worten kurz davor. Ihre Nachfolger taten es ihnen gleich und so weiter, so daß die Bomben mit jeder Angriffswelle vom ursprünglichen Ziel zurückkrochen, manchmal geradewegs durch die Vororte bis aufs Land.

Während der Angriffe auf Hamburg war das Radarsystem der deutschen Flugabwehr durch den Regen aus Aluminiumfoliestreifen ausgeschaltet worden, die von der Royal Air Force bei dieser Gelegenheit zum ersten Mal benutzt wurden. Im Verlauf des Herbstes gelang es den Deutschen, das Problem einigermaßen in den Griff zu bekommen, sowohl technisch als auch taktisch. Außerdem setzten sie große Streitkräfte ein, um Berlin zu verteidigen, das auf diese Weise bedeutend besser geschützt war als

Hamburg. Dies wurde den britischen Bomberpiloten schmerzlich klar.

Ihre Verluste stiegen unablässig. Allein im Frühherbst verlor das Bomberkommando in knapp 20 Tagen ein Drittel seiner Flugzeuge und ein Viertel seiner Besatzung.* Piloten wurden in einem rasenden Tempo verbraucht. Bei einigen besonders mißglückten Angriffen wurden mehr Briten in der Luft als Deutsche am Boden getötet. Männer, die eine Zeitlang nicht bei ihrer Einheit gewesen waren, machten bei ihrer Rückkehr oft die Entdeckung, daß fast alle alten Kameraden fort waren und die Messen ausschließlich mit neuen Gesichtern gefüllt waren. Die Überlebenschancen schienen immer mehr zu sinken. Ein Pilot fragte seinen Vorgesetzten, einen verheirateten Vater von drei Kindern, was er über Weihnachten vorhabe. „Oh“, antwortete dieser nachdenklich, „da werde ich nicht mehr leben.“ Eine Woche später war er tot.

Der psychische Druck war unvorstellbar groß. Ein Kanadier namens Bob Lloyd erzählt:

> Mein Navigator verlor am 26. November auf dem Weg nach Berlin den Verstand. Einer meiner Schützen wurde von einer 20-mm-Granate am Fußknöchel getroffen; er ist nie wieder geflogen. Mein Bombenschütze wurde während eines späteren Angriffs vollkommen rasend und verrückt, als wir uns über dem Zielgebiet befanden, und zwar so sehr, daß wir ihm das Funkgerät abnehmen mußten. Der Navigator mußte die Bomben abwerfen.

Mutlosigkeit breitete sich unter den Fliegern aus. Ihr Krieg hatte schon immer seine leicht absurden Seiten gehabt: ein Tag in extremer Lebensgefahr, am nächsten Tag in der Kneipe, dann ging es wieder los. Sie verstanden es, sich zu amüsieren. Es war üblich, daß man draußen bei den Einheiten Tanzveranstaltungen organisierte, und die Bomberpiloten hatten, was nicht weiter überrascht, die höchste Rate venerischer Krankheiten in der gesamten Royal Air

* Diese Verluste ergaben sich allerdings nicht allein im Zusammenhang mit den Angriffen auf Berlin.

Force. Weihnachten 1943 erreichte die Stimmung einen neuen Tiefpunkt. Die Besatzungen der Bombenflugzeuge begannen ungepflegt aufzutreten, es wurden weniger Feste veranstaltet, die Flieger waren in sich gekehrt, gereizt, schweigsam und nutzten einen immer größeren Teil ihrer Freizeit zum Schlafen.

In jeder zweiten Besatzung gab es jemanden, der einfach nicht mehr konnte, sich weigerte, die Befehle zu befolgen und unter der Bezeichnung LMF, *Lacking Moral Fibre* – Mangel an moralischer Stärke, suspendiert wurde. Auch unter den Männern, die weiterhin flogen, ließen sich Zeichen dafür ausmachen, daß die Kampfmoral sank. Die Luftwaffengeneräle hatten nun andauernd Probleme mit Besatzungen, die bereits nach einer Stunde wieder zurückkehrten und die Schuld auf technische Probleme schoben: Bei den Angriffen auf Berlin brachen manchmal bis zu 14 Prozent aller Flugzeuge ihren Einsatz ab. Außerdem warfen die Besatzungen nicht selten einen Teil ihrer Bombenlast über dem Meer ab, damit sich das Flugzeug besser manövrieren ließ. Andere wichen dem Zielgebiet aus und warfen ihre Last über einer dichten Wolkendecke ab, so daß die Bombenkamera nicht verraten würde, daß sie sich nicht einmal in der Nähe der Zielmarkierung befanden.

Der Bombenkrieg, der von seinen Propheten als ein Weg propagiert worden war, das Blutbad des Ersten Weltkriegs zu verhindern, endete ironischerweise in einem fast ebenso grotesken Massaker, nun aber an unschuldigen Zivilisten und jungen Fliegern, deren Überlebenschancen zeitweilig schlechter waren als die ihrer Väter als Infanteristen an der Westfront des letzten Kriegs.

In der Nacht zum 25. März 1944 wurde der neunzehnte und letzte Großangriff auf Berlin geflogen. Er entwickelte sich zu einem Desaster für die Briten. In den Stunden dieses Angriffs verlor die Royal Air Force ebenso viele Männer wie in der ganzen Schlacht um England 1940. Danach beschloß Harris, die Bomberoffensive gegen „Die große Stadt" abzubrechen. Insgesamt waren 2690 Flieger getötet und 987 gefangengenommen worden. Man hatte mehr als 33 000 Tonnen Bomben über Berlin abgeworfen, und 10 305 Einwohner der Stadt waren getötet worden. Unter diesen Opfern waren zwei Bevölkerungsgruppen überrepräsentiert. Die erste waren die ausländischen Zwangsarbeiter: In ihrer rassistischen Arroganz hatten die Deutschen für sie oft nicht mehr als faule Entschuldigungen als Schutz übrig. Die zweite waren alte Menschen: Während der Angriffe blieben viele von ihnen in ihren kleinen Wohnungen, weil sie nicht in die Schutzräume hinabgehen konnten oder wollten.

Die Bomberoffensive gegen Berlin war gescheitert. Der Traum, der Krieg lasse sich auf eine smarte, schnelle und – für die eigene Seite – einigermaßen schmerzfreie Weise gewinnen, war geplatzt. Harris wollte dies nicht zugeben, nicht einmal vor sich selbst, und er wurde vor dieser Erkenntnis bewahrt und in gewissem Grade auch vor der Demütigung, als seine Bombenflugzeuge im April 1944 beordert wurden, die geplante Invasion Frankreichs zu unterstützen – wieder etwas, dem sich Harris widersetzt hatte. Es fragt sich, ob ihm nicht seine Dickköpfigkeit zum Verhängnis wurde. Denn nach Berlin begann sein Stern zu sinken. Die Bombenflugzeuge hatten sich zu Harris' eigenem Königreich entwikkelt und entzogen sich der Kontrolle des Luftfahrtministeriums und Portals. Der Mann im Sportwagen focht den Krieg nach seinen eigenen Regeln aus: Er bekämpfte alle, die an der Strategie des Luftkriegs rütteln wollten, und er hatte keine Probleme damit, direkte Befehle zu unterlaufen. Dies hätte man vielleicht sogar geduldet, wenn die Bombenteppiche über den deutschen Großstädten das Resultat gezeitigt hätten, das er so großspurig versprochen hatte. Aber so war es nicht.

Nach dem Krieg konnten Experten feststellen, daß der Bombenkrieg gegen die deutschen Städte keineswegs wirkungslos gewesen war und daß der Ansturm aus der Luft die Moral der Zivilbevölkerung zeitweilig geschwächt, aber niemals gebrochen hatte. Eine der wenigen Operationen, die eine große, um nicht zu sagen entscheidende Wirkung hatten, war der geglückte Versuch der Amerikaner, die deutsche Öl- und Treibstoffproduktion auszuschalten, etwas, womit sich Harris bezeichnenderweise nicht befassen wollte.*

* So gelang es der deutschen Ölindustrie im September 1944 nur noch, lächerliche 10 000 Tonnen Flugtreibstoff zu produzieren – im April des gleichen Jahres lag der monatliche Verbrauch der deutschen Luftwaffe bei

Diese Schlüsselindustrie brach jedoch nie völlig zusammen, was unter anderem daran lag, daß Harris sich beharrlich weigerte, die gesamte britische Bomberflotte bei diesen Angriffen einzusetzen.

Kein Wunder, daß man sich mit dem Gedanken trug, ihn abzusetzen, aber das war letztlich unmöglich. Die britische Presse und die alliierte Propaganda hatten ihm seit Jahren den Status eines Großen Feldherren verliehen. Dieser Mythos machte ihn unantastbar. Bis zuletzt fuhr er fort, seine Linie zu predigen, wenn auch vor immer tauberen Ohren. Bis zuletzt wurden die Angriffe auf die deutsche Zivilbevölkerung fortgesetzt, wenn auch aus immer undurchsichtigeren Motiven.

Im Februar 1945, als der Krieg in seine Endphase getreten war, blies Harris ein letztes Mal zum Angriff. Ironischerweise hatte er dabei, als alles schon zu spät war, zum ersten Mal die Amerikaner auf seiner Seite, als die Luftwaffe der USA die grausame und von höchster Stelle sanktionierte Operation *Clarion* einleitete. Auf dem Papier hatte sie zum Ziel, massive Angriffe gegen die deutsche Infrastruktur zu richten. In Wirklichkeit aber war die Zivilbevölkerung das Ziel: Ihr sollte eine nur schwer zu vergessende Lektion erteilt und ihre Moral gebrochen werden. Es war, wie ein kritischer Offizier der Luftwaffe es ausdrückte, „der übliche Babymörderplan, ausgeheckt von den Männern des schnellen psychologischen Erfolgs, nur in neuem Gewand“.

Am 3. Februar griffen mehr als 900 amerikanische Bombenflugzeuge ein mittlerweile unzureichend verteidigtes Berlin an und hinterließen 25 000 Tote. Zehn Tage später begann eine Armada aus britischen und amerikanischen Bombenflugzeugen eine Reihe von Angriffen auf Dresden. Dieses alte kulturelle Zentrum war militärisch ohne Bedeutung und außerdem zur offenen Stadt erklärt worden, aber das nützte ihr wenig. Ein ungeheurer Feuersturm wurde bereits in der ersten Nacht entfacht, und im Laufe von 14 Stunden verloren rund 70 000 Menschen ihr Le-

165 000 Tonnen. Akuter wie chronischer Mangel an Treibstoff ist zudem eine der wichtigsten Erklärungen dafür, daß die verzweifelte deutsche Ardennenoffensive scheiterte.

ben.* Die Brände waren so intensiv, daß die Flieger noch in über 6000 Meter Höhe jede einzelne Straße am Erdboden erkennen konnten: Verblüfft blickten sie auf ein gigantisches, mit Feuer geritztes Kapillarnetz hinab.

7.

„Wer mit Ungeheuern kämpft, mag zusehen, daß er nicht dabei zum Ungeheuer wird", sagt Nietzsche. „Und wenn du lange in einen Abgrund blickst, blickt der Abgrund auch in dich hinein." Ja, als die Ungeheuer des Jahres 1933 endlich niedergestreckt waren, gab es nicht wenige unter den Siegern, die schlagartig erwachten, entweder aufgrund des Anblicks von Blut an den eigenen Händen oder ganz einfach aufgrund der banalen Angst, ertappt zu werden.

Dieses schlechte Gewissen erhielt Nahrung von all jenen, die nach Kriegsschluß die Möglichkeit hatten, das massakrierte Deutschland zu sehen. Als erstes kamen natürlich die Soldaten, dann die Zivilisten, die Journalisten, die Autoren. Oft scheinen die Menschen, die dorthin reisten, zunächst von einem respektvollen Schauder angesichts der unerhörten Zerstörungskraft moderner Waffen erfaßt worden zu sein, ein Gefühl, das sich jedoch schnell in Ekel über das wahllose, massenhafte Morden verwandelte, von dem die Ruinen Zeugnis ablegten. Als Beispiel sei der schwedische Schriftsteller Stig Dagerman erwähnt, ein verblüffter Zeuge der Todesfelder in Hamburg, wo nichts lebte und nichts zu hören war, außer dem Wind, der mit herabhängenden Schrott-Teilen spielte:

> Rostige Träger ragen aus den Trümmerhaufen wie die Steven vor langer Zeit gesunkener Schiffe. Meterschmale Pfeiler, die ein künstlerisches Schicksal aus eingestürzten Häuserblocks herausgeschnitten hat, erhe-

---

* Die Löscharbeiten, die Evakuierung und die Versorgung der Verletzten wurden bei Tageslicht zudem von tieffliegenden amerikanischen Jagdmaschinen erschwert, die mit voller Absicht die Zivilbevölkerung mit Maschinengewehren und automatischen Kanonen beschossen. Es ist unmöglich, genauere Angaben über die Zahl der Verluste zu machen, da die Stadt zum Zeitpunkt der Angriffe voll von unzähligen Menschen war, die sich auf der Flucht vor der heranrückenden Roten Armee befanden.

ben sich aus weißen Bergen zerbrochener Badewannen oder grauen Bergen aus Stein, zermahlenen Ziegeln und verschmorten Heizkörpern. Sorgsam behandelte Fassaden stehen da, ohne irgend etwas, dem sie Fassade sein könnten, wie Bühnenbilder für Theatervorstellungen, die nie zustande kamen.

Oder der Journalist Malcolm Muggeridge, Besucher in einem Berlin, in dem ganze Stadtteile in Geisterzüge aus leeren, ausgeblasenen Häusern verwandelt, wo die Bäume an der Straße Unter den Linden schon seit langem für Brennholz gefällt worden waren und der Verwesungsgeruch aus den ungeräumten Ruinenfeldern stieg, und der nicht umhin kam, sich zu fragen, ob der Sieg des Guten über das Böse wirklich so aussehen mußte.

Die Verantwortlichen wollten die Antwort am liebsten nicht kennen. Churchill begann als echter Vollblutpolitiker bereits vor Ende des Krieges, seine Spuren zu verwischen. Gesellschaft leisteten ihm dabei Portal, Saundby, mehrere amerikanische Luftwaffengeneräle sowie eine Reihe britischer Bomberbarone, die nun, da alles zu spät war und Memoiren in Planung waren, die zu Bestsellern wurden, verlauten ließen, daß hinter der Bomberoffensive gegen Deutschland vielleicht doch manch zweifelhafter Beschluß stand, daß man vielleicht doch nicht... Nur einer unter den Verantwortlichen weigerte sich, seine Meinung zu ändern, Fehler zuzugeben und Reue zu mimen: Harris.

Bereits die Kritik an der Bombardierung Dresdens hatte ihn rasend vor Wut gemacht. „In meinen Augen sind die verbliebenen deutschen Städte nicht die Knochen eines einzigen britischen Grenadiers wert“, schnaubte er; der Aufstand über die Bombardierung gerade dieser Stadt war in seinen Augen „psychologisch leicht zu erklären“; der Grund war ganz einfach, daß man die Stadt „mit deutschen Orchestern und Dresdener Schäferinnen“ verband und mit einer dermaßen groben Übertreibung, daß sie sich nur als Lüge deuten läßt, fügte er hinzu: „Tatsächlich war Dresden eine einzige Ansammlung von Munitionsfabriken“.

Churchill ließ sich jedoch nicht von Harris’ wütenden Kommentaren beirren, sondern vollendete seine elegante Kehrtwendung. Die britische Luftwaffe wollte wie die Amerikaner eine sorgfältige Auswertung des Bombenkriegs durchführen, aber der britische Premierminister verhinderte dies. Anschließend verweigerte Churchill die Einführung einer speziellen, besonderen Auszeichnung für die Männer der Bomberflotte, die trotz allem über 50 000 Tote im Luftkrieg über Deutschland zu beklagen hatten – die Armee, die Flotte, sogar die Jagdflieger hatten jedoch bedenkenlos ihre besonderen Auszeichnungen bekommen. Um das Maß voll zu machen, stand schon bald fest, daß Harris selbst keine größere Prämie für seinen Einsatz zu erwarten haben würde, im Gegensatz zu allen anderen Kommandierenden der einzelnen Waffengattungen sowie den wichtigsten Befehlshabern wie beispielsweise Feldmarschall Bernard Law Montgomery, der den Rang eines Viscount of Alamein erhielt. Harris war kaltgestellt worden.

Enttäuscht und verbittert verließ er bereits Ende 1945 Großbritannien in Richtung Südafrika. Dort legte er seine Uniform ab und wurde Geschäftsführer eines großen Privatunternehmens, The South African Marine Corporation. 1953 wurde er zum Baronet erhoben, aber offenbar empfand er auch dies als einen Rüffel, weil es sich dabei um einen der niedrigsten Adelsränge überhaupt handelte.

Harris starb Anfang April 1984, ohne jemals Anzeichen für ein Umdenken an den Tag gelegt zu haben. Statt dessen verteidigte er bis zuletzt mit großer Sturheit und geringer Variation die Bombardierungen der deutschen Städte. Damit begibt er sich in Gesellschaft mit einer ganzen Reihe von Persönlichkeiten des 20. Jahrhunderts, denen gemeinsam ist, daß sie alle wie Harris Gefangene einer Illusion wurden. Sie können unmöglich aus diesem Gefängnis ausbrechen, unmöglich ihren Irrtum eingestehen und noch viel weniger ihre Verbrechen, teils, weil sie in ihren gehobenen Positionen so weit entfernt vom wirklichen Geschehen waren, daß alles Leid zu reiner Statistik verwässert wurde, teils, weil ein solches Eingeständnis bedeuten würde, sich selber einzugestehen, daß sie ein verfehltes Leben geführt haben.

Eine Filmaufnahme aus den siebziger Jahren zeigt Harris mit Krawatte und Mehrstärkenbrille, mit den weißen Haaren eines alten Mannes wie eine Aura über einem gutmütigen Pantoffelheldgesicht. In seinem Kopf dreht sich die alte, ausgeleierte Grammophonplatte, und aus seinem Mund erklingen heiser die Worte aus High Wycombe im heißen Spätherbst 1943.

Viel Mühe ist im Laufe der Jahre darauf verwandt worden, zu erklären, warum sich die Amerikaner entschlossen, Hiroshima und Nagasaki mit Kernwaffen anzugreifen. Oft wird dabei vergessen, wie die Machthaber selbst die Bombe sahen. Für uns alle, die wir unter der Bedrohung durch Kernwaffen gelebt haben, stehen die Ereignisse Anfang August 1945 natürlich für einen unerhörten Sprung in der Geschichte: Zum ersten Mal konnte sich die Menschheit selber auslöschen. Für jene Personen in Washington, die damals den Beschluß faßten, waren die Atombomben jedoch weniger etwas qualitativ Neues, als vielmehr eine quantitative Entwicklung von etwas bereits lange Erprobtem: von direkten Angriffen auf die Städte und die Zivilbevölkerung des Gegners. Die Tabus, die den Abwurf der beiden Bomben vielleicht hätten verhindern können, waren seit langem verschwunden, verlorengegangen im Brandrauch von Shanghai, Rotterdam und Coventry, Hamburg, Berlin und Dresden. Die Atombombe war nur eine logische Weiterführung der Idee strategischer Bombardierungen.

In seinem Buch über seine Arbeit bei der Royal Air Force berührte Harris abschließend diese Frage. Er erkennt die unerhörte Kraft der neuen Waffe an: „Ich hege keine Zweifel daran, daß ein Krieg während der nächsten fünfundzwanzig Jahre einen sehr großen Teil der zivilisierten Welt zerstören würde.“ Er fügt jedoch hinzu, wenn ein Teil der Menschheit sich vorstelle, daß ihr Überleben „notwendig oder außerordentlich wünschenswert“ sei, so sei dies nur „Hochmut“. Deshalb sei der Atomkrieg, schreibt Harris nachdenklich, „alles in allem vielleicht die beste Lösung“.

EIN TAG AUS DREI FARBEN

1.

Doktor Akizuki fühlte sich wieder sicher, denn die Sirenen hatten Entwarnung gegeben.

Das Frühstück hatte man wegen des Alarms verschieben müssen, so daß er und die Krankenschwestern hungrig waren, aber ehe sie etwas essen konnten, mußten sie die Behandlung der Patienten abschließen. Akizuki hatte gerade eine Nadel in die Seite eines Patienten gestochen, als er das dumpfe Brummen weit entfernter Flugzeugmotoren hörte. Einen Moment lang war er verunsichert, wandte sich an die Krankenschwester, die neben ihm stand, und fragte: „Es hat doch Entwarnung gegeben?" Im gleichen Augenblick wurde das Motorengeräusch lauter. Es wurde rasch stärker, und schließlich schien es, als würde das Flugzeug direkt über das Krankenhaus fliegen. Ein Angriff. Während Akizuki die Nadel wieder herauszog, schrie er allen zu, daß sie Schutz suchen sollten. Dann warf er sich neben dem Bett zu Boden.

Zuerst war kein Knall zu hören.

Statt dessen wurde der Raum für den Bruchteil einer Sekunde von Licht erfüllt.

Einem weißen Licht.

Einem blendenden Licht. Einem Blitzlicht. Keinem gewöhnlichen Licht. Es stellt sich die Frage, ob es sich überhaupt um Licht in der alltäglichen Bedeutung des Wortes handelte. Es war allein im physikalischen Sinne des Wortes Licht. Ein abnormes Licht, ein Licht, so stark, daß sein Schein es unmöglich machte, zu sehen, wodurch es in sein Gegenteil verkehrt und zu einer Dunkelheit wurde, die undurchdringlich weiß war.

Licht, Licht, Licht.

Dann eine dunkle Pause, nur wenige Sekunden, während seine Augen versuchten, wieder etwas sehen zu können.

Danach ein ohrenbetäubender Knall.

Dann noch einer.

Etwas traf das Gebäude mit unerhörter Wucht, preßte ihn platt auf den Boden und schleuderte Schauer aus losen Gegenständen durch den Raum. Akizuki blieb noch ein paar Minuten liegen, ehe er aufstand, schwindlig, unsicher und mit einem pfeifenden Geräusch in den Ohren. Er war der festen Überzeugung, daß das Krankenhaus von einer Bombe getroffen worden war. Der Raum war voll von gelblichem Rauch und weißen, schwebenden Rußpartikeln. Es war eigenartig dunkel, so als hätte dieser Blitz der Sonne ihre Kraft genommen.

Akizuki stolperte umher, half anderen auf die Füße, sah sich blinzelnd um. Die ganze Zeit über murmelte er immer wieder leise vor sich hin: „Wir sind bombardiert worden, wir sind bombardiert worden, wir sind bombardiert worden", so als müsse er diese selbstverständlichen Worte hören, um überhaupt handeln zu können. Aber irgend etwas stimmte hier nicht, und es war nicht nur das Licht. Er war sich sicher, daß das Krankenhaus direkt getroffen und die beiden Etagen über seinem Kopf folglich abgesprengt worden waren. Als er geschockt ins Treppenhaus hinauswankte, merkte er jedoch, daß es zwar mit herabgefallenen Balken, Dachteilen und großen Gipsstücken gefüllt war, die Etagen über ihm gleichwohl noch standen. Er stieß auf Gruppen klagender, weinender Menschen, die versuchten, das Gebäude zu verlassen. Viele von ihnen waren staubbedeckt und durch ihre Clownsmasken aus weißem Staub bahnten sich rasch Rinnsale aus frischem, hellrotem Blut ihren Weg, aber eigenartigerweise schien niemand von ihnen ernstlich verletzt worden zu sein. Falls aber eine Bombe im Inneren des Krankenhauses explodiert wäre, müßte er Schwerverletzte sehen, und Tote, viele Tote.

Niemand verstand, was geschehen war.

Nach einer Weile kehrte er um und taumelte wie betäubt zurück in den Behandlungsraum. Der Fußboden war mit Scherben übersät, und nur sein Schreibtisch stand noch, aber Akizuki bemerkte im Vorbeigehen, daß ein Mikroskop, welches darauf gestanden hatte, verschwunden war. Stühle gab es auch keine mehr, und so setzte er sich auf den Schreibtisch.

ABB. 15

Der Nullpunkt in Nagasaki am 10. August 1945.

In diesem Moment fiel sein Blick zum ersten Mal aus dem zerborstenen Fenster.

Der Rauch lag noch dicht über dem Hof, löste sich aber, noch während er hinausschaute, langsam auf, und die Außenwelt erlangte allmählich wieder Konturen, wie eine Photographie im Entwicklungsbad. Zuerst erkannte er nur verschwommene Figuren, die im Staub und Dunst herumliefen. Dann wurde die Sicht besser, zur Stadt hinab, und was er sah, ließ ihn vor Entsetzen erstarren.

Schwarz, gelb und Purpur. So leuchtete es dort. Denn die Welt war plötzlich dreifarbig geworden, und diese Farben waren nicht die richtigen und nicht einmal die natürlichen. Der Himmel war schwarz. Die Erde war purpurfarben, und zwischen Himmel und Erde stiegen Wolken aus gelbem Rauch auf. Es muß ausgesehen haben wie auf einer jener apokalyptischen Untergangsvisionen, wie sie untergangssüchtige Modernisten vor dem Ersten Weltkrieg gemalt hatten: die gleiche grelle Farbgebung, die gleichen groben Züge. Der einzige Unterschied bestand darin, daß dies hier die Wirklichkeit war.

Die Purpurfarbe kam von den Bränden. In weiterer Ferne im Tal konnte er die nördlichen Teile der Stadt erkennen. Im Südwesten meinte er die eingestürzte Kathedrale ausmachen zu können. Sie brannte. In nordwestlicher Richtung sah er die Konturen von Mitsubishis großer Munitionsfabrik. Sie brannte. Alle Gebäude, so weit sein Auge reichte, brannten: große und kleine, hohe und flache. Aber nicht nur die Häuser brannten. Flammen schlugen aus den hölzernen Elektromasten. Die Bäume auf den angrenzenden Hügeln hatten ebenfalls Feuer gefangen. Rauch stieg sogar von den Blättern des nahegelegenen Süßkartoffelackers auf. Alles brannte. Aber „es es reicht nicht aus, zu sagen, daß alles brannte“, schrieb Akizuki später, „es schien vielmehr, als würde die Erde selber Feuer, Rauch und Flammen speien.“ Er konnte nicht begreifen, was geschehen war. Das Krankenhaus war keineswegs unglücklich von einer Bombe getroffen worden, es hatte vielmehr Glück gehabt und war dem entgangen, was der Stadt dort unten widerfahren war. Aber woher kamen „dieser Ozean aus Feuer, dieser Himmel aus Rauch“?

Sein benebeltes Gehirn konnte darauf nur eine einzige Antwort finden: daß der Untergang der Welt gekommen war.

2.

Als die Atombombe um 11.02 Uhr über der Urakami-Kathedrale detonierte, gab sie in weniger als einer Tausendstelsekunde eine solche Menge von Röntgenstrahlen ab, daß die Luft in ihrer unmittelbaren Umgebung zu einer Feuersphäre erhitzt wurde, deren innerster Kern eine Temperatur von mehreren Millionen Grad hatte. Die Einzelteile der Bombe verwandelten sich in ionisiertes Gas, und die Sphäre wuchs unmittelbar zu einem intensiv leuchtenden Feuerball. Dies war das Blitzlicht, das Doktor Akizuki gesehen hatte. Dem Licht folgte eine Hitzewelle, die von diesem Feuerball ausstrahlte: Die Temperatur lag in der Umgebung unterhalb der Detonation zwischen 3000 und 4000 Grad Celsius – mehr als genug, um Stahl zu schmelzen – was bedeutet, daß jeder, der sich dort befand, augenblicklich zu Asche verbrannt wurde, während ungeschützte Menschen noch in vier Kilometer Entfernung Verbrennungen erlitten. In einem Radius von einem Kilometer bildeten sich Blasen an Dachziegeln – wozu eine Temperatur von etwa 1880 Grad Celsius nötig ist –, während hölzerne Elektromasten, die über drei Kilometer von der Detonation entfernt standen, noch Feuer fingen.

Das Licht und die anschließende Hitzewelle waren nach wenigen Zehntelsekunden vorüber, noch ehe die Vögel, die im Flug angezündet worden waren, zu Boden gefallen waren.

Die Explosion erzeugte daraufhin einen unerhörten Überdruck. Eine Druckwelle entstand, aber während sich der Feuerball schnell abkühlte, aufstieg und abklang, bewegte sich diese Welle nach allen Seiten. Im Hypozentrum bewegte sich die Luft mit einer Geschwindigkeit von über 400 Metern in der Sekunde. Dort wurde durch den Druck alles zerstört. Das meiste im Radius von einem Kilometer wurde umgerissen oder in Stücke geschlagen: Bäume wurden zermalmt, Ziegelmauern stürzten ein, Betonpfeiler wurden umgeknickt; auch solide gebaute Häuser, die sich im Umkreis von ein paar Kilometern vom Hypozentrum befanden – wie das

Krankenhaus, in dem Doktor Akizuki praktizierte – trugen schwere Schäden davon und wurden verformt. An Gebäuden, die sich vier Kilometer entfernt vom Hypozentrum befanden, wurden Fußböden, Dächer und Wände zerstört. Glasscheiben im Umkreis von 20 Kilometern barsten. Das waren die zwei Explosionen, die Akizuki gehört hatte: zuerst das Geräusch der eigentlichen Detonation, anschließend der Knall, als die Druckwelle das Krankenhaus traf.

Das Feuer breitete sich in dem ganzen herumliegenden Gerümpel schnell aus. Der Wind war stark. Es war der 9. August 1945, und in Nagasaki breitete sich ein Feuersturm aus.

Hinzu kam die Strahlung. Aber sie war für niemanden zu sehen, und keiner wußte von ihr.

3.

Am Abend des 5. August hatte Yousuke Yamahata auf der Durchreise Hiroshima passiert, eine Stadt, die ihm seltsam unberührt vom Krieg erschien. Der Ort war ein willkommener Kontrast in einem Japan, in dem ganze Armadas von amerikanischen B-29-Bombern ein Viertel aller Wohnungen niedergebrannt hatten, Hunderttausende getötet und 22 Millionen obdachlos gemacht und so viele Orte in Schutt und Asche gelegt hatten, daß es den Bombenstrategen zunehmend schwerfiel, Ziele zu finden, die einen Angriff und die Aufmerksamkeit wert waren.

Der achtundzwanzigjährige Yamahata war Photograph. Seit dem Kriegsausbruch 1941 war er der japanischen Streitmacht auf den Fersen geblieben und hatte mit seiner Leica – einem Geschenk seines Vaters – deren imponierende, wenn auch flüchtige Triumphe in Malaysia und ihren brutalen Feldzug in China dokumentiert. (Photos von ihm aus dieser Zeit zeigen einen langen, schmalen jungen Mann mit Brille, der ein wenig an Hergés Tim erinnert und auch dessen Knickerbockerhosen trägt.) Jetzt war die Zeit der Siegeszüge vorbei, und Yamahata war zurück in seiner Heimat. Gut einen Monat lang war er bei der Armee auf Kyushu gewesen, der südlichsten der japanischen Hauptinseln und dem wahrscheinlichsten Ziel der erwarteten amerikanischen Invasion.

Als er am Morgen des 6. August sein Reiseziel erreichte, das militärische Hauptquartier in Hakata, erfuhr er, daß die Stadt, die er vor kurzem durchfahren hatte, das Opfer eines Angriffs mit „einer Bombe neuen Typs" geworden war: Die Details waren vage, aber gerüchteweise hieß es, daß die Sprengkraft dieser neuen Waffe zehnmal größer sei als die jedes bislang bekannten Sprengstoffs. Die Nachricht von diesem Angriff hatte jedoch keine sichtbaren Folgen, außer einem Papier, in dem den Soldaten befohlen wurde, eine Decke über dem Kopf zu tragen, wenn sie sich im Freien aufhielten.

Drei Tage lang gingen Yamahata und die anderen auf diese Weise umher. Dann kam plötzlich die Nachricht, daß auch Nagasaki, eine 160 Kilometer südlich von Hakata gelegene Hafenstadt, mit „einer Bombe neuen Typs" angegriffen worden war. Die militärischen Befehlshaber wollten dies dokumentiert haben, vor allem zu Propagandazwecken, und Yamahata sowie ein Zeichner und ein Autor erhielten den Befehl, sich unmittelbar an den Ort des Geschehens zu begeben. Normalerweise hätte die Zugreise sechs Stunden gedauert, aber die Unordnung des Zerfalls und die ständig umherschwirrenden amerikanischen Flugzeugträgermaschinen ließen sie zwölf Stunden dauern. Gegen drei Uhr nachts erreichte die Gruppe den Michino-o-Bahnhof am nördlichen Rand der Stadt. Weiter konnte man aus irgendeinem Grund nicht kommen.

Die Nacht war kalt und sternenklar, aber es ging ein seltsamer, warmer Wind. Sie gingen in südliche Richtung einen Hang hinab, in Richtung Stadt. In der Ferne konnte Yamahata zahlreiche Lichtpunkte erkennen, die wie Irrlichter glühten. Als sie näher kamen, bemerkten sie, daß es überall dort, wo sich eigentlich Häuser und Straßen hätten befinden müssen, nur Gerümpel gab, warme Asche sowie unförmige Löcher, die einmal Keller oder Schutzräume gewesen waren. Ansonsten sahen sie wenig oder nichts in der Dunkelheit. Aber aus der Nacht lösten sich klagende Stimmen, die um Hilfe oder Wasser baten, und von Zeit zu Zeit traten sie auf pilzig weiche Dinge, und sie begriffen, daß dies Körper waren. Einmal spürte einer von ihnen, wie etwas oder jemand sich an sein Bein klammerte.

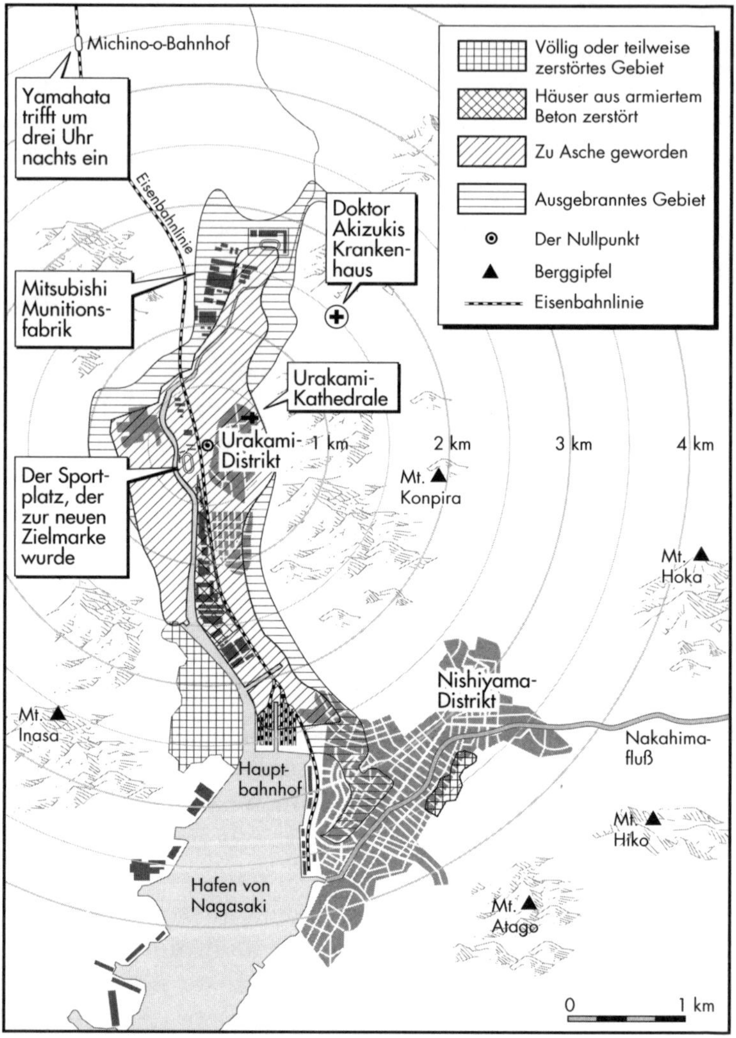

KARTE 5

Nagasaki am 9. August 1945.

ABB. 16
Nagasaki am 10. August 1945.

Sie waren instruiert worden, sich im Hauptquartier der Militärpolizei zu melden, das unten im Hafen lag. Sie brauchten zwei Stunden, um dorthin zu gelangen, und zu diesem Zeitpunkt ging bereits die Sonne auf. Während er darauf wartete, daß es hell genug war, um photographieren zu können, legte sich Yamata auf die Erde und rauchte, den Blick in einen wolkenlosen Himmel gerichtet. Er dachte an seinen Auftrag, aber gleichzeitig hatte er Angst: Wenn nun noch eine solche Bombe fiel?

Dann stand er auf und begann zurückzugehen, Richtung Norden und Michino-o. Die ganze Zeit photographierte er. Er fühlte sich seltsam ruhig und gesammelt, obwohl die Landschaft, die sich vor seinen Augen ausbreitete, nichts mehr ähnelte, was er schon einmal gesehen hatte. Was er in den Nachtstunden bereits geahnt hatte, bestätigte sich nun.

Nagasaki war völlig zerstört worden.

Es lag eine grausame Ironie in der Tatsache, daß ausgerechnet dieser Ort mit einer amerikanischen Atombombe angegriffen werden sollte, denn Nagasaki war wahrscheinlich die am deutlichsten westlich orientierte Stadt in ganz Japan. Sie war im 16. Jahrhundert von einem christlichen Feudalherren gegründet worden, der sie als Basis für seinen Handel mit den Europäern benutzen wollte. Zeitweilig war der Hafen im Besitz des Jesuitenordens, der in dieser Gegend erfolgreich missionierte.

Die christlichen Japaner wurden später das Opfer jahrhundertelanger Verfolgung und Ausgrenzung, aber viele hielten dennoch an ihrem Glauben fest, und Nagasaki wurde zu ihrer Enklave in einem feindlich gesinnten Umland. Das Christentum wurde in den achtziger Jahren des 19. Jahrhunderts wieder zugelassen, und 1925, nach vierzig Jahren mühevoller Arbeit, wurde auf einer Anhöhe im Stadtteil Urakami eine Kathedrale aus Holz und roten Backsteinen eingeweiht. Daß sie, Ostasiens größtes katholisches Gotteshaus, an dieser Stelle errichtet wurde, war kein Zufall: Dort lebte der größte Teil der Katholiken in der Stadt zusammen mit anderen Armen und Außenseitern. Folglich hatte Urakami einen schlechten Ruf. Über diesem Stadtteil war die Bombe detoniert, während einige vorspringende Bergkämme einen Teil der Sprengkraft auffingen und auf diese Weise die Zerstörungen unten am Hafen und im Zentrum in Grenzen hielten. Später konnte man tatsächlich Einwohner Nagasakis hinter vorgehaltener Hand flüstern hören, daß der Angriff auch sein Gutes hatte, denn durch ihn war Urakami „gesäubert“ worden. Mehr als die Hälfte der 14 000 Katholiken in der Stadt waren zudem getötet worden. Ian Buruma hat deshalb geschrieben, daß es war, „als wäre eine Bombe auf Harlem gefallen und hätte den Rest von Manhattan relativ unberührt gelassen“.

Manches verlockte Unwissende dazu, zu denken, die Stadt wäre das Opfer einer Naturkatastrophe geworden. Yamahata fand, die Stadt sehe aus, als wäre eine Art Wind durch sie hindurchgefegt. Seine Kraft mußte unglaublich gewesen sein, denn die Häuser waren umgestürzt und pulverisiert worden, und eine nahegelegene Felswand war eingestürzt. Überall waren die deformierten und rauchenden Überreste von all dem, was dort einmal gewesen war, zu erkennen: ein Meer aus Scherben, Bruchstücken, Splittern, Fragmenten.

Aber hier stimmte etwas nicht. So wußte Yamahata beispielsweise aus eigener Erfahrung, daß in einer Stadt, die bombardiert worden war, nur die Dachziegel der Häuser fort waren, die getroffen worden waren. Hier aber waren alle Dächer und Dachziegel fort. Ja, hier waren sogar die meisten Häuser fort. Außerdem waren die Bäume einheitlich verstümmelt und die Telefon- und Elektrizitätsmasten in der Mitte abgeknickt worden. Neben mehreren dieser Masten sah Yamahata etwas, was ihn für einen Moment die Nerven verlieren ließ, nämlich die Reste von Menschen, die sich in den herabgefallenen Leitungen verheddert hatten und dann nicht mehr loskamen, woraufhin sie zu Tode gebraten worden waren.

Die Getöteten hatten im übrigen anscheinend ihre eigene Typologie.

Zwar schienen alle verbrannt zu sein, aber an den Stadträndern trugen sie immer noch ihre Kleider und hatten erkennbare Gesichtszüge. Yamahata kam an einen Ort, der weniger als 24 Stunden zuvor noch eine Haltestelle gewesen war. Eine Straßenbahn war gerade angekommen, als die Bombe explodierte. Der Waggon selbst war in Stücke geschlagen worden, und das hölzerne Dach hing oben an einem Leitungsmast. Zwei Leichen lagen im Wagen, aneinander gelehnt: ein Soldat mit rußigem Gesicht, in dem die Zähne weiß leuchteten, und eine junge Frau in einer versengten, gestreiften Hose; neben ihrem Körper lag ihr Einkaufsnetz – vielleicht war sie gerade einkaufen gewesen. Das zermalmte Wrack war an der Stirnseite gleichsam aufgerissen worden, und durch diese Öffnung waren drei weitere Passagiere hinausgeschleudert worden. Gleich daneben lagen jene, die an der Haltestelle gewartet hatten: ein gemauerter Straßengraben war vollgepackt mit schwarzgebrannten Körpern – einer von ihnen rauchte noch immer –, und das Feuer, von dem sie überrollt worden waren, hatte ihre Kleider ganz oder teilweise verbrannt und auf ihren Körpern eigentümliche Fleckenmuster hinterlassen.

Je mehr sich Yamahata dem näherte, was der Mittelpunkt des Geschehenen zu sein schien, desto mitgenommener waren die Körper. Viele waren nur noch eine Art Strichmännchen, die steif und verrenkt zwischen den Scherben lagen: Ihre Arme waren ausgestreckt und ihre Rücken gebeugt, so als kämpften sie immer noch darum, mit unendlicher Langsamkeit wieder auf die Beine zu kommen. Aus weiterer Entfernung waren die Toten nichts anderes als ein undeutliches Kohlengekritzel auf der Erde, nur schwer von dem übrigen Plunder zu unterscheiden. Sie waren sozusagen mit der Katastrophe verschmolzen – ein weiteres Grab.

Noch ein Stück weiter waren keine Leichen mehr zu sehen. Dort gab es überhaupt nichts mehr zu sehen. Die Häuser waren fort, die Straßen ebenso. Alles war verbrannt, zerbrochen oder in kleine Teile geschlagen worden. Geblieben war nur ein Abrieb aus Asche und pulverisiertem Gerümpel. Er kämpfte sich einen nahegelegenen Hügel hinauf und machte drei Bilder von der rauchenden Ödnis.

Es war der Ort, an dem die Bombe explodiert war. Es war der Nullpunkt.

Alle Straßen und Wege waren, wie gesagt, verschwunden, aber in dieser kahlen Fläche aus Dunst und Scherben war bereits ein

ABB. 17
Nagasaki am 10. August 1945.

langer, kurvenreicher Trampelpfad entstanden, auf dem sich ein dünner Strom aus Menschen einen Weg bahnte.

Die Menschen, ja.

Man würde Unmengen von Tränen und Schreien in dieser geschundenen Stadt erwarten, aber Yamahata bemerkte schon bald, daß die Überlebenden im Gegenteil unerwartet still und kontrolliert wirkten. Nagasaki am Tag nach der Bombe war mit anderen Worten ein in jeder Hinsicht stiller Ort, wo das weitverbreitetste Geräusch das Knirschen von Füßen gewesen sein dürfte, die in Scherben umherstolpern. Die Gesichter der Menschen waren ausdruckslos, nicht erregt oder verängstigt. Nicht einmal die Verletzten – die hier und da in Haufen lagen, mit zerrissenen Kleidern, verrußten Gesichtern und rotbraunen Gliedern – zeigten stärkere Gefühlsregungen, sondern betrachteten das Chaos mit den gleichen leeren Augen, mit denen die anderen sie betrachteten. Gleich neben der plattgewalzten Fläche, die einmal ein Heim gewesen war, photographierte er eine junge Frau in einem dunkelgemusterten Hosenanzug und einem blütenweißen Hemd. Die Frau weinte nicht, stand einfach nur da, stumm und apathisch, so als klammere sie sich verzweifelt an die Hoffnung, daß eines ihrer Familienmitglieder bald auftauchen würde, und ohne dem verbrannten Menschenschädel mit aufgesperrtem Mund größere Beachtung zu schenken, der gleich hinter ihren Füßen lag und sehr wohl zu eben jenem Menschen gehören mochte, auf den sie wartete.

Yamahata begann allmählich zu begreifen, daß die Ruhe, die ihn überkommen hatte, gar keine Ruhe war. Statt dessen war er von dem gleichen überwältigenden Gefühl von Unwirklichkeit erfaßt worden, das auch die Opfer übermannt hatte. Die Ursache der Katastrophe war unergründlich, ihr Verlauf zu schnell und ihre Folgen zu gewaltig, um sie verstehen zu können. Das gleiche Phänomen hatte man übrigens auch in der anderen Stadt beobachten können, die mit „einer Bombe neuen Typs“ angegriffen wurde; es war sogar ein Name für diesen Ausdruck von Ungläubigkeit und apathischer Verwirrung geprägt worden: Hiroshimamasken.* Es

* Manche Japaner benutzten die Worte *muga-muchu* für diese Menschen, was sich mit „ohne ich“ oder „in Trance“ übersetzen läßt.

ABB. 18
Nagasaki am 10. August 1945.

war ein Gefühl, das zu einer Miene erstarrt, zu einem Gemütszustand geworden war.

Ein weiteres Mal hatte die Geschichte des 20. Jahrhunderts einen nicht vorhersehbaren Sprung gemacht und diesmal vielleicht den größten von allen. Die hier freigesetzte Kraft war so unglaublich gewesen, daß die Toten durch sie in gewisser Weise mehr als tot waren, während den Überlebenden etwas weniger blieb als das Leben. Alle von Menschenhand geschaffenen Katastrophen in der Geschichte waren bis zu diesem Zeitpunkt auch eine Gefahr für die Zivilisation gewesen, aber diese hier war eine Bedrohung des Lebens an sich. Vorher verfügten die Menschen schlimmstenfalls über Mittel, die sie ihrer Gegenwart berauben konnten, und Ziele, die ihre Vergangenheit auslöschten. Nun besaßen sie eine Waffe, die den Menschen nicht nur um seine Hoffnung auf die Zukunft, sondern um das Morgen selbst betrügen konnte, und damit um jene Unsterblichkeit, deren flüchtige, jedoch vollkommen wirkliche Existenz in den Erinnerungen der Nachwelt liegt.

Ein vielleicht zwölf-, dreizehnjähriger Junge ging vorbei, in die Knie gehend, während der Schweiß ihm in Strömen über das Gesicht lief, denn er trug seinen Bruder auf dem Rücken, und die Sonne schien heiß an diesem Tag. Der Kleine war vielleicht zwei Jahre alt und lag im Sterben: Der obere Teil seines Kopfs hatte schwere Verbrennungen davongetragen, seine Haare waren weggesengt worden, die Augenlider waren geschwollen, und geronnenes Blut hatte sich wie ein brüchiger Schatten über seine Gesichtszüge gelegt. Yamahata hielt den Jungen mit seiner Last an, beugte sich vor und machte zwei Photographien – auf ihnen ist zu erkennen, wie der sterbende Junge den Kopf hinter dem Rücken seines Bruders hebt, um zu sehen, was los ist. Anschließend kehrte er ohne ein Wort der Erklärung den beiden Jungen den Rücken zu und ging davon.

Gegen drei Uhr nachmittags war Yamahata wieder zurück am Michino-o-Bahnhof, gerade noch rechtzeitig, um in einen Zug voller Verletzter zu steigen, der gleich darauf abfuhr.

Zwölf Stunden später erreichte er das militärische Hauptquartier in Hakata. Bei sich trug er die umfassendste Bilddokumentation, die wir über ein von Kernwaffen betroffenes Stück Menschheit besitzen, insgesamt über 100 Negative. Beim Entwickeln fielen allerdings 40 oder mehr weg. Einige, weil das japanische Filmmaterial aufgrund des Krieges von so schlechter Qualität war, andere, weil sich der Auslösemechanismus der Kamera verhakt hatte, wodurch es zu Doppelbelichtungen gekommen war. Auf wieder anderen war nur eine Art dunkler Nebel zu erkennen. Yamahata konnte damals nicht verstehen, woher er kam, aber die Erklärung war einfach. Ganz Nagasaki und besonders der Nullpunkt kochten förmlich vor Radioaktivität, und die Strahlung war so stark, daß sie den Film geschwärzt hatte.

Wenige Tage später war der Krieg zu Ende. Einen guten Monat, nachdem die amerikanischen Truppen in Japan gelandet waren, erließen die Besatzungsbehörden ein Verbot, in Hiroshima und Nagasaki zu photographieren. (Während der folgenden sieben Jahre war es der japanischen Presse verboten, die Atombombenabwürfe über diesen Städten überhaupt zu erwähnen.) Bilder wurden konfisziert, aber aus irgendeinem Grund gelang es Yamahata, seine Photographien zu behalten. Nach Kriegsende setzte er seine Karriere als Photograph fort und war ziemlich erfolgreich in der Werbebranche. Am 6. August 1965, an seinem achtundvierzigsten Geburtstag und fast auf den Tag genau zwanzig Jahre nach seinem Besuch in Nagasaki, erkrankte er schwer. Die Ärzte stellten fest, daß er an Darmkrebs in einem weit fortgeschrittenen Stadium litt. Er starb im darauffolgenden Jahr.

4.

Die Geschichte kennt nur wenige wirklich unausweichliche Ereignisse. Dennoch tauchen solche Vorstellungen immer wieder auf, wenn die Vergangenheit unter die Lupe genommen wird. Viele dieser Vorstellungen entspringen der ungestümen Hoffnung, die Geschichte habe ein vorgegebenes Ziel, zu dem wir alle unterwegs wären, wenn auch auf Umwegen und nicht selten ein wenig unwillig. Verschiedene Varianten dieses Gedankens verbergen sich in den Kulissen, wenn entkleidete Menschen in Belzec in luftdichte Kammern getrieben werden. „Sicher, das ist furchtbar“, denken die Henker oder zumindest die Ideologen dieser Henker, „aber es ist unausweichlich, es muß sein, die Geschichte wird uns recht geben" etc. Diese Idee ist nicht neu, aber erst im 20. Jahrhundert wird sie zum Wasser auf den Mühlen des Totalitarismus.

Nicht alle Gedanken über historische Unausweichlichkeit entspringen jedoch geschichtsmetaphysischen Vorstellungen – schwarz oder weiß, politisch oder religiös. Nicht selten liegt ihnen ein einfacher Denkfehler zugrunde. Wir glauben, daß das Geschehene eintreffen mußte, weil das schwerfällige und fast einem Gletscher gleichende Bewegungsmuster der Geschichte eben so unwiderstehlich erscheint. (Und es stimmt natürlich: Wenn ein Mann von einem Dach fällt, wird er unweigerlich auf der Erde aufschlagen, aber wer hätte dies behaupten können, ehe er ausrutschte?) Joseph Brodsky meinte einmal, daß die Geschichte dazu verdammt sei, sich zu wiederholen, weil sie wie der Mensch nicht so viele Wahlmöglichkeiten habe. Aber da das, was wir die Geschichte nennen, nicht ohne den Menschen existiert, geht es wohl weniger um einen Mangel an Wahlmöglichkeiten, sondern vielmehr um den Unwillen oder das Unvermögen, sie wahrzunehmen.

Dennoch findet sich ein Element von – ja, genau – Unausweichlichkeit in dem Prozeß, der zum Bau der ersten Atombombe führte. Es hat den Anschein, als wäre die verquere Logik des Gleichgewichts des Schreckens im Atom selbst zusammengepreßt gewesen und hätte sich in der einen Sekunde, als der erste Kern gespalten wurde, schon zur Gänze entfaltet.

Das Prinzip der Kernspaltung war keine Erfindung, sondern eine Entdeckung, eine Entdeckung, die die moderne Wissenschaft früher oder später gemacht hätte: Sie ist so gesehen untrennbar mit der Modernität und dem ihr eigenen Drang zum Fortschritt verbunden. Als die Nachricht, daß man auf diese Weise die Schöpfung kurzschließen konnte, sich Anfang 1939 dann einmal verbreitet hatte, war es nur eine Frage der Zeit, bis die besten Physiker der Welt daraus ihre Schlüsse ziehen würden. Das Prinzip einer Atombombe ist nämlich ausgesprochen simpel. Aus den USA wird berichtet, daß Robert Oppenheimer, der zukünftige Chef des amerikanischen Atombombenprojekts, nur knapp eine

Woche nach Bekanntwerden der Entdeckung eine erste grobe Skizze einer Bombe auf der Tafel in seinem Büro anfertigte. Ungefähr das gleiche geschah in Frankreich, in Japan, in der Sowjetunion, in England, in Deutschland.

Es war der Zeitpunkt, der die Entdeckung so ungeheuer unglücklich machte: Sie kam, als die Welt sich am Rande eines Weltkriegs befand, als die Mittel zur Entwicklung neuer Waffen im gleichen Tempo wuchsen, wie die moralischen Bedenken schwanden. Von diesen Ausgangspunkten aus gesehen war der nächste Schritt der Argumentation leicht. „Die anderen bauen sicher eine Bombe, da sind wir wohl oder übel gezwungen, das gleiche zu tun." Und so weiter *ad nauseam*.

Die Entdeckung der Kernspaltung ließ sich also unmöglich verhindern, was sich selbstverständlich nicht vom Bau der Atombombe sagen läßt. Das Problem bestand nur darin, daß der Geist, wenn man ihn einmal aus der Flasche befreit hatte, nur schwer oder unmöglich wieder in sie zurückzubefördern war – was einfach in der Natur der modernen Wissenschaft liegt. Man kann sich allerdings fragen, ob es überhaupt jemand versucht hat. Es heißt, ein Mann habe es versucht. Sein Name war Werner Heisenberg.

5.

Er soll seinen Versuch im Spätsommer 1941 unternommen haben. Der Zweite Weltkrieg war zu diesem Zeitpunkt in sein drittes Jahr gegangen und hatte gerade begonnen, in einer Art und Weise barbarisch zu werden, wie sie die Geschichte vorher noch nie gesehen hatte. Nur ein Jahr zuvor waren sowohl deutsche als auch britische Flugangriffe auf zivile Ziele die Ausnahme gewesen, jetzt waren sie die Regel geworden. Im östlichen Europa hatten die Nationalsozialisten gerade begonnen, in großem Umfang zu morden, und die erste experimentelle Massenvergasung sollte schon bald im neuerrichteten Lager Auschwitz stattfinden. Noch lagen die schlimmsten Exzesse des Bombenkriegs in der Zukunft, während die massenhafte Vernichtung der Juden weit entfernt und im verborgenen geschah.

Die neue Waffe, die die Physiker erdacht hatten, trug jedoch auf eigentümliche Weise Züge dieser beiden Abläufe.

Sie würde sich aufgrund ihrer unermeßlichen Zerstörungskraft militärisch nicht nutzen lassen. Armeen, die sich im Gefecht miteinander befanden, würden sie nicht gegeneinander einsetzen können, ohne eine große Zahl eigener Soldaten dadurch zu Staub werden zu lassen. Es handelte sich also, wie im Falle der bereits vorhandenen Flotten schwerer Bomber, vor allem um eine Terrorwaffe. Aber es war eine Erfindung, die den Luftkrieg gegen die Großstädte des Widersachers um vieles wirksamer gestalten würde: Ein einziger Bomber, bestückt mit dieser Bombe, konnte die Arbeit von 1000 Flugzeugen erledigen.

Aber es war auch eine Vernichtungswaffe, eine „Totaltötungsmaschine". Rund um den Platz, an dem sie detonierte, das Hypozentrum, würde sie eine solche Kraft entwickeln, daß kein Schutz gegen sie ausreichte. Das Leben von hunderttausend oder gar von Millionen Menschen würde durch das Drehen eines Handgelenks ausgelöscht werden. Zu dieser Zeit war Völkermord eine komplizierte und kostspielige Angelegenheit – wie die totenkopfgeschmückten Bürokraten in Berlin gerade einsehen mußten –, aber es hatte den Anschein, als würde mit diesem neuen Bombentyp das Töten von Menschen zum ersten Mal aller praktischer Beschränkungen beraubt.

Bislang war diese neue Bombe nur eine Theorie gewesen, bestand sie nur aus Kritzeleien auf Tafeln in den Büros zerstreuter Physiker, aber nun begann das Wort, Fleisch zu werden, und das wurde, wie gesagt, durch den Weltkrieg erst möglich gemacht. Heisenberg war angesichts des drohenden Siegs der Technik über die Vernunft zu Recht besorgt. Es heißt, daß er einen Plan hatte, um dies zu verhindern, und daß er deshalb an einem Sonntagabend Mitte September 1941 den Nachtzug von Hamburg nach Kopenhagen nahm.

Zu diesem Zeitpunkt war Heisenberg einer der bedeutendsten Physiker der Welt, wenn nicht sogar der bedeutendste. Geboren 1901 in Würzburg als Sohn eines späteren Professors für Byzantinistik, eilte ihm schon bald der Ruf voraus, eine Art Wunderkind

ABB. 19
Werner Heisenberg nach dem Krieg.

zu sein, ein Ruf, der zweifelsohne bestätigt wurde, als ihm 1932 der Nobelpreis für Physik verliehen wurde. Bis der junge Heisenberg auf der Bildfläche erschien, hatte die Quantenphysik die Bewegung der Elektronen in einem Atom mit Hilfe der klassischen Mechanik beschrieben, die Newtons Namen trug. Heisenberg erwog sorgsam diese Theorien, fand sie ein wenig zu simpel und formulierte, gerade einmal 24 Jahre alt, die Grundlagen einer vollkommen neuen „Quantenmechanik". Es stellte sich heraus, daß seine Theorien ausgesprochen gut funktionierten, da sie Erklärungen für viele bis dahin unerklärlich gebliebenen Phänomene ermöglichten. Diese Quantenmechanik setzte sich schnell durch. Noch heute bildet sie die theoretische Grundlage, auf der die Physiker und Chemiker unserer Tage ihre Gedankengebäude errichten und ohne die wir beispielsweise keine Elektronik haben würden, die der Rede wert ist.*

Studenten, die von seinem Ruf in seine Vorlesungen gelockt worden waren, wunderten sich nicht selten, wenn er den Hörsaal betrat. Sie hatten eine Autorität von korpulenter Gestalt und mit einem alles durchdringenden Professorenblick erwartet, aber statt dessen offenbarte sich ihnen ein drahtiger, freundlich lächelnder und ungezwungener junger Mann mit einer rotblonden, nach hinten gekämmten Haarmähne und einem Kopf, der ein wenig zu groß geraten schien für seinen Körper. Seine Studenten und andere Menschen beeindruckte es zudem, wie vielseitig begabt er war: Der brillante Wissenschaftler war auch ein ausgezeichneter Pianist – während seiner späteren Gefangenschaft in England unterhielt er seine Kollegen damit, daß er sich durch Beethovens gesamtes Sonatenwerk spielte, das er auswendig konnte; außerdem war er beim Tischtennis nur schwer zu schlagen. Sein Charakter war von jugendlichem Optimismus geprägt, gepaart mit einem hart-

* Der Nachwelt ist er vor allem aufgrund seiner „Unschärferelation" bekannt, die seinen Namen trägt und, vereinfacht ausgedrückt, besagt, daß es unmöglich ist, zu gleicher Zeit die Lage *und* Geschwindigkeit eines Atomelektrons zu bestimmen – eine Beobachtung, die dem strengen Determinismus, der bis dahin in der Physik dominiert hatte, ein Ende machte.

näckigen und gründlichen intellektuellen Stil. Diese an sich positiven Eigenschaften konnten sich jedoch – wie es bei charakterfesten Menschen des öfteren der Fall ist – in Schwächen verkehren: Seine hartnäckige Gründlichkeit drohte sich dann in Sturheit zu verwandeln, sein Optimismus in Naivität.

Einmal waren Heisenberg und ein Kollege zu Fuß auf dem Heimweg durch ein nächtliches Berlin, das nach einem britischen Bombenangriff brannte. Heisenbergs Kollege war düsterer Stimmung und verbittert, sprach von zerstörten Laboratorien und all den jungen Talenten, die getötet worden waren, und beklagte sich über das deutsche Volk, diese Träumer, die man so leicht mit großen Worten und schönen Gesten verführen konnte. Heisenberg ließ sich von der niedergeschlagenen Stimmung jedoch nicht anstecken. Gerade aufgrund der drohenden Katastrophe sei er im Land geblieben, meinte er, um Leben und Geist in der wissenschaftlichen Gemeinschaft zu erhalten und um zur Stelle zu sein, wenn alles vorbei und die Zeit für einen Wiederaufbau gekommen sei, denn nach dem Krieg stand mehr internationale Zusammenarbeit, wissenschaftlich wie politisch, zu erwarten. Während Heisenberg so wortgewandt über diese schöne, neue Welt sprach, die vor ihnen lag, blieb er von Zeit zu Zeit an Wasserpfützen stehen, um seine Schuhe anzufeuchten, die immer wieder Feuer fingen, weil er aus Versehen in den intensiv leuchtenden Brandbombenphosphor getreten war, der über die Straßen verspritzt lag.

Dieser grenzenlose Optimismus beeinträchtigte sein politisches Urteilsvermögen, das zweifellos gering war. Nationalsozialist war er zu keinem Zeitpunkt, und er verfügte über gewisse Kontakte zum deutschen Widerstand. Getreu seiner Natur nährte er jedoch, wie viele konservativ denkende Deutsche, die fromme Hoffnung, daß sich die Nationalsozialisten mit Hilfe einer wundersamen moralischen Alchemie allmählich in anständigere Machthaber verwandeln würden. Diese politische Naivität führte auch dazu, daß er all jenen widerstand, die ihn angesichts des drohenden Zweiten Weltkriegs überreden wollten, in die USA zu gehen.

Die Emigration war für ihn keine Alternative. Wie viele andere Menschen im 20. Jahrhundert, die alles sahen, aber nicht direkt vom eigenen totalitären Staat bedroht waren, suchte er statt dessen Schutz in der Privatsphäre. Die Menschen in diesen Staaten ließen sich oft – um einen Begriff des deutschen Historikers Detlev Peukert zu verwenden – atomisieren, von den anderen und der Allgemeinheit in dem trügerischen Glauben abtrennen, daß sie sich mit ihrem Schweigen Unantastbarkeit erkaufen könnten. Es ist bemerkenswert, wie schnell die Menschen lernten, das Unangenehme nicht mehr wahrzunehmen, und mit welchem Nachdruck sie sich über den eigenen Wohlstand freuten, einen Wohlstand, der für die Bürger der Sowjetunion in einer Zukunft lag, die ein Traum war, von der es aber hieß, sie stehe kurz bevor, während dieser Wohlstand für viele Deutsche tatsächlich Realität war, die wie Heisenberg hofften, daß der Spuk bald ein Ende haben würde.

Dies bedeutet nicht, daß Heisenberg keinen Gefahren ausgesetzt war – die Reise nach Kopenhagen schloß ein, daß er Gefahr lief, von der Gestapo verhaftet zu werden – oder daß er sich in Deutschland nicht mit Problemen konfrontiert sah: Lange Zeit wurde er dafür angegriffen, daß er fortfuhr, die Relativitätstheorie zu lehren, die von den Nationalsozialisten in ihrer ideologischen Selbstherrlichkeit als „eine jüdische Wissenschaft" abgelehnt wurde. Eine Reihe glänzender Physiker und Kollegen war ins Exil gezwungen worden, und mehrere von ihnen waren nunmehr in verschiedenen Funktionen mit dem Bau der amerikanischen Atombombe befaßt.

Wir werden hier mit einem weiteren Fehler konfrontiert, der charakteristisch für den Totalitarismus ist. Obwohl sowohl der Nationalsozialismus als auch der Kommunismus die moderne Technik bejahten, ließen sich bei beiden Systemen Momente wissenschaftlicher Sterilität ausmachen. Wie alle revolutionären Bewegungen mit grandiosen utopischen Zielen verschrieben sie sich – was paradox erscheinen mag, aber dennoch vollkommen logisch ist – einem seltsam statischen Bild von Geschichte. Wenn die Macht einmal in ihren Händen lag, die neue Gesellschaft errichtet und der neue Mensch vom Blut und Schleim seiner Geburt befreit worden war, dann sollte nichts mehr geschehen dürfen und alles Flüchtige fest werden. Ein solch merkwürdiger Zustand, bei dem Sand zu Glas verschmilzt, setzt natürlich voraus, daß nichts mehr geschieht, weder mit dem Weltbild noch der Technik, wahrlich eine ungewöhnlich traumtänzerische Hoffnung, denn wenn es etwas gibt, was sich ständig verändert, dann sind es gerade diese Dinge.

Der Brennstoff in diesen Systemen heißt jedoch Ideologie. Sie verleiht dem System seine Kraft und gibt ihm seine Richtung. Wenn einer ihrer Potentaten sich im Besitz einer Karte befindet, die zufällig nicht mit dem Terrain vor ihm übereinstimmt, folgt er selbstverständlich der Karte. Ständig und überall wittert man Ketzerei. Dies gilt natürlich auch für die Wissenschaft, in der ein ideologischer Asket jederzeit auftauchen kann, um Breitseiten sanktionierten Nonsens abzufeuern. In der Sowjetunion führte dies unter anderem dazu, daß die wahnsinnigen, aber politisch korrekten genetischen Theorien des Scharlatans Trofim Lysenko, zu denen beispielsweise gehörte, daß erlernte Eigenschaften vererbt werden konnten, zu Wahrheiten erhoben wurden, daß man es wie die Nationalsozialisten gut und richtig fand, Einsteins Relativitätstheorie abzulehnen (wenn auch aus einem anderen Grund: sowjetische Ideologen befanden, die Theorie sei „idealistisch"), und darüber hinaus die Kybernetik als eine „bürgerliche Wissenschaft" zu verdammen – ein wichtiger Aspekt, wenn man eine Erklärung dafür finden will, warum man später das Computerzeitalter verschlief. Der für den Totalitarismus typische Hang zur wissenschaftlichen und technischen Erstarrung tritt am deutlichsten in der Sowjetunion hervor. (Man kann dies als eine der Ursachen für die Stagnation benennen, von der das System seit den siebziger Jahre betroffen war.)

Kein Wunder also, daß Heisenberg Probleme hatte. Hinter den Angriffen auf ihn und die neue Physik verbargen sich jedoch nicht nur ideologische Wahnvorstellungen. Es ging auch um banalen akademischen Neid im Gewand ideologischer *haute couture*. In jenem seltsamen Land namens Academia kommt es laufend zu Kämpfen zwischen den einzelnen Clans. In diesen Gefechten wird zwar kein Blut vergossen, und getötet werden nur alte Forschungsrichtungen und neue Hypothesen, aber die Gefühle sind deswegen nicht weniger aufgewühlt. Vielleicht trägt ja der hohe Umsatz von Wahrheiten innerhalb der universitären Welt dazu bei, daß sie mit solchem Nachdruck verfochten werden. Das Problem besteht nur darin, daß auf diesen verblassenden Wahrheiten Karrieren aufgebaut werden, und Karrieren müssen gegen Herausforderer und Emporkömmlinge verteidigt werden.

Gestalten wie Philipp Lenard und der Nobelpreisträger Johannes Stark sind keine Seltenheit in der akademischen Welt: Einst vielversprechende Forscher sind sie zu ausgebrannten Karrieristen geworden, die mitansehen mußten, wie ihre Forschung in Vergessenheit und ihre Karrieren ins Stocken geraten sind, und sie reagieren darauf mit konspirativer Bitterkeit. Lenard und Stark waren beide Physiker der alten Schule und konnten Heisenberg nicht ausstehen. Dieser Kerl war nicht wie sie ein Experimentalphysiker, er ... er rechnete nur, ihm wurde unverschämt viel Aufmerksamkeit geschenkt, er war unverschämt jung und zu allem Überfluß fiel es ihnen ganz offensichtlich schwer, zu verstehen, worauf seine Theorien eigentlich hinausliefen. Letzteres kann man ihnen vielleicht nachsehen – in den dreißiger Jahren pflegte man zu sagen, daß nur sechs Menschen auf der ganzen Welt die Relativitätstheorie wirklich verstanden hätten und daß diese sechs Menschen untereinander uneinig waren. Schwerer fällt es einem, Verständnis dafür aufzubringen, daß diese Personen aus Enttäuschung und Neid zur schlimmsten Sorte antisemitischer Propaganda griffen.

Die Relativitätstheorie war Lenard und Stark zufolge blanker Nonsens, das Resultat einer jüdischen Verschwörung. (Ironischerweise hatten während des Ersten Weltkriegs Franzosen auf der gleichen Theorie mit dem Argument herumgehackt, sie sei typisch „deutsch".) An ihrer Stelle wollten die beiden lieber etwas sehen, das sie „Deutsche Physik" nannten – leichter verständlich für alternde Professoren, wie man sich denken kann. Dieser *Deutschen Physik** sollte im Laufe der Zeit dann noch eine „Arische Mathematik" folgen. Diese merkwürdigen Wissenschaftspastiches waren natürlich, was ihren Erkenntniswert anging, ebenso steril wie Lysenkos genetische Hirngespinste in der Sowjetunion, was Heisenbergs Rettung war.

Das Ganze erinnert einen an den Kongreß im amerikanischen Bundesstaat Indiana, der im Jahre 1897 ein Gesetz verabschiedete, mit dem festgelegt wurde, daß der Wert Pi nicht bei 3,14, sondern der Einfachheit halber bei 4 liegen solle. Die sogenannte Wirklichkeit zwang die fröhlichen Reformer in Indiana allerdings schnell zum Rückzug – keine Brücke würde beispielsweise halten, wenn man mit einem solchen Wert rechnete, und eine gewöhnliche Pendeluhr pro Stunde etwa eine Viertelstunde falschgehen. Etwas Ähnliches geschah manchmal im Dritten Reich und in der Sowjetunion. Der Hang zur wissenschaftlichen und technischen Erstarrung in diesen Systemen war nämlich nicht absolut. Früher oder später sahen sich sowohl Hitler als auch Stalin gezwungen, einzusehen, daß diese politisch korrekten Wissenschaftler einigermaßen wertlos waren, wenn es darum ging, Raketengeschosse, Atombomben und andere moderne Segnungen zu bauen.

Der Wissenschaftshistoriker David Holloway hat gezeigt, daß man im Kreml in den vierziger Jahren bereit war, den Wissenschaftlern alle Freiheiten zu lassen, die sie benötigten, als man endlich begriffen hatte, daß die sowjetischen Physiker den Machthabern tatsächlich eine wunderbare Waffe bauen konnten. Berija, der Leiter des Staatssicherheitsdienstes, zeigte sich erwartungsgemäß beunruhigt, aber Stalin meinte nur salomonisch: „Laß sie in Ruhe. Wir können sie später immer noch erschießen.“ Auch in Deutschland sahen sich die Machthaber mit der Zeit gezwungen, deutsche Physik und arische Mathematik beiseite zu legen und Heisenberg und anderen die Möglichkeit zu ungestörtem Arbeiten zu geben.

---

* Der Grundgedanke, wie er unter anderem in Lenards vierbändigem Werk *Deutsche Physik* aus dem Jahre 1935 entwickelt wurde, lautete, jedes menschliche Werk, und damit auch die Wissenschaft, sei abhängig von der Rasse seines Schöpfers. Die deutsche Physik war experimenteller und hatte größeren gesellschaftlichen Nutzen als die „jüdische“, die als spekulativ und abstrakt bezeichnet wurde, denn wo ein Arier Schlüsse aus der Natur zog, begnügte sich ein Jude mit mathematischen Formeln.

Die deutsche Physik hatte jedoch ihren Zweck erfüllt. Stark, Lenard und ihre großmäuligen Anhänger waren behilflich gewesen, alle jüdischen Wissenschaftler ins Exil oder aus ihren Stellungen zu vertreiben. Noch wichtiger war wohl, daß ihr drohendes Gebaren viele im Grunde politisch gleichgültige „arische“ Physiker dazu brachte, Schutz in den Armen des nationalsozialistischen Regimes zu suchen. Einer von ihnen war Werner Heisenberg. 1937 wurden in der SS-Zeitung *Das Schwarze Korps* wütende Angriffe auf ihn veröffentlicht, und in einem dieser Artikel nannte Stark ihn einen „weißen Juden“.

Heisenberg setzte sich energisch und mit erstaunlichem Geschick zur Wehr. Er brachte die Angelegenheit auf höchstem Niveau im Ministerium zur Sprache und verlangte eine Erklärung dazu, ob seine Vorgesetzten die Ansichten in *Das Schwarze Korps* teilten. Sollte die Antwort ja sein, müßten sie ihn seines Amtes entheben; sollte die Antwort aber nein sein, müßten sie ihn vor weiteren Angriffen dieser Art schützen. Die Bürokratie wand sich und wollte sich nicht festlegen, so daß Heisenberg sein Rücktrittsgesuch einreichte. In der Zwischenzeit hatten sich jedoch einflußreiche Kollegen hinter ihn gestellt. Einer von ihnen, der Aerodynamiker Ludwig Prandtl, suchte im Sommer 1938 Heinrich Himmler auf, und es gelang ihm, Himmler davon zu überzeugen, daß Deutschland es sich nicht leisten konnte, einen Wissenschaftler von Heisenbergs Kaliber zu verlieren. Himmler griff daraufhin ein, verbat alle weiteren Attacken auf Heisenberg, während er den Physiker gleichzeitig wissen ließ, er solle sich in Zukunft an die Wissenschaft halten und die Finger von der Politik lassen. Darauf ließ sich Heisenberg ein.

Hier bekommt man eine Ahnung davon, wie es zuging, als der Nationalsozialismus, wie der Wissenschaftshistoriker Mark Walker schreibt, „sehr langsam und vorsichtig“ die deutschen Wissenschaftler an die kurze Leine nahm und zu seinen Werkzeugen machte.

6.

Für die Physiker, die zum Bau der amerikanischen Atombombe herangezogen wurden, war die Entscheidung von der weltpolitischen Lage bestimmt. 1941 hatte es den Anschein, als würde Hitler den Krieg gewinnen, was man aus heutiger Sicht leicht vergißt. Diese bösartige Seuche schien nach einer starken Medizin zu verlangen. Die Bombe, die man in den USA baute, war ursprünglich dafür vorgesehen, gegen Deutschland eingesetzt zu werden. Endgültig entschieden wurde die Sache durch die Annahme, daß die Nationalsozialisten dabei waren, eine eigene Bombe zu bauen.

Noch bevor die USA in den Krieg eintraten, schätzten dortige Experten, daß Hitlers Männer bei dieser Arbeit mindestens ein halbes Jahr Vorsprung vor den Amerikanern hatten. Diese Vermutung war korrekt: Zwei Wochen nach dem Kriegsausbruch 1939 war die Frage des Baus einer Bombe bei Begegnungen zwischen deutschen Militärs und Physikern zum ersten Male erörtert worden. Lange Zeit fürchteten viele, daß in letzter Sekunde noch eine deutsche Atombombe auftauchen könnte und die Nationalsozialisten so vor ihrer Niederlage bewahren würde. War es etwa nicht diese Bombe, worauf das ewige Gerede der deutschen Propaganda von den Wunderwaffen letztlich anspielte? (Hier läßt sich eine alternative Weltgeschichte erahnen, in der der Zweite Weltkrieg in einem Kompromißfrieden endet und ein von Alter, Tablettenmißbrauch und der Parkinsonschen Krankheit schwer gezeichneter Hitler unter dem Schutzschild seiner Kernwaffen den Holocaust vollendet.) Aus spieltheoretischer Sicht sprach alles dafür, die Bombe zu bauen, denn falls nur Hitler sich eine solche Bombe sicherte, wäre alles aus. Aber wenn sie vor den Deutschen eine Bombe zustande bekämen, wäre für Hitler alles aus.

So viel hatte auch Heisenberg begriffen. Er hatte aber auch begriffen, daß es im Spätsommer 1941 noch eine kleine Chance gab, die Entstehung von Kernwaffen zu verhindern. Die Frage ist nun, ob er deshalb in das von den Deutschen besetzte Kopenhagen reiste, um Niels Bohr zu treffen.

Das Treffen der beiden Wissenschaftler ist unter Physikern und Historikern kontrovers diskutiert worden. Wie so oft bei mythologisierten Ereignissen liegt dies an der Tatsache, daß die Wahrheit in eine Flut von Vermutungen gehüllt wurde. Betrachtet man die Quellenlage, stehen wir vor einem großen Problem. Bohrs Version der Unterredung – wie wir sie aus Äußerungen seiner Freunde und vor allem durch seinen Sohn Aage kennen – stimmt nicht mit Heisenbergs überein, wie er sie unter anderem in seinem Buch *Der Teil und das Ganze: Gespräche im Umkreis der Atomphysik* wiedergegeben hat. Wir wissen nicht einmal genau, wo das Gespräch stattfand, ob es während eines abendlichen Spaziergangs auf der Uferpromenade unten am Freihafen war oder in Bohrs Haus. Wir wissen nur, daß es Nacht war und die beiden alleine waren.

Trotz seiner wissenschaftlichen Genialität war Heisenberg, wie gesagt, politisch naiv und beim besten Willen kein Psychologe. Es war vielleicht eines der wichtigsten Gespräche, die zwei Privatpersonen in diesem Jahrhundert geführt haben, und es lief von Anfang an aus dem Ruder.

Bohr war wütend über etwas, das Heisenberg ein paar Tage zuvor darüber gesagt hatte, wie wichtig es sei, daß Deutschland den Krieg im Osten gewinne, da diese Länder nicht in der Lage seien, ihre Geschicke selbst zu bestimmen. Als sie in der Dunkelheit des Spätsommerabends ihr Gespräch begannen, blieb der Deutsche beharrlich dabei, daß dies zutreffe. Bohrs Gesicht verfärbte sich rot. Heisenberg wechselte daraufhin rasch das Thema und begann, über Bohrs gefährdete Position im besetzten Dänemark zu sprechen. Mit den besten Absichten, aber der ganzen Sensibilität eines Elefanten im Porzellanladen schlug er deshalb dem bereits finsteren Bohr vor, man könne ihm einen gewissen Schutz zuteil werden lassen, falls Bohr Kontakt mit der deutschen Botschaft in Kopenhagen aufnehme. Heisenberg hatte dort gewisse Kontakte. Dies empfand Bohr als eine Beleidigung, da er in dem Angebot so etwas wie eine Aufforderung zum Verrat sah. Nun, da der Däne sich in einen Zustand mühsam zurückgehaltener Wut hineingesteigert hatte, fand Heisenberg, daß der richtige Augenblick gekommen sei, um sein eigentliches Anliegen vorzubringen. Er fragte, ob Bohr es richtig finde, daß Physiker in Kriegszeiten Forschungen zu spaltbaren Stoffen wie Uran anstellten. Bohr schreckte auf, antwortete mit einer nervösen Gegenfrage: „Glauben Sie wirklich, daß die Uranspaltung für die Konstruktion von Waffen benutzt werden kann?" Heisenberg antwortete: „Ich weiß, das ist grundsätzlich möglich, aber es würde einen ungeheuren technischen Aufwand erfordern, und man kann nur hoffen, daß er in diesem Krieg nicht zu verwirklichen ist."

Dies waren Worte, die Bohr buchstäblich niederschmetterten. Sein guter Freund und Kollege war offenkundig damit befaßt, eine Massenvernichtungswaffe für den brutalsten Despoten der Gegenwart zu bauen. Was wußte Bohr über die Alliierten, fragte Heisenberg. Waren ihre Physiker auch dabei, eine Bombe zu entwickeln? Heisenberg sprach weiter, aber seine Worte erreichten die Ohren des schockierten Bohr nur noch als ein Rauschen. Der dänische Physiker hörte kaum noch zu.

Bis zu diesem Punkt scheinen die verschiedenen Versionen des Treffens einigermaßen übereinzustimmen. Erst jetzt weichen sie voneinander ab.

In der Version Heisenbergs, Robert Jungks und des Journalisten Thomas Powers fragte Heisenberg Bohr nun, ob er nicht einen Kontakt zur gegnerischen Seite vermitteln könne, mit dem Ziel, eine geheime Übereinkunft zwischen den betroffenen Physikern auf beiden Seiten zustande zu bringen, den Deutschen, Amerikanern, Engländern und anderen, die neue Waffe zu verhindern. Es würde ein enormer technischer Aufwand nötig sein, um die Atombombe zu bauen, meinte Heisenberg, „und daß deshalb die tatsächliche Situation den Physikern bis zu einem gewissen Grade die Möglichkeit gab, zu entscheiden, ob der Bau von Atombomben versucht werden solle oder nicht". So bräuchten die verschworenen Physiker ihren jeweiligen Regierungen nur mitzuteilen, daß ein solches Vorhaben allzu große Mittel verschlingen oder viel zu lange dauern würde, um praktisch durchführbar zu sein, woraufhin die jeweiligen Machthaber das Vorhaben ad acta legen würden. Man hätte so den Geist wieder in die Flasche verbannt, der sich dann hoffentlich in eine verstaubte Nummer im Kuriositätenkabinett der Naturwissenschaften verwandeln würde.

Nach Meinung anderer, zum Beispiel Aage Bohrs und des Historikers Mark Walter, gibt es keinen Beleg dafür, daß Heisenberg Bohrs Hilfe bei der Organisation eines weltweiten „Physikerstreiks“ suchte. Es gibt andererseits Belege dafür, daß Heisenberg und einige andere deutsche Physiker in der Tat vor dem Gedanken an Atomwaffen zurückschreckten und untereinander die Möglichkeit diskutierten, die Physiker der Welt dazu zu bringen, die Entwicklung von Atomwaffen gemeinsam zu verzögern oder sogar zu verhindern. Aber in der zweiten Version ihrer Begegnung brachte der deutsche Physiker diesen Vorschlag niemals zur Sprache. Vielleicht geriet das Gespräch ja auch schon ins Stocken, noch bevor Heisenberg die Chance hatte, so weit zu kommen ?

Bohr war jedenfalls von Anfang an skeptisch, und als er hörte, daß Heisenberg nach der alliierten Atombombe fragte, sah der empörte Däne den Haken, den er schon vorher geahnt hatte. (Seiner Familie sagte er in den folgenden Stunden, er halte es für vollkommen denkbar, daß der Deutsche nur ein Werkzeug in der Hand der Nationalsozialisten war.) Heisenberg begriff wohl, daß Bohr bei einer solchen Übereinkuft nicht behilflich sein würde, denn Bohr meinte, „daß der Kriegseinsatz der Physiker in allen Ländern unvermeidlich und daher wohl berechtigt sei“. Falls Heisenberg wirklich an eine internationale Zusammenarbeit zur Verhinderung von Atomwaffen gedacht hatte, dürfte er zu diesem Zeitpunkt verstanden haben, daß er damit einer vergeblichen Hoffnung erlegen war. So viel können wir sagen.

Heisenberg verabschiedete sich. Tief betrübt ging er in sein Hotel zurück, und als er nach Deutschland zurückgekehrt war, bemerkte seine Frau, daß sie ihn noch nie so deprimiert gesehen hatte. Eine Woche nach seiner Reise nach Kopenhagen schrieb Heisenberg einen düsteren Brief an einen Freund, in dem er in kryptischen Formulierungen prophezeite, die Menschheit könne sehr wohl das Jüngste Gericht oder etwas, was dem nahekomme, auslösen.

7.

1943 floh Bohr nach Schweden. Von dort aus wurde er heimlich nach England ausgeflogen, versteckt im Bombenladeraum eines unbewaffneten Mosquitoflugzeugs, um von dort in die USA und zum Manhattanprojekt weiterbefördert zu werden. In seinem Gepäck befand sich eine Skizze, die Heisenberg an jenem Abend in Kopenhagen gezeichnet hatte. Die Experten, die sie prüften, meinten, sie zeige keine Bombe. Der deutsche Physiker hatte einen Kernreaktor gezeichnet.

Hitler bekam nie eine Atombombe. Trotz des deutschen Vorsprungs zu Anfang des Krieges fiel niemals schwarzer Regen auf London oder Moskau. Warum?

In den nun folgenden Jahren bildete das nationalsozialistische Atomprogramm für den amerikanischen Nachrichtendienst OSS ein Ziel ersten Ranges. Dort hatte man Heisenberg als eine Schlüsselfigur identifiziert, und schon bald hatten verantwortliche Personen eine Reihe mehr oder weniger wüster Pläne ausgebrütet, deren Ziel es war, den berühmten Physiker zu kidnappen oder zu ermorden.* Im Dezember 1944 wurde ein der deutschen Sprache mächtiger Agent, ein früherer Baseballstar namens Moe Berg nach Zürich geschickt, um einige Gastvorlesungen zu verfolgen, die der deutsche Physiker dort halten sollte. Berg gelang es sogar, sich Zutritt zu einem Abendessen mit Heisenberg zu verschaffen, und anschließend begleitete er den Physiker und löcherte ihn mit seltsamen Fragen. Berg hatte Anweisung, Heisenberg zu erschießen, falls etwas geäußert würde, was andeutete, daß Heisenberg mit dem Bau einer Atombombe beschäftigt war, und während des Spaziergangs trug der Amerikaner folglich eine geladene Pistole in seiner Rocktasche. Heisenberg muß jedoch die richtigen Antworten gegeben haben, denn die beiden trennten sich höflich, als sie schließlich zu Heisenbergs Hotel gelangt waren.

---

* Zwei Jahre nach Kriegsende ging im übrigen das Gerücht um, der KGB plane eine ähnliche Kidnappingaktion gegen Heisenberg, und der britische Geheimdienst stellte ihn unter seinen Schutz. Unter anderem hielt man ihn eine Weile in Bohrs Landhaus in Tisvilde vor den Toren Kopenhagens versteckt.

Als das Dritte Reich im späten Frühjahr 1945 implodierte, leitete der OSS unter dem Decknamen „Harborage“ eine streng geheime und ziemlich chaotische Operation ein. Ihr Ziel war es, die deutschen Atomforscher gefangenzunehmen oder schlimmstenfalls zu töten, ihre Laboratorien zu konfiszieren oder zu zerstören und alles spaltbare Material und schweres Wasser zu beschlagnahmen. (Die Auftraggeber hatten nicht ohne Grund die Sorge, daß die Russen sich das deutsche Atomwaffenprogramm unter den Nagel reißen könnten, aber darüber hinaus achtete man sehr darauf, den Beteiligten einzuschärfen, daß auch nichts in die Hände der Franzosen fallen dürfe.) Als sie durch ein zerstörtes Deutschland eilten, in dem sogar weiße Unterhosen aus den Fenstern hingen, um zu signalisieren, daß man nicht mehr kämpfen wollte, wurde schnell klar, daß die Deutschen nicht den Versuch unternommen hatten, eine Bombe zu bauen.

Die Forscher wurden aufgegriffen und nach England verfrachtet: Heisenberg als letzter, in seinem Heim in Urfeld – wohin er mit dem Fahrrad auf staubigen Straßen voller Flüchtlinge gelangt war, vorbei an Scharen verwirrter, weinender und schwer bewaffneter *Hitlerjungen*, vorbei an Straßensperren, die von fanatischen SS-Männern bewacht wurden, die routiniert jeden erschossen, der ein Deserteur sein könnte. Die amerikanischen Spezialeinheiten fanden zwar durchaus Reste eines Kernkraftprogramms, aber es war nicht sonderlich weit gediehen im Vergleich zu dem, was in den USA bereits geschehen war. In Haigerloch fanden sie im Inneren einer Grotte einen Kernreaktor, den achten und letzten, der vor dem Zusammenbruch gebaut worden war, aber er war grob und primitiv. Im großen und ganzen bestand er aus einer Betongrube, in dessen Mitte man einen Metallzylinder gestellt hatte, der Graphit enthielt, aber ansonsten kein Uran, kein schweres Wasser, keine Instrumentierung, keinen Strahlenschutz.

Was war zwischen jenem Abend in Kopenhagen 1941, an dem Heisenberg von einer Waffe sprach, an der man arbeitete, und den Frühlingstagen vier Jahre später geschehen, in denen sich diese Waffe als nicht existent herausstellte? Warum wurde nichts aus einer deutschen Atombombe?

Der Zweite Weltkrieg war ein Krieg der Fabriken, aber in diesem Fall waren es nicht die Mittel, die den Ausschlag gaben, wie der Fall Wernher von Brauns zeigt. Die deutschen Machthaber stellten diesem begabten, aber skrupellosen Raketeningenieur im Prinzip die gleiche Frage wie Heisenberg: Ist dies eine Technologie, die den Ausgang des Kriegs beeinflussen kann? Aber wo die Physiker sich wanden, etwas in ihren Bart murmelten und mit einem einerseits, andererseits antworteten, ewiderte von Braun ohne zu zögern, er werde Erfolg haben, wenn er nur genug Geld bekäme. Die deutschen Machthaber setzten konsequenterweise auf diese Raketen, so als bräuchten sie an ein Morgen nicht zu denken. Die Summen, die dort verschleudert wurden, lassen sich mit den Mitteln vergleichen, die von den Amerikanern in das Manhattanprojekt gesteckt wurden, wobei die Arbeit hier mit einer kaltblütigen Rücksichtslosigkeit vorangetrieben wurde, die in den USA unmöglich gewesen wäre – Scharen von Gefangenen aus den Konzentrationslagern mußten sich buchstäblich zu Tode arbeiten, um von Brauns Versprechen von den Wunderwaffen zu erfüllen.

Das Resultat waren zwei Raketen, die einfache V-1 und die lenkbare V-2, die über genügend Zerstörungskraft verfügte, um Tausende von Zivilisten zu töten und das Zehnfache an Menschen zu verängstigen, während ihr gleichzeitig die Treffsicherheit fehlte, die erforderlich gewesen wäre, um sie über das fürchterliche, aber auf Dauer recht wirkungslose Niveau einer Terrorwaffe zu erheben.

Wenn es demnach keine Frage der Ressourcen war, was war es dann?

Ein Teil der Erklärung läßt sich wieder einmal im Wesen des Totalitarismus suchen. Wenn es um eine solche Materie geht, sollte man eigentlich erwarten, Diktaturen wären sowohl schneller in der Beschlußfassung als auch effektiver in der Durchführung im Vergleich zu umständlichen Demokratien. Interessanterweise war genau das Gegenteil der Fall. Während man in den USA schnell alle Ressourcen und Experten, einschließlich der britischen, in einer einzigen Organisation vereinte, balgten sich sechs verschiedene Organisationen und kleinere Gruppen eifersüchtig um die Kontrolle über das deutsche Programm. Trotz seiner monolithischen Gestalt wurde das nationalsozialistische Deutschland nicht von einem einzigen Mann geführt. Das Dritte Reich war ein in paradoxer Weise unsicheres Kartell aus verschiedenen Machtgruppierungen: die nationalsozialistische Partei, die Armee, die Großindustrie, das Rüstungsministerium, die SS, die Verwaltungen der besetzten Gebiete, und so weiter. Hinter dem Rücken des allmächtigen, aber launischen Führers gab es deshalb einen unablässigen Strom aus Bürokraten, Nepotisten, parteibuchbestückten Erbauern von Imperien, prestigegeilen Besserwissern und hochdekorierten Scharlatanen, die Wind machten und Ränke schmiedeten. Das Ergebnis war ein System, das von Rivalitäten erschüttert und Revierkämpfen verwüstet war, was auch das deutsche Bombenprogramm prägen sollte, mit allen Verzögerungen, Frustrationen und Absurditäten, die dies mit sich brachte.

Dann gibt es aber auch so etwas wie den glücklichen Zufall. Dem deutschen Programm wurde durch eine Reihe verblüffender Zufälle Schaden zugefügt. Ein Bericht, der darauf hinwies, daß man Plutonium als spaltbares Material nutzen könne, wurde in einen Safe geschlossen und dort vergessen. Die Möglichkeit, als Moderator in Kernreaktoren das leicht zugängliche Graphit statt des schwer erhältlichen schweren Wassers – schon bald dank norwegischer Widerstandskämpfer und britischer Bomber nicht mehr zugänglich – zu benutzen, wurde aufgrund eines simplen Meßfehlers ausgeschlossen, und als eine besonders aktive Gruppe versuchte, dem ganzen Projekt etwas mehr Schwung zu geben, indem man das Potential der Kernspaltung vor einer ungewöhnlich illustren Schar von Zuschauern demonstrierte – Göring, Himmler, Bormann, Speer und anderen –, legte eine Sekretärin unglücklicherweise die falsche Einladungskarte in die Briefumschläge, und niemand kam.

Hinzu kam die Einstellung der deutschen Physiker zu diesem Projekt. Studiert man Heisenbergs Verhalten nach 1941 erkennt man, daß er sich in der Tat so verhielt, wie es seiner und seiner Kollegen Meinung nach alle Physiker der Welt tun sollten. Er nahm an einer Sitzung nach der anderen teil und spielte immer die gleiche Leier: Ja, es war durchaus möglich, eine solche Bombe zu bauen, aber nein, die Kosten würden allzu groß sein, die Arbeit viel zu viel Zeit in Anspruch nehmen, und die Chancen auf einen entscheidenden Erfolg wären allzu unsicher. Manchmal war sein Verhalten regelrecht irreführend, zum Beispiel als er in einer Rede wider besseres Wissen andeutete, man benötige eine *Tonne* Uran 235 für eine Bombe und dies zu einem Zeitpunkt, da es den Deutschen nicht einmal geglückt war, mikroskopisch kleine Mengen dieses Stoffs zu produzieren – in Wirklichkeit reichen rund zehn Kilogramm. Mindestens ebenso wichtig war aber die Tatsache, daß er und eine Reihe anderer bedeutender deutscher Physiker herzlich wenig Enthusiasmus für diese Aufgabe aufbringen konnten. Der Unterschied zwischen ihm und seinen Kollegen auf der anderen Seite des Atlantiks – Szilard, Einstein, Oppenheimer, Bethe, Fermi, Teller etc. – war enorm. Im Gegensatz zu ihnen warnte Heisenberg nie vor einer alliierten Bombe, bat niemals darum, daß man alle erdenklichen Ressourcen in ein solches Waffenprogramm steckte, sprach er niemals davon, daß es sich hier um eine Erfindung handelte, die den Krieg entscheiden könnte.*

Aber obwohl sie sich so unterschiedlich verhielten, konnten Heisenberg und seine Kollegen auf der anderen Seite des Atlantiks ihre Handlungsweise mit einer ähnlichen Argumentation begründen. Heisenberg brachte es später auf den Punkt. Er fand die Vorstellung, „Hitler Atombomben in die Hand zu geben, gräßlich". Dieses Bild eines Führers, der über Atomwaffen verfügte, hatte Bohr dazu gebracht, voller Angst wirkliche wie eingebildete Vorschläge Heisenbergs auszuschlagen, und hatte ihn, Oppenheimer und all die anderen dazu getrieben, sich eilends auf den Weg zu den Bom-

---

* Dies bedeutet natürlich nicht, daß Heisenberg genau wußte, wie man hätte vorgehen müssen, was nicht zuletzt aus den inzwischen freigegebenen Abhörprotokollen aus der Zeit, in der er und die anderen Spitzenphysiker aus dem Programm in englischer Gefangenschaft saßen, hervorgeht. Denn so wie er sicher war, daß der Bau einer Atombombe möglich war, so war er doch andererseits überzeugt, daß es um eine schwierige Aufgabe ging. Eine Reihe wichtiger Probleme wurde denn auch nicht gelöst, so daß man das Kernkraftprogramm der deutschen Seite wohl als gescheitert bezeichnen muß.

benlaboratorien in Los Alamos auf den Weg zu machen. Daß Heisenberg sich richtig verhielt, bedeutete mit anderen Worten nicht gleichzeitig, daß sich die anderen falsch verhielten. Ihre Wahl ist vor dem Hintergrund dessen, was sie zu wissen hofften und zu glauben meinten, durchaus verständlich. (Wäre es trotz allem so gekommen, daß die Nationalsozialisten eine eigene Bombe gebaut hätten, wären wir wahrscheinlich wütend auf Oppenheimer und die anderen gewesen, wenn sie nicht das gleiche getan hätten.)

Aber möglicherweise fiel die Entscheidung letzten Endes weder aus Zufall noch aufgrund der Gebrechen totalitärer Staaten noch aufgrund Werner Heisenbergs Tugenden. Vielleicht war es statt dessen etwas so Instabiles wie das jeweilige Bild von der Zukunft, das den Lauf der Ereignisse bestimmte? Viele der entscheidenden Beschlüsse über das Sein oder Nichtsein des nationalsozialistischen Bombenprogramms wurden Ende 1941 und Anfang 1942 getroffen, zu einer Zeit, in der ein deutscher Sieg mehr als wahrscheinlich, ja geradezu unvermeidlich erschien. Da die Mogule in Berlin überzeugt davon waren, den Krieg schon bald gewonnen zu haben, vertraten sie die Auffassung, daß eine Atombombe nicht mehr war als ein Respekt einflößender, aber kostspieliger Luxus. Die Verantwortlichen in Washington hatten da ein wesentlich realistischeres Bild der zukünftigen Ereignisse. Sie hatten frühzeitig begriffen, daß der militärische Konflikt durch eine schlichte materielle Zermürbung des Dritten Reichs entschieden werden würde, und rechneten mit erstaunlicher Genauigkeit damit, daß dies zwischen vier und fünf Jahren dauern würde. Ging man aber von einer solchen Zeitspanne aus, ergab es wieder Sinn, den Bau einer Bombe zu versuchen.

Bis Ende 1941 liefen die beiden Atombombenprogramme parallel. Die deutschen und amerikanischen Wissenschaftler untersuchten die gleichen Probleme, machten die gleichen Entdeckungen, stellten Fragen zusammen und fanden die gleichen Antworten. Aber dann, im Frühsommer 1942, trat die paradoxe Situation ein, daß die Deutschen ihr Bombenprojekt aufgaben, als die Amerikaner das ihre ernsthaft in Angriff nahmen.

8.

Die Atombombe ist ein Greuel, nicht nur, weil sie unsere Körper bedroht, sondern mehr noch, weil sie unsere Vernunft in Frage stellt. Denn gebaut wurde sie nicht von unvernünftigen, unzivilisierten Menschen, im Gegenteil. Um diese Menschen zu verstehen, reicht der Hinweis auf die – zweifelsohne ganz zentrale – Bedrohung durch Hitler nicht aus. Es ist schon erstaunlich, wie leicht sich viele dieser intelligenten, kultivierten, die Bhagavadgita zitierenden, Dante lesenden Wissenschaftler von der Massenmordkultur des Krieges mitreißen und brutalisieren ließen.

Enrico Fermi warf im April 1943 die Frage auf, ob man nicht einen Teil des radioaktiven Materials, das man sich beschafft hatte, dazu benutzen sollte, die Lebensmittel der Deutschen zu vergiften. Robert Oppenheimer war interessiert, leitete diesen Gedanken an die Verantwortlichen in Washington weiter und meinte, es „scheine die besten Aussichten zu bieten", Strontium zu benutzen, wahrscheinlich Strontium 90. Anschließend fügte er voller Enthusiasmus hinzu: „In diesem Zusammenhang glaube ich, daß wir nur dann einen Plan in Angriff nehmen sollten, wenn wir auch genug Nahrungsmittel verseuchen können, um eine halbe Million Menschen zu töten ..."

Diese Bereitwilligkeit, mit den Wölfen zu heulen, ergriff die Großen wie die Kleinen.

Am Abend des 6. August 1945 sammelten sich die Forscher im großen Versammlungssaal von Los Alamos. Die Nachricht von der Bombardierung Hiroshimas war über das Lautsprechersystem hinausposaunt worden, und die Stimmung war euphorisch. Dann betrat Oppenheimer den Saal, nicht wie sonst über die Bühne, sondern über den Publikumseingang. Der Lärm des Jubels, der Pfiffe und stampfender Füße stieg zur Decke, während er sich an den lächelnden Gesichtern vorbei seinen Weg nach vorn bahnte. Endlich auf der Bühne angekommen, schüttelte er seine verschränkten Hände über dem Kopf in jener klassischen Boxergeste. Als der fröhliche Lärm einigermaßen verebbt war, begann Oppenheimer zu sprechen. Er sagte, es sei noch zu früh, um zu wissen, welche Wirkung die Bombe gehabt habe, fügte aber hinzu, er sei sicher, daß sie den Japanern nicht gefallen habe. Jubel. Er war stolz auf das, was sie erreicht hatten. Neuerlicher Jubel. Das einzige, was er bedauere, sei, daß es ihnen nicht gelungen war, die Bombe rechtzeitig fertigzustellen, um sie gegen die Deutschen einzusetzen. Jubel, grenzenloser Jubel.

Der Gerechtigkeit halber muß hinzugefügt werden, daß vielen der hier versammelten Personen die Freudenschreie später im Halse steckenbleiben sollten. Manche, wie Oppenheimer selbst, wurden schon bald von Ernüchterung ergriffen und für den Rest ihres Lebens von Zweifeln und Selbstvorwürfen geplagt. Tatsächlich wurde die dünne Seifenblase des Jubels bereits durch Nagasaki zum Platzen gebracht. Ein Forscher, der in Los Alamos am Tag nach der Bombardierung Nagasakis ankam, während gleichzeitig Yousuke Yamahata herumging und seine Photographien von der noch rauchenden Stadt machte, stellte fest, daß die Stimmung sich in kürzester Zeit gedreht hatte. Die Kollegen waren jetzt „müde, schuldbewußt und betrübt". Oppenheimer selbst fragte sich düster, ob von nun an nicht die Lebenden die Toten beneiden würden. Kurze Zeit später trat er von seinem Posten als Leiter der Laboratorien in Los Alamos zurück.

Viele der Wissenschaftler hatten nämlich der Vorstellung gefrönt, daß sie dabei waren, eine Art Einmalwaffe zu entwickeln. Die Kraft der Bombe sollte so kolossal sein und ihre Wirkung so unglaublich, daß ein einziger Angriff ausreichen würde, um selbst den starrköpfigsten Gegner zu zwingen, vor dieser nuklearen Majestät sein Haupt zu neigen. Anschließend würden dann die alptraumhaften Erinnerungen an diesen einen Abwurf reichen. Die meisten fanden deshalb, Hiroshima sei eine bedauerliche Notwendigkeit: Die Menschheit mußte es erfahren. Nagasaki zeigte jedoch, daß nur wenig gegen eine Wiederholung sprach, daß der Geist wirklich aus der Flasche war und das jüngste Gericht von jetzt an dem Bereich der Politik zuzuordnen war, statt wie früher der Theologie.

Dieser schlaftrunkene Kater machte keine Anstalten, mit der Zeit nachzulassen. Der Grund dafür war eine ehrliche und zutiefst naive Enttäuschung. Viele hatten in der Tat geglaubt, die Bombe wäre der Schlüssel zu einer neuen, friedlichen Weltordnung. Bohrs erste Frage an Oppenheimer, nachdem er im Dezember 1943 in Los Alamos eingetroffen war, lautete: „Ist sie wirklich groß genug?“ Der friedliebende Däne meinte damit, ob sie groß genug war, um zukünftige Kriege unmöglich zu machen? Denn Bohr und andere hatten mit ihren logischen Wissenschaftlergehirnen logische Diskussionen über die Wirkung der Kernwaffen geführt und waren dabei zu dem vollkommen logischen Schluß gekommen, daß Krieg von nun an ein logisches Unding war, woraufhin das unlogische Wettrüsten sie zutiefst schockierte. Sie hatten in ihrer Unschuld und Naivität nicht damit gerechnet, daß sowohl die Verantwortlichen als auch die Systeme, die sie errichtet hatten oder in denen sie gefangen waren, zutiefst und unerschütterlich unlogisch funktionieren könnten.

Aber da war noch etwas.

9.

Die Wissenschaftler, die sich an den Bombenprojekten in den USA und in der Sowjetunion beteiligten, taten dies aus einer Mischung aus Engagement, Gutgläubigkeit und Hybris. Sie lebten mitten in einem Jahrhundert, das ungeheure wissenschaftliche und technische Fortschritte gesehen hatte. Sie teilten das Vertrauen ihrer Umwelt in die Wissenschaft als große Befreierin und sahen sich selber deshalb als die Überbringer dieser Freiheit, als die obersten Priester einer höheren Wahrheit. Als Heisenberg und eine Reihe seiner engsten Mitarbeiter sich kurz nach Kriegsende in England in Gefangenschaft befanden, tauchte die alte Idee eines internationalen „Physikerstreiks„ wieder unter ihnen auf. Einer von ihnen meinte, ein wenig spät, entweder müßten alle Physiker der Welt den Herrschenden ihre Erkenntnisse zur Kernspaltung vorenthalten oder die Regierungsmacht auf Wissenschaftler übertragen werden. Der bedeutende sowjetische Physiker und Atombombenbauer Pjotr Kapiza meinte: „Es gab einmal eine Zeit, ... in der die religösen Patriarchen auf einer Stufe mit Kaisern standen ... Heute ist die Kirche dabei, aus der Mode zu kommen und die Zeit der Patriarchen vorbei, aber das Land kann ohne geistige Führung nicht überleben ... Früher oder später werden wir gezwungen sein, Wissenschaftler und Gelehrte in den Rang von Patriarchen zu erheben."

So ließ es sich träumen, großartig und arrogant. Der Bau der Atombombe war im Grunde die Handlung, die diesen Traum vollenden sollte, aber statt dessen nur seine Haltlosigkeit entlarvte. Später sollten Bohr und Oppenheimer viel Zeit und Energie dem Versuch widmen, das Wettrüsten zu stoppen, und unter denen, die schon frühzeitig vor dem Wahnsinn der Atomwaffen warnten, konnte man auch Werner Heisenberg finden. Aber trotz all ihrer tapferen Lobbyarbeit errangen sie die Macht über ihre eigene Schöpfung nie wieder zurück.

Es fragt sich allerdings, ob sie sie jemals besessen haben. Als die Prinzipien der Kernspaltung bekannt und verstanden wurden von den Physikern der Welt, waren sie alle fast ausnahmslos zu den Militärs ihrer eigenen Länder gerannt, um noch ganz außer Atem zu erzählen, daß es hier etwas gab, was zu einer Massenzerstörungswaffe von unerhörten Proportionen werden könnte. Von diesem Moment an wurden alle wichtigen Entscheidungen – vom Beschluß, mit der Forschung zu beginnen, bis hin zu dem Beschluß, wie die neue Waffe eingesetzt werden sollte – von anderen getroffen als den Wissenschaftlern selbst. Auch wenn es Heisenberg gelungen wäre, seinen Physikerstreik zustande zu bringen, bleibt es zweifelhaft, ob dieser größere Wirkung gezeitigt hätte. Denn um den Geist in Schach halten zu können, muß man im Besitz der Flasche sein.

Das 20. Jahrhundert hat ein Gefühl der Unsicherheit in uns hinterlassen, nicht zuletzt, weil es uns gelehrt hat, daß Dinge, die wir für richtig gehalten haben, eine dunkle Kehrseite haben können. Die Bedrohungen entspringen nicht nur den schlimmsten Übeln, sondern ironischerweise auch gefeierten Tugenden. So war Werner Heisenbergs Auseinandersetzung mit der „deutschen Physik" ein durch und durch ehrenwerter Kampf gegen das Eindringen der Nationalsozialisten in Laboratorien und Vorlesungssäle. Er und andere wahrten erfolgreich ihre Unabhängigkeit, indem sie darauf bestanden, die Wissenschaft sei unpolitisch.

Das Problem ist nur, daß gerade diese Einstellung es Wissenschaftlern leicht macht, die Augen davor zu verschließen, welchen Herren sie gehorchen und welchen Zielen sie dienen. Statt dessen werden sie von dem ehernen Gesetz der modernen Wissenschaft vorangetrieben: Was man wissen *kann*, das *soll* man auch wissen, was man tun *kann*, das *soll* man auch tun. Die Wissenschaft wird dann eher zu einer Bedrohung als zu einer Verheißung, und ihre Protagonisten erscheinen nicht länger wie die neuen Patriarchen des Kaisers, sondern vielmehr, einen Ausspruch Brechts aufgreifend, als ein Geschlecht erfindungsreicher Zwerge, die man für jedes beliebige Ziel anheuern kann.

Es ist unerläßlich, zu verstehen, daß das Geschehene folglich nicht irrational, sondern nur allzu rational war, eine Rationalität ohne Vernunft. Die Katastrophe wurde nicht durch einen Mangel an Fortschritt, sondern durch das Gegenteil ausgelöst. Verschiedene große und mit Recht gefeierte wissenschaftliche und technische Errungenschaften bildeten die Voraussetzung für diese Katastrophe. Die große Maschine des Fortschritts hat also zwei Enden: Aus dem einen werden Impfstoffe und hygienische Wohnungen gespuckt, aus dem anderen Atomwaffen und silberglänzende Bombenflugzeuge.

10.

„Das ist die größte Sache der Geschichte", sagte Harry Truman nach der Bombardierung Hiroshimas. In technischer wie taktischer Hinsicht war der Angriff ein Triumph, und ebenso wie der amerikanische Präsident waren viele von schaudernder Ehrfurcht erfaßt angesichts dieses technologischen Wunderwerks, das nun aus dem Himmel der Wissenschaft herabgestiegen war. Als es drei Tage später wieder so weit war, zeigte sich jedoch, daß auch die neue Gottheit fehlbar war: Das meiste ging schief. Der Pilot, der den Angriff auf Hiroshima geflogen hatte, der neunundzwanzigjährige Paul Tibbets, nannte die Attacke auf Nagasaki später ein Fiasko.

Ursprünglich war vorgesehen gewesen, daß Tibbets auch bei diesem zweiten Angriff an den Steuerknüppeln sitzen sollte, aber er lehnte ab. „Ich habe schon mehr als genug Publicity bekommen", erklärte er, „und die anderen haben ebenso hart und lange gearbeitet und können einen solchen Auftrag genauso gut erledigen wie ich."* Die Idee war also, daß auch die anderen in den Genuß der öffentlichen Aufmerksamkeit kommen und aller Wahrscheinlichkeit nach auch die Last der Verantwortung mittragen sollten. So wurde die Aufgabe einem Major namens Charles Sweeney übertragen, der bei dem Angriff auf Hiroshima eines der Begleitflugzeuge geflogen hatte.

Die Atombombe, die abgeworfen werden sollte, war von einer anderen und wesentlich komplizierteren Bauart als jene, die man am 6. August benutzt hatte. Die Hiroshimabombe – *Little Boy* genannt, da sie recht schmal war und von einem Besatzungsmitglied mit einer „verlängerten Mülltonne mit Flossen" verglichen worden war – kann vereinfacht mit einer Art Kanone verglichen werden, die eine Kugel aus Uran 235 in einen Klumpen aus dem gleichen Material abschoß, wobei eine überkritische Masse erreicht wurde und die ganze Herrlichkeit hochging. In der Bombe, die bei Angriff Nummer zwei benutzt werden sollte – aufgrund ihrer Größe *Fat Man* genannt – war die kostbare Urankanone durch einen kleinen Klumpen Plutonium ersetzt worden. Die zugrundeliegende Idee war, eine diesen Klumpen umschließende Hülle mit

* Dies mag ein wenig seltsam klingen, muß aber vor dem Hintergrund der reichlich schamlosen Jagd auf Schlagzeilen gesehen werden, die damals von vielen amerikanischen Verantwortlichen betrieben wurde. Das Radio und der Film hatten den Zweiten Weltkrieg zum ersten richtigen Medienkrieg gemacht, und da man in den USA das Gefühl einer unmittelbaren Bedrohung, das so viele einfache Soldaten in Europa motivierte, nicht hatte, versuchte man sehr bewußt, dies aufzuwägen, indem man die Kriegsteilnehmer mit der Anerkennung lockte, die in öffentlicher Aufmerksamkeit liegt: Sicher, sie riskierten ihr Leben, aber sie konnten immer auf fünfzehn Sekunden im Scheinwerferlicht hoffen. Der aufgeblähte Medienapparat schuf ein ganz eigenes Kraftfeld, und viele der Generäle, die wir heute aus den Geschichtsbüchern kennen, landeten dort nicht etwa, weil sie besonders geschickt bei der Bekämpfung des Feindes waren, sondern vielmehr, weil sie so begabt darin waren, Journalisten zu manipulieren. Hohe Befehlshaber wie Patton und Eisenhower waren bekannt für

herkömmlichem Sprengstoff detonieren zu lassen, um dadurch die apfelsinengroße Sphäre zu einer überkritischen Masse zusammenpressen. Die Techniker wußten, daß dies auch in der Praxis funktionierte, denn es war durch die Testsprengung bei Alamogordo bewiesen worden, aber die Konstruktion war kompliziert und anfällig.

Der Mann, der die letzte Kontrolle von *Fat Man* durchführte, war ein junger Offizier namens Bernard O'Keefe, der vor dem Krieg Physik studiert hatte und bei einer später berühmt gewordenen Vorlesung im Januar 1939 anwesend war, bei der Bohr von der Entdeckung der Kernspaltung berichtet hatte. O'Keefe entdeckte zu seinem Entsetzen, daß ein Techniker die Kabel der Abschußvorrichtung seitenverkehrt verlegt hatte, aber in souveräner Mißachtung aller Sicherheitsbestimmungen lötete er das falsche Detail um, während es weiterhin in der Bombe saß – zu etwas anderem war keine Zeit mehr, denn ein Unwetter zog auf. Danach konnte die Bombe mit einer Winsch an Bord des wartenden Bombenflugzeugs gezogen werden, einer speziell zu diesem Zweck umgebauten B-29, die von der Besatzung *Bock's Car*** getauft worden war. Ein Sondergottesdienst wurde gefeiert, bei dem ein Priester die Besatzung und ihren Auftrag segnete. Gott muß auf diesem Ohr jedoch ein wenig taub gewesen sein, denn kurz bevor

---

ihre Eitelkeit, und General Mark Clark, der posierfreudige Kommandant der amerikanischen Streitkräfte in Italien, beschleunigte die Offensive auf Rom allein deshalb, weil er die Stadt einnehmen wollte, ehe ihm die große Invasion in der Normandie die Aufmerksamkeit der Presse stehlen würde. Der große Douglas MacArthur war in vieler Hinsicht ein Mythos, fabriziert von seinem persönlichen Stab aus PR-Experten – die seine Verlautbarungen umschrieben, so daß sie schneidiger klangen und gerne dramatische Photographien arrangierten – und einer unheiligen Allianz aus Presse und Befehlshabern, die 1942, im Jahr der Mißerfolge, einen Helden benötigten, und einen aus dem zur Verfügung stehenden Haufen dazu auswählten.

** Der Name war ein Wortspiel: Güterwaggons heißen im amerikanischen Englisch *boxcar*, und der Name des Piloten, der die Maschine normalerweise flog, war Frederick Bock. Das Flugzeug war, abgesehen von den Maschinengewehren im Heck, nicht bewaffnet.

die Zeit für den Start gekommen war, entdeckte man einen weiteren Fehler, diesmal am Flugzeug: Es stellte sich heraus, daß der Benzinschlauch eines Reservetanks Probleme bereitete, so daß es unklar war, ob man das Benzin in ihm benutzen können würde. Es war aber bereits zu spät, um noch auf eine andere B-29 zu wechseln, und Sweeney, der übertrieben großen Respekt vor Tibbets hegte und außerdem Angst hatte, diese Chance zu verpassen, beschloß weiterzumachen.

Das Flugzeug hob um 3.49 Uhr örtlicher Zeit von der Basis auf Tinian ab. Das Ziel war Kokura, an Kyushus Nordspitze, eine der Städte, die absichtlich von Bombardierungen ausgenommen worden waren, um die Auswertung zukünftiger Angriffe mit Atomwaffen möglichst einfach zu gestalten. Der Besatzung waren zwei Ausweichziele angegeben worden, Nagasaki und Niigata, aber diese sollten nach Möglichkeit vermieden werden. Die erstgenannte Stadt war bereits ein paar Wochen zuvor das Ziel eines Luftangriffs gewesen, so daß es ihr an „Jungfräulichkeit“ mangelte, während man bei letzterer der Meinung war, sie liege ein wenig weit weg.

Zehn Minuten nach dem Start wurde die Bombe aptiert. Die Arbeit bestand aus elf einfachen Schritten, die sorgsam auf einer Checkliste notiert waren:

- Prüfen, ob grüne Stecker angebracht sind.
- Hintere Platte entfernen.
- Panzerplatte entfernen.
- Schraubenschlüssel in Verschlußblock einführen.
- Verschlußblock entfernen, auf Gummiunterlage legen.
- Ladung einführen, 4 Teile, rote Enden in Richtung Verschluß.
- Verschlußblock einführen und festmachen.
- Zündverbindung herstellen.
- Panzerplatte anbringen.
- Hintere Platte anbringen.
- Steg und Geräte entfernen und sichern.

Die Bombe war scharf.

Geplant war, Kurs über Iwo Jima zu nehmen, aber eine Sturmfront näherte sich schneller als berechnet, weshalb Sweeney gezwungen war, den Kurs zu ändern. Das silbern glänzende Flugzeug kämpfte sich durch Regen und Blitze, die, mit den Worten eines Mannes an Bord „mit beunruhigender Regelmäßigkeit die Dunkelheit durchzuckten". Auf den vier Propellern glühten blaßviolette Elmsfeuer.

Als *Bock's Car* den Treffpunkt erreichte, war nur eines der Begleitflugzeuge, *The Great Artiste*, zur Stelle. Das andere, *Full House*, war nicht zu sehen. Sweeney wurde nervös. Für viele der militärischen Bombentheoretiker auf Tinian und in den USA war dieser Angriff nichts weiter als eine Art Großversuch, und es waren die Begleitflugzeuge mit ihrer Fracht aus Kameras und hochempfindlicher Meßausrüstung, die sie mit den Daten versorgen sollten, die für ihre weitere Arbeit erforderlich waren: Nur ein sorgsam vermessener Angriff war ein wirklich geglückter Angriff. Sweeney konnte das fehlende Flugzeug aufgrund der befohlenen Funkstille nicht rufen, so daß er sich entschloß, zu kreisen und zu warten. *Full House* befand sich zwar nur etwa fünf Kilometer entfernt, aber die tropischen Regenschauer machten es ihnen unmöglich, einander zu sehen. Schließlich hörte man den frustrierten Piloten über Funk rufen: „Wo steckt ihr, zum Teufel?", aber Sweeney wagte nicht zu antworten. Laut Absprache sollte man eine Viertelstunde lang warten, aber *Bock's Car* kreiste weitere 45 Minuten. Dann entschied Sweeney, daß sie weder mehr Benzin vergeuden noch mehr Zeit verschwenden konnten, und nahm gemeinsam mit dem zweiten Begleitflugzeug Kurs auf Kokura.

In der Zwischenzeit war wieder ein Fehler an der Bombe aufgetaucht. Auf der Bombe war ein kleiner, schwarzer Kasten mit einer roten Lampe befestigt, die mit einem regelmäßigen Aufblinken signalisierte, daß *Fat Man* scharfgemacht war. Das Problem war nur, daß sie dies nicht tat. Einer der beiden Techniker entdeckte statt dessen, daß das Lämpchen begonnen hatte, wie wild zu blinken. Es war schon beunruhigend genug, mit einer scharfgemachten Bombe durch ein Unwetter zu fliegen, denn falls ein Blitz das Flugzeug traf, konnte dies die Bombe zünden. Dieser zuckende rote Schein aber machte alles noch schlimmer, denn schlimmstenfalls konnte dies bedeuten, daß die Zeiteinstellung begonnen hatte, abzulaufen. In diesem Fall hatten sie noch eine knappe Minute, bis *Fat Man* hochging.

Mit zittrigen Fingern öffneten die beiden Techniker den schwarzen Kasten und ließen ihre Finger an dem Kabelsalat entlanglaufen. Sie fanden den Fehler. Zwei kleine Umschalter lagen verkehrt. Schnell wurden sie wieder richtig eingestellt. Die Lampe kehrte zu ihrem ruhigen Pulsieren zurück.

Das Flugzeug, das für sie das Wetter erkunden sollte, hatte gut gelaunt mitgeteilt, der Himmel über Kokura klare auf, aber als *Bock's Car* dort ankam, gegen Viertel vor elf örtlicher Zeit, stellte die Besatzung fest, daß die Stadt unter Wolken und Rauch verschwunden war – es war die nahegelegene Stadt Yawata, die brannte, nachdem sie während der Nacht bombardiert worden war. Dies war ein weiterer Strich durch die Rechnung, denn das Bombenzielgerät konnte den Zielpunkt nicht ins Visier nehmen, ja, man konnte nicht einmal die Erde sehen. Sweeney drehte ab und wiederholte den Anflug erst einmal und dann noch einmal, aber Kokura blieb weiter verborgen. Über der von Wolken bedeckten Stadt entdeckte der Flugtechniker außerdem, daß er das Benzin aus einem Reservetank nicht hinüberpumpen konnte – der Anschluß, der schon vorher Probleme gemacht hatte, funktionierte nun überhaupt nicht mehr –, was eine besonders unwillkommene Neuigkeit war, denn sie hatten bereits mehr Treibstoff verbraucht als geplant. Außerdem war Kokuras Luftabwehr zum Leben erwacht, voller Neugierde auf die beiden Bombenflugzeuge, die 50 Minuten damit zugebracht hatten, über ihren Köpfen zu kreisen, und ihrem erregten Funkverkehr auf der Wellenlänge der japanischen Gefechtsleitung nach zu urteilen, waren Jagdflugzeuge unterwegs, um sie zu attackieren.

Nach einem kurzen Gespräch mit seinem nächsten Mann beschloß Sweeney, den Angriffsversuch abzubrechen. Niigata kam erst recht nicht in Frage. Dazu hatten sie nicht mehr genug Benzin. Die einzige Alternative, die ihnen noch geblieben war, hieß Nagasaki, und das auch nur mit knapper Not, denn der Treibstoff reichte nur noch für einen einzigen Anflug auf die Stadt. Anschließend würde man so oder so dazu verdammt sein, auf Okinawa notzulanden.

So flog man also nach Nagasaki. Aber es war wie verhext, denn es zeigte sich, daß auch diese Stadt unter einer Wolkendecke verborgen lag.

Sweeney war gezwungen, einen schnellen Entschluß zu fassen. Entweder wieder heimzufliegen oder die Bombe blind, nur mit Hilfe des Radars, abzuwerfen. Die Angst vor dem Scheitern, seine Sorge über Tibbets Wut und nicht zuletzt die Angst davor, mit einer scharfgemachten Bombe eine Notlandung machen zu müssen, führten zur Entscheidung. Sie würden die Bombe blind abwerfen. Der Navigator schaltete seinen Radarschirm ein und konnte bestätigen, daß sich direkt unter ihnen eine Stadt befand, aller Wahrscheinlichkeit nach auch die richtige Stadt.

Der Countdown begann.

Nur 20 Sekunden fehlten noch bis zum automatischen Abwurf, als der Bombenschütze, ein junger Kapitän aus Texas namens Kermit Beahan, plötzlich über den internen Funkverkehr schrie: „Ich habe hier ein Loch! Ich kann es sehen! Ich kann das Ziel sehen!" Sie waren weit entfernt vom eigentlichen Zielpunkt, der im Zentrum der Stadt, unten am Hafen lag, aber es blieb ihnen keine Wahl. Im Inneren des Bombers zogen sich die Männer dunkle Spezialbrillen an.

Durch einen Spalt im Grau konnten sie einen Berghang erkennen, Straßen, Häuser – und irgendwo dort unten beugte sich ein Arzt über einen Patienten. Dort ein Wasserlauf, ein Eisenbahngleis – und irgendwo dort unten, in einer kleinen Straßenbahn auf dem Weg zu einer Haltestelle, saß eine junge Frau in einer gestreiften Hose, und in der Hand hielt sie ein Einkaufsnetz. Dort lag ein Sportplatz.

Ein Sportplatz.

Das Fadenkreuz ruhte auf einem Sportplatz. Beahan beorderte ein paar kleinere Kursänderungen. Und dann ... drückte er auf den Auslöser. Das Flugzeug, plötzlich von seiner schweren Last befreit, machte gleichsam einen Freudensprung nach oben. „Bombe abgeworfen“, schepperte es aus dem Funkgerät. *Fat Man* verschwand in Richtung Erdboden, erst ganz langsam, aber dann immer schneller. Die Motoren heulten auf, als *Bock's Car* in einer scharfen 60-Grad-Kurve abdrehte. Die Sekunden vergingen. 10, 20, 30, 40. „Oh, mein Gott“, rief der enervierte Sweeney aus, „haben wir es vermasselt?“, 50 – dann wurde das Flugzeug von gleißendem Licht erfüllt, denn irgendwo dort unten, 500 Meter über dem Kreuz der Urakami-Kathedrale, hatte der gefallene Engel des Fortschritts ein weiteres Mal seine schimmernden Flügel ausgebreitet.

LITERATUR

Da es sich bei diesem Buch um eine Sammlung von Essays und nicht um eine akademische Abhandlung handelt, halte ich es für legitim, dem Buch kein Verzeichnis aller Werke beizufügen, die sich igendwann einmal in der Nähe meines Schreibtisches befunden haben. Statt dessen habe ich mich entschlossen, Titel in das Literaturverzeichnis aufzunehmen, die für meine Arbeit besonders wichtig waren, oder solche, die ich aus unterschiedlichen Gründen den Lesern empfehlen möchte, die sich eingehender mit einem bestimmten Thema beschäftigen wollen. Denn wenn diese Texte bei dem einen oder anderen den Wunsch, mehr zu erfahren, geweckt haben sollten, dann haben sie ein wichtiges Ziel erreicht.

WIR SCHAFFEN EINE NEUE WELT. Nashs Fragment gebliebene Autobiographie wurde 1949 veröffentlicht unter dem Titel *Outline – an Autobiography and Other Writings. London: Faber and Faber 1949*. Das Buch enthält auch Nashs Briefe aus Flandern und eine Reihe von Essays, die nach dem Krieg geschrieben wurden. Vieles ist in diesem Buch jedoch bruchstückhaft geblieben, so daß Leser, die sich ein vollständigeres Bild seiner Person machen möchten, auf Andrew Causeys *Paul Nash. Oxford 1980* zurückgreifen sollten. Wer sich vor allem für die deutschen Künstler interessiert, sei hingewiesen auf Matthias Eberles *Der Weltkrieg und die Künstler der Weimarer Republik. Dix, Grosz, Beckmann, Schlemmer. Stuttgart und Zürich: Belser 1989* und Eva Karchers *Otto Dix. Köln: Taschen 1992*. Was den großen Themenkomplex des Verhältnisses der Avantgarde zum Ersten Weltkrieg angeht, sind in der letzten Zeit eine Reihe verdienstvoller Arbeiten erschienen. Richard Corks *A Bitter Truth – Avantgarde Art and the Great War. New Haven: Yale University Press 1994* hat gewisse Schwächen, beispielsweise werden die formalen Bildanalysen zu sehr in den Vordergrund gestellt, zu Lasten der Künstler und der sie umgebenden Wirklichkeit, aber der breitgefächerte Ansatz und die prachtvolle Gestaltung des Buchs lassen einen dies gerne verzeihen. Auf Richard Cork stößt man im übrigen auch als Mitautor in dem von Rainer Rother herausgegebenen Ausstellungskatalog *Die letzten Tage der Menschheit – Bilder des ersten Weltkrieges. Berlin: Ars Nicolai 1994*. Die vorhandene Literatur über den Ersten Weltkrieg ist fast unüberschaubar. Das mit Recht vielgepriesene Buch *The Great War and Modern Memory. Oxford and London: Oxford University Press 1975* des Literaturwissenschaftlers Paul Fussell ist jedoch unverzichtbar für alle, die einen Einblick in die Mysterien dieser Epoche gewinnen möchten. Ein Mann, der versucht hat, wirklich alle Seiten des Konlikts zu beleuchten, ist Trevor Wilson mit seinem *The Myriad Faces of War. Britain and the Great War 1914-1918. Cambridge: Polity 1986*, und niemand ist dem unerreichbaren Ziel nähergekommen als er. Über die dritte Schlacht von Ypern schrieb Leon Wolff *In Flanders Fields. The 1917 Campaign. New York: Viking 1958*, ein Buch, das jedoch inzwischen ein wenig veraltet ist. Man kann es jedoch parallel lesen mit Lyn Macdonalds eindrucksvollem *They called it Passchendaele. The Story of the Third Battle of Ypres and of the Men who Fought in it. London: Joseph 1978.* Die Grundlage des Buches bilden Gespräche mit Beteiligten, und die sichere Hand der Autorin und ihr einfühlsamer Blick machen das Buch zu einem unvergeßlichen Leseerlebnis. Edwin Campion Vaughans Aufzeichnungen wurden neu herausgegeben unter dem Titel *Some Desperate Glory. The Diary of a Young Officer, 1917. London: Papermac 1994*. Sie bilden wohl zusammen mit Edmund Blundens *Undertones of War. London: Corbden-Sanderson 1928* den besten Augenzeugenbericht über die dritte Schlacht von Ypern. (Mit der Einschränkung, daß Blunden fast *zu* gut schreibt. Seine poetische Sprache kann selbst Furchtbarem eine gewisse unbeabsichtigte Schönheit verleihen.) Schließlich sollte John Ellis *The Social History of the Machine Gun. London: Cresset Library* nicht unerwähnt bleiben, ein kleines Meisterwerk, das zeigt, welche Erkenntnisse sich aus der Geschichte der Technik ziehen lassen, wenn man sie nicht Erbsenzählern überläßt, sondern in ihren sozialen und ideologischen Zusammenhang setzt.

DAS GROSSE HAUS IN DER MITTE DER WELT. Dem leidenschaftlichen und durchweg interessanten Buch *Das Ringen mit der Wahrheit. Albert Speer und das deutsche Trauma. München: Kindler 1995* von Gitta Sereny hätte möglicherweise eine größere Konzentration gutgetan, aber es ist dennoch unentbehrlich aufgrund des kenntnisreichen Bildes vom totalitären System, seinen Schöpfern und, nicht zuletzt, seinen Dienern, das es uns liefert. Parallel dazu ein paar von Speers eigenen Werken zu lesen, insbesondere seine *Erinnerungen. Berlin: Propyläen 1969* und *Der Sklavenstaat – meine Auseinandersetzungen mit der SS. Stuttgart: Deutsche Verlags-Anstalt 1981*, ist sowohl erhellend als auch entlarvend.

Die vielen und paradoxen Ähnlichkeiten zwischen nationalsozialistischer und stalinistischer Kunst werden in Igor Golomstoks *Totalitarian Art in The Soviet Union, the Third Reich, Fascist Italy and the People's Republic of China. London: Collins-Harvill 1990* und in dem aus Anlaß einer großen Ausstellung mit dem gleichen Titel in der Londoner Hayward Gallery veröffentlichten Katalog *Kunst und Macht im Europa der Diktatoren 1930 bis 1945. XXIII. Kunstausstellung des Europarats. Köln: Oktagon 1996* herausgearbeitet. Golomstok beschäftigt sich vor allem mit der Frage, wie diese Kunstrichtungen alleinherrschend wurden und wie das jeweilige System dafür sorgte, sie am Leben zu erhalten. *Kunst und Macht im Europa der Diktatoren 1930-1945* behandelt mehr die Kunst an sich und enthält Texte von einer Reihe von Experten, viele gut, manche glänzend. Die politischen und ideologischen Verbindungen zwischen den beiden totalitären Bewegungen werden unter anderem in Aryeh L. Ungers *The Totalitarian Party. Party and People in Nazi Germany and Soviet Russia. London: Cambridge University Press 1974*, Peter H. Merkls *The Making of a Stormtrooper. Princeton: Princeton University Press 1980*, Conan Fischers *The German Communists and the Rise of Nazism. Houndmills and London: Macmillan 1991* und John Wesley Youngs *Totalitarian Language. Orwell's Newspeak and its Nazi and Communist Antecedents. Charlottesville: University Press of Virginia 1991* untersucht.

Wer sich für nationalsozialistische Architektur interessiert, kann zu Alex Scobies *Hitler's State Architecture. The Impact of Classical Antiquity. London: Pennsylvania State University Press 1990* greifen, in dem insbesondere die ständige Berufung auf antike Vorbilder untersucht wird. Alexej Tarchanows und Sergej Kawtaradses *Stalinistische Architektur. München: Klinkhardt und Biermann 1992* muß wohl als ein Standardwerk zu diesem Thema betrachtet werden und ist zudem ungewöhnlich reich illustriert. Hugh D. Hudson Jr. gehört zu den Forschern, die Zugang zu bislang verschlossenen Archiven hatten, und sein *Blueprints and Blood. The Stalinization of Soviet Architecture, 1917-1937. Princeton: Princeton University Press 1994* ist eine in vieler Hinsicht vorbildliche Detailstudie über die triste Mechanik der Anpassung, der das offenkundige Engagement des Autors für sein Thema sicher nicht abträglich ist.

EIN RUNDGANG IM LABOR. Pierre Joffroys *Der Spion Gottes. Kurt Gerstein – ein SS-Offizier im Widerstand? Berlin: Aufbau Taschenbuch Verlag 1995* hat nichts von seiner Gültigkeit verloren, auch wenn der Leser mit dem vagen Gefühl zurückbleibt, daß in dem Buch noch nicht alles erklärt werden konnte. Ein Werk, das sich wie Joffroy der ungeheuerlichen Materie des Holocausts über eine Person auf der Seite der Henker annähert, ist Gitta Serenys *Am Abgrund. Gespräche mit dem Henker. Franz Stangl und die Morde von Treblinka. München und Zürich: Piper 1995*, eine gelinde gesagt erschütternde Schilderung, der Interviews der Autorin mit dem früheren Lagerkommandanten von Treblinka zugrunde liegen. Ein Forscher, der sich mit den Tätern auf der etwas tieferen Ebene beschäftigt hat, ist Christopher Browning: Sein wichtiges *Ganz normale Männer – das Reserve-Polizeibataillon 101 und die „Endlösung" in Polen. Reinbek bei Hamburg: Rowohlt 1993* wirft eine Reihe unangenehmer Fragen zum Thema auf, wen man dazu bringen kann, diese Art von Massenmorden zu begehen. Gerade zu dieser Frage möchte ich diese beiden Bücher weitaus eher empfehlen als Daniel Jonah Goldhagens überschätztes *Hitlers willige Vollstrecker. Ganz gewöhnliche Deutsche und der Holocaust. Berlin: Siedler 1996*, das seinen Erfolg eher seiner polemischen Schärfe als gedanklicher Stringenz zu verdanken hat. Wer den Mut dazu hat, kann sich Bruchstücke des Quellenmaterials in *„Schöne Zeiten": Judenmord aus der Sicht der Täter und Gaffer. Frankfurt a. M.: S. Fischer 1988* anschauen, einer Zusammenstellung von Bildern und Dokumenten, die Ernst Klee, Willi Dressen und Volker Riess besorgt haben. Karl Schleunes epochales Werk heißt *The Twisted Road to Auschwitz. Nazi Policy toward German Jews 1933-1939. Urbana, Chicago, London: University of Illinois Press 1970.*

Je älter die Überlebenden werden und je weniger es von ihnen gibt, desto mehr Erinnerungsschriften von ihnen erscheinen, während die Forschung gleichzeitig voranschreitet, so daß die vorhandene Literatur über den Holocaust sich immer mehr zu einer breiten und nur noch schwer überschaubaren Flut entwickelt. Lesern, die vielleicht nicht mehr als ein paar Bücher zu diesem Thema lesen wollen, möchte ich jedoch drei Bücher vor allen anderen empfehlen. Das erste ist Zygmunt Baumans *Dialektik der Ordnung. Die Moderne und der Holocaust. Hamburg: Europäische Verlagsanstalt 1992.* Oft bin ich erfreut, eine Handvoll guter und origineller Gedanken in einem Buch zu finden: Dieses Buch aber enthält eine regelrechte Flut solcher Gedanken und trägt in meinen Augen wie kein anderes Werk zu unserem Verstehen des Geschehenen bei: ein Text von unschätzbarem Wert. Das einzige Problem ist möglicherweise, daß Baumans Buch voraussetzt, daß der Leser einigermaßen bewandert ist in der Geschichte des Holocausts, aber das nötige Vorwissen kann man sich in Martin Gilberts tausendseitigem *The Holocaust. The Jewish Tragedy. London: Collins 1986* verschaffen, einer Art Variante mittelalterlicher Geschichtschroniken, in welcher der Autor bei der Machtergreifung der Nationalsozialisten ansetzt und sich dann langsam und methodisch Jahr für Jahr vorarbeitet, wobei er exakt beschreibt, was geschieht. Seine Analysen sind ein wenig schwach und seine Prosa ungelenk, aber es sind der sachliche Ton und die Monotonie der Erzählung, die hier entscheidend sind. Namen, Daten und Orte folgen in einem niemals versiegenden Strom aufeinander, in dem die monatlichen Vergasungsquoten aus Sobibor neben einen Bericht darüber gestellt werden, wie die neunzehnjährige Bluma Rozenfeld sich am 31. Juli 1942 im Ghetto von Lodz das Leben nimmt, indem sie aus dem fünften Stockwerk eines Wohnhauses springt.

Trotz aller historischen Chroniken und Analysen wird es immer etwas im Holocaust geben, das sich dem Verständnis von uns Nachgeborenen entzieht. Aber die Erinnerungen mancher Überlebender lassen einen zumindest eine Ahnung bekommen, und *primus inter pares* ist hierbei der Italiener Primo Levi. Die bemerkenswerteste seiner verschiedenen Schilderungen ist meines Erachtens die Sammlung von Essays, die er kurz vor seinem plötzlichen Selbstmord 1987 vollendete, *Die Untergegangenen und die Geretteten. München: Hanser* 1990. In diesem Buch verdeutlicht er die grauenhaften Bilder aus dem Lager mit einer Klarheit und einer Eindringlichkeit, wie dies nur einem Augenzeugen möglich ist.

WER MIT UNGEHEUERN KÄMPFT. Arthur Harris' eigene Kriegsmemoiren mit dem Titel *Bomber Offensive. London: Collins 1947* zu lesen verschafft einem wertvollen Einblick in seine Denkweise, Psyche und Person, aber wer ihn wirklich verstehen will, wird sich Büchern wie Max Hastings *Bomber Command. London: Michael Joseph 1979* zuwenden müssen. Das genannte Buch ist eine wirkliche Leistung, nicht zuletzt weil die Prosa des Autors mindestens ebenso gut ist wie sein Denkvermögen. Einige der Augenblicke in dieser traurigen Geschichte sind von Martin Middlebrook geschildert worden, einem der wenigen Laienhistoriker Englands. Er erregte viel Aufsehen mit seinem Debütwerk *The First Day on the Somme. 1. July 1916. London: Allen Lane 1971,* das dem Leser einen nahen Kontakt mit der Wirklichkeit der Schützengraben vermittelte. Leider hat sich sein Werk im Laufe der Jahre mehr und mehr zu einer Kette von Wiederholungen entwickelt. Das erste Buch bot nämlich eine dankbare Formel, die er dann Buch auf Buch wieder ausnutzte, so in *Die Nacht, in der die Bomber starben. Der Angriff auf Nürnberg und seine Folgen für den Luftkrieg. Frankfurt a. M. und Berlin: Ullstein 1975, Hamburg Juli '43. Alliierte Luftstreitkräfte gegen eine deutsche Stadt. Frankfurt a. M. und Berlin: Ullstein 1983, The Schweinfurt-Regensburg Mission. New York: Scribner 1983* und *The Berlin Raids. RAF Bomber Command winter 1943-44. London: Viking 1988*. All diese Bücher basieren auf Augenzeugenberichten, sowohl von jenen, die die Bomben abwarfen als auch von den Menschen, auf die diese Bomben fielen. Das Buch über die Angriffe auf Hamburg ist das beste der genannten vier Bücher, sein Buch über die Bombardierungen Berlins macht dagegen einen unvollendeten und schwachen Eindruck, ist aber dennoch eine nützliche Erinnerung an ein oft unter den Teppich gekehrtes Kapitel in der Geschichte des Zweiten Weltkriegs. Eine stringent durchgeführte, wenn auch kontroverse Diskussion der alliierten Bomberoffensive findet man in *The Holocaust and Strategic Bombing. Genocide and Total War in the Twentieth Century. Boulder, San Francisco and Oxford: Westview Press 1995* von Eric Markusen und David Kopf.

Unmengen ist über die deutsche Luftoffensive gegen die britischen Inseln 1940, die man gemeinhin die Luftschlacht um England nennt, geschrieben worden. Eines der unentbehrlicheren Bücher ist Angus Calders

The Myth of the Blitz. London: Jonathan Cape 1991. Er verwendet in diesem Buch einen interessanten Begriff, den Begriff des „nicht-mythenfähigen" Ereignisses. Er erinnert uns daran, daß es bei modernen Mythen oft darum geht, große und kleine Erzählungen aus der Unordnung heraus zu erschaffen, der wir begegnen, was vor allem durch ein sorgsames und oft unbewußtes Sichten von Fakten geschieht, bei dem alles, was nicht hineinpaßt, „nicht-mythenfähig" wird und tendenziell in Vergessenheit gerät. In seinem Buch zeigt er unter anderem, wie durch und durch mythologisiert das Bild der Luftschlacht um England ist, und sein Werk enthält eine ganze Reihe nicht-mythenfähiger Fakten, die aus dem Bewußtsein verschwunden sind. Calder ist jedoch alles andere als ein übereifriger Revisionist, der zu behaupten versucht, der „Blitz" hätte niemals stattgefunden. Das Hauptaugenmerk des Autors gilt vielmehr der Frage, wie und warum dieser Mythos entstand. Der größte Teil des Buchs besteht denn auch aus Analysen von Zeitungsartikeln, Filmen, Berichten, Tagebüchern und literarischen Werken zeitgenössischer oder späterer Art. Darin erinnert das Buch durchaus an Paul Fussells ausgezeichnetes *Wartime. Understanding and Behaviour in the Second World War. New York: Oxford University Press 1989* – einer Art Pendant zu seinem oben erwähnten Buch über den Ersten Weltkrieg –, ein Werk, in dem sowohl der persönliche Ansatz als auch der ein wenig bittere Tonfall von den eigenen Erfahrungen eines Veteranen geprägt sind. Ich schätze diese beiden Bücher sehr. Sie zeigen sehr gut, daß die wichtigste Aufgabe eines Gelehrten nicht in erster Linie darin besteht, die geradlinigsten Argumentationen und eindeutigsten Gedankengänge zu formulieren. Seine oder ihre Schuldigkeit ist es vielmehr, alle verborgenen Komplikationen zu suchen und der Welt ihre Tiefe zurückzugeben.

EIN TAG AUS DREI FARBEN. Tatsuichiro Akizukis Augenzeugenbericht wurde 1981 unter dem Titel *Nagasaki 1945. The First Full Length Eyewitness Account of the Atomic Bomb Attack on Nagasaki. Hg. von Gordon Honeycombe. London: Quartet 1981* in englischer Sprache veröffentlicht. Yosuke Yamahatas Photographien, die mit moderner digitaler Technik behutsam restauriert wurden, finden sich in dem verdienstvollen Werk *Nagasaki Journey. The Photographs of Yosuke Yamahata. Hg. von Rupert Jenkins. San Francisco: Pomegranate Artbooks 1995* wieder. Außer dem einmaligen Bildmaterial enthält das Buch noch eine Reihe von Texten über und von Yamahata und den Atombombenangriff am 9. August. Augenzeugenberichte aus Hiroshima und Nagasaki sind fast ausnahmslos eine Lektüre, bei der sich einem die Haare sträuben, aber wer das Gefühl hat, eine eher wissenschaftliche Dokumentation der Grausamkeiten zu benötigen, kann auf Werke wie das umfangreiche *Hiroshima and Nagasaki. The Phy-*

sical, Medical, and Social Effects of the Atomic Bombings. London: Hutchinson 1981 zurückgreifen. Das Buch ist das Resultat einer beeindruckenden Zusammenarbeit japanischer Forscher des „Committee for the Compilation of Materials on damage caused by the Atomic Bombs in Hiroshima and Nagasaki".

Eine leicht lesbare Schilderung der Entstehung der Atombombe bietet Richard Rhodes enzyklopädisches *Die Atombombe oder Die Geschichte des 8. Schöpfungstages. Nördlingen: Greno 1988*. Gordon Thomas/Max Morgan Witts *Tod über Hiroshima. Die Bombe, die die Welt veränderte. Zürich: Europabuch 1981* konzentriert sich auf den im Grunde uninteressantesten Teil der Geschichte, also die eigentlichen Bombeneinsätze, ist aber dennoch besser als der melodramatische Titel suggeriert. Eine genauere Schilderung des zweiten Atombombenangriffs bietet Frank W. Chinnocks *Nagasaki. The Forgotten Bomb. New York: W. L. Laurence Publishers 1969*.

Werner Heisenberg und das deutsche Atombombenprojekt werden in Thomas Powers' *Heisenbergs Krieg. Die Geheimgeschichte der deutschen Atombombe. Hamburg: Hoffmann und Campe 1993* behandelt, einer leicht lesbaren und beeindruckenden, wenn auch quellenkritisch nicht ganz wasserdichten Arbeit. Mark Walkers *Nazi Science – Myth, Truth, and the German Atomic Bomb. New York and London: Plenum Press 1995* wird durch eine recht überzeugend gestützte Relativierung von Powers Thesen abgerundet – nicht zuletzt Walkers historiographische Untersuchung des Entstehungsprozesses eines „deutschen Atombombenmythos", wie er sich in unterschiedlichen Schriften entwickelte, ist erhellend –, aber seine größten Verdienste hat das Buch bei der Erforschung der Frage, wie die deutsche Forschergemeinde in eine nationalsozialistische Gemeinde verwandelt wurde. Leser, die sich für die geheimen Abhörprotokolle von Heisenberg und seinen eingesperrten Kollegen interessieren, können entweder zu Jeremy Bernsteins Buch *Hitler's Uranium Club. The Secret Recordings at Farm Hall. Woodbury, N. Y.: American Institute of Physics 1996* oder zu Dieter Hoffmann (Hg.): *Operation Epsilon: die Farm-Hall-Protokolle oder die Angst der Alliierten vor der deutschen Atombombe. Berlin: Rowohlt 1993* greifen. Von diesen beiden Werken sei dem Laien das erstgenannte empfohlen. Der Herausgeber Jeremy Bernstein hat dort viel Arbeit auf Anmerkungen und Kommentare verwandt, die in den laufenden Text eingefügt worden sind und dunkle Punkte und technisch-naturwissenschaftliche Spezialfragen für weniger sachkundige Leser erklärt.

BILDNACHWEIS

Abb. 1
Paul Nash als Fähnrich 1917; Tate Gallery Archive, London

Abb. 2
Enthusiasmus über den Kriegsausbruch 1914 in Berlin; Sveriges Television Bildarkivet, Stockholm

Abb. 3
Soldaten der 13th Durham Light Infantry am 20. September 1917; The Photograph Archive, Imperial War Museum, London, Archives no. Q 5965

Abb. 4
Weltausstellung in Paris 1937: der deutsche Pavillon von Albert Speer; Pressens Bild, Stockholm

Abb. 5
Weltausstellung in Paris 1937: der sowjetische Pavillon von Boris Iofan; Pressens Bild, Stockholm

Abb. 6
Hitler und Speer; Arkiv Peter Cohn, Stockholm

Abb. 7
Modell der Großen Halle; AKG Berlin

Abb. 8
Kurt Gerstein; Ullstein, Berlin

Abb. 9
Eine Einsatzgruppe in Aktion; National Archives, courtesy of USHMM, Photo Archives, Washington

Abb. 10
Auschwitz; Yad Vashem, Jerusalem, Archives no. 14F07

Abb. 11
Massengrab bei Lubau; Rex, London

Abb. 12
Arthur Harris; The Photograph Archive, Imperial War Museum, London, Archives no. HU 44269

Abb. 13
Getötete Berliner, 1943; The Photograph Archive, Imperial War Museum, London, Archives no. HU 12143

Abb. 14
Der Tag danach in einer deutschen Großstadt; IBL, Ljungbyhed

Abb. 15
Der Nullpunkt in Nagasaki am 10. August 1945; Yosuke Yamahata; © Shogo Yamahata

Abb. 16
Nagasaki am 10. August 1945; Yosuke Yamahata; © Shogo Yamahata

Abb. 17
Nagasaki am 10. August 1945; Yosuke Yamahata; © Shogo Yamahata

Abb. 18
Nagasaki am 10. August 1945; Yosuke Yamahata; © Shogo Yamahata

Abb. 19
Werner Heisenberg; Pressens Bild, Stockholm, Archiv no. 501156082

TAFELN

I
Void von Paul Nash, 1918; National Gallery of Canada, Ottawa. Transfer from the Canadian War Memorials, 1921

II
We are making a New World, Paul Nash, 1918; Imperial War Museum, London, Archives no. 1146

III

Flandern, von Otto Dix, 1934–36; Staatliches Museum zu Berlin – Bildarchiv Preußischer Kulturbesitz, Archiv Nr. B 658

IV

Otto Dix: Der Krieg, 1932; Sächsische Landesbibliothek Dresden, Staats- u. Universitätsbibliothek Dresden. Abt. Deutsche Fotothek

V

Die Moskauer Universität; IBL, Ljungbyhed; Gerard Sioen/Rapho, Paris

VI

Boris Iofans siegreicher Vorschlag für den Palast der Sowjets; V. A. Sktjuko, V. G. Gelfreich; Sjtjusev Arkitekturmuseum, Moskva

VII

Venus und Adonis, von Arthur Kampf, 1939. Rechteinhaber konnte nicht ermittelt werden.

VIII

Kirov nimmt die Sportparade ab, von A. Samokwalow, 1935; Ryska museet, St. Petersburg

PERSONENREGISTER

SACHREGISTER

Peter Englund:
Die Verwüstung Deutschlands

Eine Geschichte des Dreißigjährigen Krieges

Aus dem Schwedischen von Wolfgang Butt
712 Seiten, mit zahlreichen Abbildungen und Karten, gebunden,
ISBN 3-608-91734-9

Ein Panorama des siebzehnten Jahrhunderts und die Lebensgeschichte eines Kindes jener Zeit – erzählt vor dem Hintergrund des Dreißigjährigen Krieges, der wie ein Ungeheuer über Deutschland herfiel und keinen Stein auf dem anderen ließ. Der junge schwedische Historiker Peter Englund hat in diesem Buch ein Historiengemälde entworfen, das Panorama einer Epoche entstehen lassen, die von den Schrecken des Krieges gezeichnet war. Dreißig Jahre lang wand sich das Ungeheuer des Krieges durch Deutschland, verwüstete Städte und Dörfer und stürzte die Menschen in Angst und Zittern. Den Spuren dieser Katastrophe folgt Peter Englund, eine Antwort suchend auf die Frage, was es hieß, ein Kind dieser Zeit zu sein. Im schnellen Rhythmus der sich überschlagenden Ereignisse entfaltet sich die Geschichte einer heillosen Zeit.

Patrick Bahners/Gerd Roellecke (Hrsg.):
Preußische Stile

Ein Staat als Kunststück

574 Seiten, mit farbigem Tafelteil,
gebunden, ISBN 3-608-94290-4

Die Autoren dieses Bandes stellen Preußen in Politik, Religion, Recht, Kunst und Wissenschaft umfassend dar. Sie erzählen nicht nur preußische Geschichte, sondern suchen vor allen Dingen nach dem spezifisch Preußischen in berühmten Personen, bekannten Ereignissen und folgenreichen Entwicklungen.